国家社科基金和河北省高等学校人文社会科学重点研究基地 —— 河北经贸大学金融与企业创新研究中心资助

国家货币政策
对委托贷款影响的研究

GUOJIAHUOBI ZHENGCE
DUI WEITUODAIKUAN YINGXIANG DE YANJIU

申富平 袁振兴 等 著

中国财经出版传媒集团
经济科学出版社
Economic Science Press

图书在版编目（CIP）数据

国家货币政策对委托贷款影响的研究/申富平等著.
—北京：经济科学出版社，2018.11
ISBN 978 - 7 - 5218 - 0144 - 6

Ⅰ.①国…　Ⅱ.①申…　Ⅲ.①货币政策 - 影响 - 上市
公司 - 委托贷款 - 研究 - 中国　Ⅳ.①F832.4②F822.0

中国版本图书馆 CIP 数据核字（2019）第 011855 号

责任编辑：杜　鹏　刘　悦
责任校对：隗立娜
责任印制：邱　天

国家货币政策对委托贷款影响的研究
申富平　袁振兴　等著
经济科学出版社出版、发行　新华书店经销
社址：北京市海淀区阜成路甲 28 号　邮编：100142
总编部电话：010 - 88191217　发行部电话：010 - 88191522
网址：www. esp. com. cn
电子邮件：esp@ esp. com. cn
天猫网店：经济科学出版社旗舰店
网址：http://jjkxcbs. tmall. com
北京中科印刷有限公司印装
710 × 1000　16 开　16 印张　270000 字
2019 年 5 月第 1 版　2019 年 5 月第 1 次印刷
ISBN 978 - 7 - 5218 - 0144 - 6　定价：58.00 元

前　言

本书由申富平教授、袁振兴教授、李西文副教授、郭颖副教授以及张磊、丁晓娟等硕士研究生组成的研究团队，在国家社会科学基金项目"国家货币政策对上市公司委托贷款的影响研究"（项目批号：12BJY016）研究报告的基础上，进一步完善丰富而形成的。所以它是国家社会科学基金项目的研究成果之一。本书在课题研究报告的基础上进行完善和丰富，是因为在研究的过程中发现，国家货币政策影响上市公司委托贷款的机制只是问题的一个环节，而委托贷款产生的经济后果，特别是企业集团内部的委托贷款产生的后果，无论对企业的财务决策，还是制定宏观政策都有重要意义，所以本书增加了基于内部资本市场的委托贷款投资效果的研究，从企业的偿债能力、成长性、投资收益与成本等方面考察了内部委托贷款的投资效果。在研究过程中，我们还吸取了专家的意见，构建了本书研究主题的理论分析框架，并单独成为一章，使本书的整体思路更加清晰，理论分析结构更为完整，理论论证更为充分。

本书在结构设计上，按照研究的主体内容独立成章，每章统一结构，都有引言、文献综述、理论分析与实证检验和本章小结。这样设计的优点是便于读者对某一个专题完整内容的研究；缺点是读者不太容易理解本书整体的研究框架及内容之间的逻辑关系。为了弥补这一缺陷，在每一章的起始都对本章要研究的内容与上下章之间的关系做了交代。经过多次修改，最终形成目前的研究框架和主要内容。

本书先从委托贷款的制度变迁切入，厘清了委托贷款的现实法律契约关系，从经济学的角度分析了理想的委托贷款契约关系，并比较了两者的差异；分析了我国货币政策体系和货币传导机制，并阐述了委托贷款在其中的作用。以这两部分为基础，构建了本书主要研究内容的分析框架。

上市公司的委托贷款现状是本书问题研究的现实基础，所以在第3章对我国上市公司委托贷款的现状进行了多角度的细致考察。第4章"货币政策传导机制对企业融资的非对称效应"的研究是第5章"国家货币政策对上市公司委托贷款影响"的一个前置条件。正是由于融资的非对称效应才出现了企业之间资金约束的差异，引起了资金盈余与资金短缺企业之间的资金往来关系，形成了委托贷款产生的经济条件。而商业银行根据法规的强行介入，形成委托贷款的现实法律关系，使委托贷款成为货币传导机制中的一部分，于是，国家货币政策成为影响上市公司委托贷款的一个重要因素，委托贷款作为货币传导机制的一部分必然有其经济后果。

第6章至第8章从不同的视角研究了委托贷款对企业产生的经济后果。第6章研究了委托贷款对企业非效率投资的影响；第7章的研究目的是检验上市公司的委托贷款是否对企业的实体经营产生消极影响。从侧面观察目前宏观上是否存在企业"脱实向虚"的情况。以便为企业决策者和宏观政策制定者提供参考。第8章的研究目的是从企业内部市场的角度观察委托贷款对企业经营的现实影响，运用了多案例的研究方法，从企业的偿债能力、盈利能力、成长性、收益和成本等方面分析委托贷款对企业战略实现的经济后果。

本书最后总结了研究结论，并根据研究结论提出了政策性建议以供参考。

　　由于团队的研究能力有限，在本书的研究中，可能会出现一些不妥之处，希望读者提出批评，予以指正。也欢迎读者和我们一起讨论。

　　最后，本书的全体作者向广大读者表示感谢。

作者

2018 年 9 月于石家庄

内 容 简 介

在宏观经济形势较为严峻的背景下，"不保本理财产品""单一信托""高利率委托贷款"等词语越来越多地出现在上市公司公告中，这些金融产品成为许多资金存量充足的上市公司向中小企业或者房地产等资金需求紧张的企业发放贷款的工具。据不完全统计，2011 年前三季度，泸深两市已有超过 130 份关于"委托贷款"的公告，涉及近 80 家上市公司，累计贷款额度超过 200 亿元，贷款利率最高达 24.5%。这种现象对我国实体经济的发展和资本市场秩序都有不良的影响。

本书从国家货币政策的角度对上市公司委托贷款现象进行深入研究，旨在考察不同的货币政策对我国上市公司委托贷款的影响，以及这种影响产生的微观经济后果，从而为政府相关部门和企业提供政策建议。

首先，本书分析了委托贷款的制度变迁，运用经济学理论辨析了委托贷款的本质，并与委托贷款的现实契约进行比较，阐述了委托贷款的经济学契约关系及其法律契约关系的不一致性及其产生的后果。其次，考察了我国上市公司委托贷款的现状，分析了上市公司委托贷款委托方和借款方的特点以及委托贷款资金来源与去向。最后，针对国家货币政策对委托贷款的影响及其微观经济后果进行了理论分析与实证检验。(1) 研究了货币政策发挥调控作用的传导机制，以及传导机制带来的企业融资非对称效应。以此为基础，研究了国家货币政策如何影响上市公司的委托贷款行为。（2）研究了上市公司外部和内部委托贷款的微观经济后果。前者主要研究委托贷款对上市公司投资效率和上市公司实体经营的影响。后者主要通过多案例研究方法，把委托贷款作为企业集团内部的一种投融资方式，检验其给企业集团带来的效率以及所表现出的特征。

本书的研究结果表明：（1）商业银行因法律规定强行介入了企业间的委托贷款契约，导致了社会资金配置成本的增加、资金配置效率和借贷契约中委托人对借款人监督效率的降低，其积极作用是在一定程度上纠正了商业银行信贷资源的错配程度。在现实中，委托贷款是相关当事人利益最大化的一种工具。这使委托贷款除了一些普遍特点外，还表现出了行业"聚集"性、企业内外部委托贷款不同区域利率和期限等方面差异性，以及时间维度上从东部向中西部转移的演化过程。（2）在货币政策的传导过程中，中国人民银行、商业银行和企业之间的博弈不均衡导致特定货币政策下公司融资的非对称效应。在同样的货币政策影响之下，不同规模和产权属性的企业面临的信贷融资情况有所差异：在货币政策紧缩时期，规模大的企业和国有企业融资能力相对较强；在货币政策宽松时期，这种非对称效应会弱化。（3）货币政策会影响上市公司发放委托贷款，相对于货币政策宽松时，货币政策紧缩时上市公司委托贷款会显著增加。这种影响对社会和企业都会产生经济后果：一般来讲，企业发生的对外委托贷款越多，越可能产生实体经济投资的非效率性，这种非效率性主要表现为实体经济投资的不足；企业对外委托贷款的开展也会影响企业的实体经营效率，降低了企业的主业获利能力和成长性。对企业集团内部委托贷款降低了借款企业的融资压力，压缩了交易成本和融资成本；上市公司通过委托贷款实现了优化资源配置的内部资本市场效用，同时也降低了财务风险。

本书的创新点在于：从外延上来看，不再把委托贷款看作企业的某一项业务，而是认为委托贷款业务是国家货币政策框架下相关各方实现其利益最大化的工具。所以，本书的外延由企业本身拓展到国家货币政策和商业银行的信贷政策，以及它们之间的关联性。从内涵上来看，从理论角度探讨国家货币政策对上市公司委托贷款的影响以及货币政策对委托贷款影响的前置条件——货币政策的传导机制及其对公司融资的非对称效应。在完成货币政策对委托贷款的影响之后，进一步从宏观和微观两个方面研究了委托贷款的经济后果。因此，本书研究的理论价值在于拓展了委托贷款的外延，丰富了委托贷款的内涵。

本书还拓展了货币政策非对称效应的内容。将货币政策的非对称性从企业的产出环节延伸至企业融资环节，研究内容不再集中于货币政策对经济产出的非对称性，而是研究了货币政策对企业融资影响的非对称性。本书研究结论认为，货币政策商业银行贷款的非对称效应是货币传导机制产生阻塞的基本环节。国家的宏观货币政策与上市公司的委托贷款之间存在着一定关系：当货币政策宽松时，上市公司等资金充裕的公司为追求高利率会以委托贷款的形式增加资金供给。相对于货币政策宽松时，货币政策紧缩时，上市公司委托贷款会显著增加。总体来讲，对外委托贷款的经济后果不是积极的，一方面会产生非效率性投资；另一方面对企业的实体经营产生不利影响，降低了以实体经营为主业的企业价值。从企业集团内部的委托贷款来讲，对企业集团内部调节资金运用，提高资金运用效率，提升企业集团整体价值等有一定的促进作用。

目　　录

第1章　绪论 ……………………………………………………… 1

1.1　研究背景 …………………………………………………… 1

1.2　研究目的 …………………………………………………… 3

1.3　研究思路与内容 …………………………………………… 4

1.4　研究方法 …………………………………………………… 6

1.5　基本概念的界定 …………………………………………… 7

1.6　创新点 ……………………………………………………… 8

第2章　货币政策影响委托贷款的一般分析框架 ……………… 11

2.1　我国货币政策和委托贷款制度的变迁 …………………… 11

2.2　我国货币政策体系及货币传导机制 ……………………… 19

2.3　货币政策影响委托贷款的一般分析框架 ………………… 28

第3章　上市公司委托贷款的现状 …………………………… 37

3.1　上市公司委托贷款总体规模 ……………………………… 37

3.2　上市公司委托贷款委托人特点 …………………………… 40

3.3　上市公司委托贷款借款人特点 …………………………… 58

3.4　上市公司委托贷款的来源与去向 ………………………… 69

3.5　货币政策与委托贷款的关系 ……………………………… 73

3.6　本章小结 …………………………………………………… 75

第4章 货币政策传导机制对企业融资的非对称效应 ·················· 78

  4.1 引言 ·················· 78

  4.2 文献综述 ·················· 82

  4.3 货币政策传导机制作用的机理 ·················· 90

  4.4 企业信贷融资非对称效应的产生 ·················· 95

  4.5 货币政策对企业信贷融资非对称效应的实证检验 ·················· 100

  4.6 本章小结 ·················· 117

第5章 国家货币政策对上市公司委托贷款的影响 ·················· 119

  5.1 引言 ·················· 119

  5.2 国家货币政策影响委托贷款的研究现状 ·················· 120

  5.3 国家货币政策对上市公司委托贷款的影响 ·················· 121

  5.4 本章小结 ·················· 136

第6章 上市公司委托贷款对其实体投资效率的影响 ·················· 137

  6.1 引言 ·················· 137

  6.2 上市公司委托贷款对其投资效率的影响文献综述 ·················· 138

  6.3 上市公司委托贷款影响其投资效率的理论分析和研究假设 ·················· 144

  6.4 上市公司委托贷款影响其投资效率的实证分析 ·················· 146

  6.5 本章小结 ·················· 161

第7章 上市公司委托贷款对其实体经营的影响研究 ·················· 162

  7.1 引言 ·················· 162

  7.2 上市公司委托贷款对其实体经营影响的文献综述 ·················· 163

  7.3 上市公司委托贷款影响其实体经营的理论分析和假设提出 ·················· 165

  7.4 上市公司委托贷款影响其实体经营的实证检验 ·················· 170

  7.5 本章小结 ·················· 187

第8章　上市公司内部资本市场委托贷款投资效果研究 ············ 188

　8.1　引言 ·············· 188

　8.2　相关文献综述 ·············· 189

　8.3　内部资本市场委托贷款投资效果的理论分析 ·············· 196

　8.4　案例选择及企业基本情况概要 ·············· 199

　8.5　上市公司内部资本市场委托贷款投资效果研究 ·············· 203

　8.6　本章小结 ·············· 224

第9章　研究结论和政策性建议 ·············· 226

　9.1　研究结论 ·············· 226

　9.2　研究局限性 ·············· 230

　9.3　相关政策建议 ·············· 231

参考文献 ·············· 234

后记 ·············· 243

第1章 绪 论

1.1 研究背景

1.1.1 现实背景

自金融危机以来，我国货币政策始终保持着较为稳健的步调，整个社会资金比较短缺，加之发展中国家普遍存在的金融抑制，导致银行信贷配给压力加大，很多企业的资金需求得不到满足，从而引发民间地下资本市场的形成，出现"金融脱媒"现象。在金融抑制和宏观经济环境的大背景下，根据信贷配给理论，很多非上市公司、非国有企业、中小企业以及受国家政策限制的行业的融资环境趋于恶化、资金链紧张，致使民间融资越来越普遍，即便融资成本较高，融资需求仍然得不到满足。在资金如此紧缺的环境下，相对于民营企业和中小企业，上市公司因其规模大、声誉高等特点能较容易地从银行融到资金。同时，由于2008年金融危机效应的影响，全球经济普遍萎靡，国外购买力下降，导致我国出口量减少，实体经济受到一定的冲击，企业的主业投资回报率下降（陈春华和杨天，2013）。根据资本逐利规律，这无疑会促使上市公司将资金投向回报率更高的领域。在这种情况下，委托贷款业务因其具有利率高、收益快、盘活闲置资金、调剂资金余缺等优点而倍受上市公司青睐。

据不完全统计，2011年前三季度，两市已有超过130份关于"委托贷款"

的公告，涉及近 80 家上市公司，累计贷款额度超过 200 亿元，贷款利率最高达 24.5%。2012 年以来，上市公司委托贷款的发展势头仍然只增不减，委托贷款业务成为许多上市公司投资理财的新途径。同时，委托贷款的风险也日益显现，截至 2013 年，已有 33 家上市公司委托贷款办理了展期，涉及金额高达 56.7 亿元。在资金紧缺的环境下，上市公司尤其是实体产业上市公司忽视主营业务而投入委托贷款的行为引起了社会各方广泛关注。2015 年 1 月 16 日，为促进委托贷款业务健康发展，银监会制定了《商业银行委托贷款管理办法（征求意见稿）》，可以看出监管部门对委托贷款这一现象也给予了足够的重视。

那么，上市公司热衷委托贷款的现象是否会对促进我国实体经济的发展和维护资本市场秩序有不良影响呢？上市公司的资源在一定范围内是有限的，在高额利润的驱动下，如果上市公司较多地利用资金发放委托贷款，是否会影响上市公司的实体经济投资效率从而导致非效率投资呢？上市公司如此热衷的委托贷款业务到底会对其自身的财务业绩产生何种影响？应如何正确认识上市公司委托贷款现象？如何通过国家货币政策对这种现象进行调控？这些问题都有待回答。本书通过对以上问题的研究，在宏观层面可以为国家通过货币政策调节上市公司委托贷款现象提供参考，在微观层面可以为上市公司提供政策建议，以引导上市公司慎重对待委托贷款业务。

1.1.2　理论背景

目前，上市公司日益突出的委托贷款现象已成为越来越多的学者关注的焦点。

国外文献中尚未找到关于上市公司变更募集资金投向进行委托贷款的文章，分析其原因可能是国外资本市场比较发达、监管政策相对完善、变更募集资金用途须遵守相关规定给予充分披露，另外，国外上市公司非常重视公司声誉，不会轻易改变募集资金用途，因此，委托贷款在国外并未形成一种社会现象，也未引发学术界的讨论。

国内关于委托贷款的研究尚少，重要研究成果不多，大多数学者主要针对委托贷款的动因、可能的危害、法律性质等方面进行研究，关于国家货币政策对上市公司委托贷款影响的直接研究尚未发现，且基本没有文献对此展开实证研究。目前对上市公司委托贷款问题的关注更多见诸各种媒体报道。现有的专门研究上市公司委托贷款问题的文献：一是数量很少；二是研究方法单一，主要是规范研究（周萃，2015；张晓彬，2014；李冰和宋保庆，2013；董萌筱和于鹏飞，2011；王本哲和邵志桑，2008；熊燕，2008），实证研究很少（覃士珍，2014；李梅和孙彦娜，2013）；三是研究不够深入细致。

现代经济学的研究越来越关注宏观经济理论的微观经济基础，随着研究的深入，货币政策的影响效果逐步从宏观趋于微观，学者们也开始研究货币政策在不同特征企业间的非对称性影响，即货币政策是否对不同规模和不同产权性质的企业存在非对称效应。由于国家货币政策的传导机制导致了企业融资的非对称效应，而这种非对称效应又推动和加剧了委托贷款业务的发展，因此，如果委托贷款业务对上市公司的实体经营产生了影响，"背后的推手"实际上是国家货币政策。因此，本书运用自由现金流假说、信贷配给与信贷歧视理论和货币政策传导机制的非对称效应理论，对国家货币政策、上市公司委托贷款及委托贷款的经济后果问题进行分析，同时，运用金融抑制理论、交易成本理论、财务风险理论和资源配置理论对内部资本市场委托贷款的投资效果问题进行分析。

本书从宏观的国家货币政策角度研究微观的上市公司委托贷款现象，从理论上探讨国家货币政策对上市公司委托贷款的影响，从国家货币政策的角度对上市公司委托贷款问题进行实证研究，对丰富相关研究成果有一定的意义，希望本书的研究能为货币政策影响投资的宏观经济理论提供微观经济基础。

1.2 研 究 目 的

基于上述研究背景，本书拟从国家货币政策的角度对上市公司委托贷款现象进行研究，旨在考察我国上市公司委托贷款的动机和行为特征，解析国家货币政策对上市公司委托贷款的影响；分析货币政策传导机制运行机理及其非对称效应，为实现国家货币政策的精准调控提供政策建议；分析上市公司委托贷款的经济后果，提出优化治理的建议。

1.3 研究思路与内容

1.3.1 研究思路和研究框架

1. 研究思路

本书首先从委托贷款的制度变迁与法律沿革入手，对委托贷款业务中的法学与经济学契约关系、资源错配的经济后果等进行理论分析，并多视角描述我国委托贷款业务的现状，在此基础上，发现国家货币政策与上市公司委托贷款的发展存在着某些一致性趋势；其次，将研究内容分为货币政策对委托贷款的影响和委托贷款产生的经济后果两部分。研究的逻辑为：货币政策的传导机制及其对企业融资的影响—对委托贷款的影响—企业的委托贷款会产生什么样的经济后果，包括对外委托贷款的经济后果和企业集团内委托贷款的经济后果。最后一章对本书的结论作出了总体性概括，并根据研究结论提出了政策性建议。在研究每一部分内容时，先对所研究内容进行理论分析，提出所研究的假设，然后运用统计分析方法检验所提假设是否成立。在研究企业集团内部委托贷款的经济后果时，使用了多案例研究，分析了内部委托贷款的一些基本特征以及内部委托贷款产生的经济后果。在每一章中，遵循了引言—文献综述—理论分析—实证检验—本章结论的结构设计框架。

2. 研究框架

根据本书的研究思路和主要内容，整体的研究框架如图 1.1 所示。

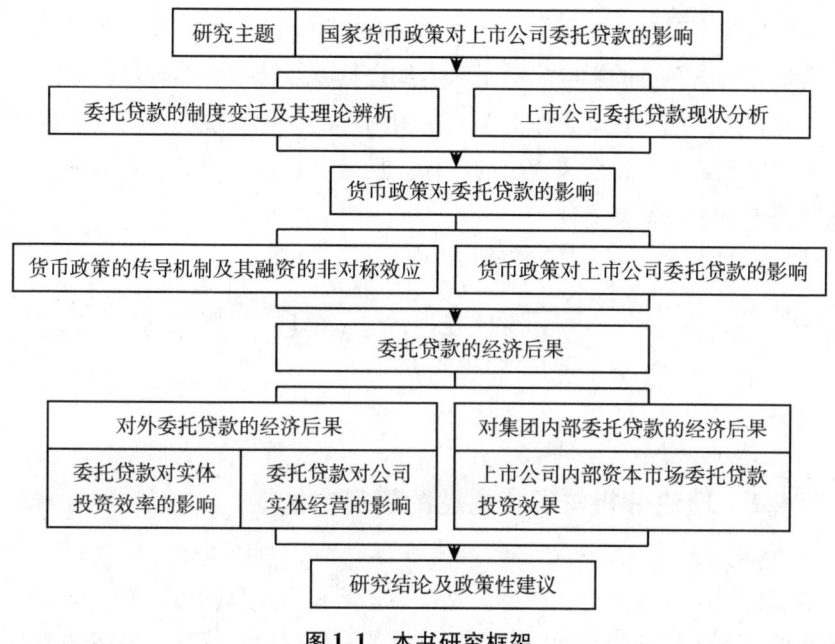

图 1.1　本书研究框架

1.3.2　主要研究内容

首先，本书分析了委托贷款的制度变迁，在运用经济学理论对其本质进行辨析的基础上，阐述了委托贷款的契约关系以及其与委托贷款现实中法律逻辑的不一致性，深入分析这种不一致对宏观货币政策的影响。其次，考察了我国上市公司的委托贷款的现状，分析了上市公司委托贷款委托方和借款方的特征以及委托贷款资金来源与去向。在对委托贷款理论辨析与把握现状的基础上，分两部分进行深入研究。第一部分是货币政策对委托贷款的影响。本部分首先研究了货币政策如何发挥宏观调控作用，其传导机制如何，在现实中货币政策在运用传导机制过程中存在什么问题；其次，研究货币政策传导机制存在的问题是否会对委托贷款产生影响以及产生什么样的影响。第二部分研究委托贷款的经济后果。对于委托贷款经济后果的研究，我们按照上市公司对外（企业集团外部）委托贷款的经济后果和对内（企业集团内部）委托贷款的经济后果分别展开研究。对于对外委托贷款的经济后果，研究了对外委托贷款对公司投资效率的影响，主要从宏观的视角检验委托贷款对实体投资效率的影响，从微观的视角检验了委托贷款对企业实体经营的影响。通过这两部分的研究来考察委托贷款对实体经济的影响。对于对内委托贷款经济后果的研究，主要通过多案例研究方法，把委托贷款作为企业集团内部的一种投融资方式，检验其给企业集团带来的效率及其所表现出的特征。最后，总结概括了研究结论，并根据研究结论提出了政策性建议。

1.4 研 究 方 法

1.4.1 理论分析与现状描述的研究方法

本书的理论分析和现状描述主要在第2章和第3章阐述。第2章以时间为线索梳理了委托贷款的制度变迁和历史沿革，然后运用法学、经济学契约关系以及资源错配的经济后果等理论对委托贷款进行了理论分析。第3章根据上市公司委托贷款的各种数据进行对比分析、趋势分析和差异分析，多方位地描述上市公司委托贷款的现状。

1.4.2 实证研究方法

本书的第4章至第8章均采用了实证研究方法。第4章从货币政策传导机制入手，运用货币政策传导理论、信贷配给理论分析货币政策传导机制对企业融资的非对称效应，运用了独立样本T检验和多元回归模型检验货币政策对企业商业银行贷款融资影响的非对称效应。第5章从信贷歧视、非对称效应的视角分析了货币政策对委托贷款的影响，并运用多元回归模型进行了检验。研究结果表明，货币政策会影响委托贷款的发放，相对于货币政策宽松时，货币政策紧缩时上市公司委托贷款会显著增加。第6章分别运用配对样本T检验、独立样本T检验和多元线性回归等方法研究了上市公司委托贷款对其实体投资效率的影响。第7章运用相关性分析、多元线性回归分析等方法研究了上市公司委托贷款对其实体经营的影响。第8章运用多案例分析和对比分析的方法研究了上市公司内部资本市场委托贷款的投资效果。

1.5 基本概念的界定

1.5.1 货币政策

货币政策是一国货币当局（主要指中国人民银行）为实现既定的目标，运用各种工具调节货币供应量，进而影响宏观经济运行的各种方针和策略的总称。它有广义和狭义之分。广义的货币政策指的是政府、中国人民银行和其他有关部门所有有关货币方面的规定和采取的影响金融变量的一切措施。狭义的货币政策指中国人民银行为实现其特定的经济目标而采用的各种控制和调节货币供应量或信用量的方针和措施的总称，包括信贷政策、利率政策和外汇政策。本书研究中所使用的货币政策指的是狭义的货币政策，用 M2 的增长率来衡量货币政策的紧缩与宽松程度。

1.5.2 货币政策对企业信贷融资影响的非对称效应

货币政策的非对称性是相对于货币政策的对称性而言的。1969 年，卡甘（Cagan）将"货币中性"界定为货币的贷给对真实产出以及资源的再分配不产生任何影响，新的供给层面上的货币政策冲击完全反映在价格的变动上，且所有（商品）的相对价格不会因此而改变。"货币非中性"则意味着货币供给量的变动会影响真实产出以及资源再分配，而不会完全表现为所有商品同比例价格的上涨或所有商品之间相对价格的不变。他进一步指出，由于货币供给导致的价格调整很少是平稳的，而是时而缓慢时而剧烈地传递到经济实体，此时货币就不再是中性的了，现实中货币的非中性主要源于货币供给过程中的替代效应和支出转移效应。科弗（Cover，1992）率先对货币政策非对称效应作出定义，其基本含义是，相同幅度的货币扩张和货币收缩，在经济周期的不同阶段，对于经济的加速作用和减速作用是不同的，紧缩性的货币政策在抑制经济过热时发挥的作用要大于同样程度上扩张性的货币政策在经济萧条时期拉动经济的作用。这个概念被以后的学者们普遍接受。

关于货币政策的非对称效应，学者们主要将其界定在经济产出的非对称效应上，如货币政策对不同区域经济增加值影响的非对称效应、货币政策对不同产业增加值的非对称效应以及货币政策对规模不同、产权性质不同的企业产出的非对称性效应。但经济产出的非对称效应源于企业信贷融资活动的非对称效应，即在信贷资金的可得性方面，不同的企业获得信贷资金的能力不同。企业的运营是资金的运动，其经济产出依赖于这样的运动，因此，不同企业资金可得性上的差异，导致了经济产出的非对称性。基于这一逻辑，本章对货币政策的非对称效应从企业的产出环节延伸至融资环节，货币政策的非对称性不仅指货币政策对经济产出影响的非对称性，还包括货币政策对企业融资影响的非对称性。货币政策对企业信贷融资影响的非对称效应是货币政策融资非对称性在企业信贷融资活动中的具体表现，是指不同货币政策对企业从商业银行融资的可得性具有不同的影响，即在不同的货币政策下，商业银行在向不同的企业发放信贷资金时，不能一视同仁，也不会完全按照货币政策的调控目标采取行动，而是在现有制度框架下尽可能地使自身利益最大化而有选择地发放信贷资金，导致具有不同特征的企业可获得信贷资金的难易程度不同。

1.6 创 新 点

本书的创新点主要体现在以下三个方面。

1.6.1 研究视角

本书的主题是研究国家货币政策对上市公司委托贷款的影响及其经济后果。不仅以国家宏观货币政策为切入点，而且把宏观政策对微观主体行为的影响作为主要研究内容，实现了研究内容宏观与微观的结合，使得研究结论对国家制定更具有针对性和精准性的宏观调控政策有重要的参考价值。

从研究委托贷款本身的视角来看，已有的研究更多地关注对外委托贷款业务，有时根本不区分对内与对外委托贷款业务，少有学者以内部资本市场为主体对委托贷款业务的资金来源、金额、利率、履约情况、资金流向和最终收益等方面的投资效果进行分析研究。本书把委托贷款的经济后果分为对集团外委托贷款和对集团内委托贷款分别进行研究，得出了有益的结论。尤其是，本书以多案例的研究方法研究了企业集团内部委托贷款在企业资源配置中表现出的特征、起到的作用及产生的投资效果，使读者从另一个角度看到了委托贷款所产生的微观经济后果。

1.6.2 概念与变量

（1）拓展了货币政策非对称效应的内容。对货币政策的非对称效应的内涵和外延进行了扩展，将货币政策的非对称性从对产出环节延伸至企业融资环节，研究内容不再集中在货币政策对经济产出的非对称性，而是研究了货币政策对企业融资影响的非对称性。研究结论认为，货币政策商业银行贷款的非对称效应是货币传导机制产生阻塞的基本环节。

（2）在研究过程的变量设计中，修正了"投资支出"变量。在"投资支出"变量的计算公式中，分子加入了"研发支出"，以更全面地囊括对企业的持续发展能力有影响的各项投资支出。对代表货币政策的描述，本书不仅使用 M2 的年增长率作为替代变量，而且用银行同业拆借利率（SHIBOR）替换 M2 的增长率作了稳健性检验。

1.6.3 研究内容与结论

1. 货币政策对企业信贷融资影响的非对称效应

在有关货币政策传导机制的非对效应的研究中，学者们更多研究的是货币政策的产出非对称效应。本书研究认为，货币政策传导机制对融资也存在非对称效应。这一观点通过实证检验。在货币政策紧缩时期，货币政策会对不同规模的企业融资产生非对称效应，其中，规模大的企业在货币政策的作用下融资能力相对较强，即在货币政策影响下，企业银行借款比例与企业规模正相关；

在货币政策宽松时期，这种非对称效应会弱化。在货币政策紧缩时期，货币政策会对不同产权性质的企业融资产生非对称效应，其中，民营企业在货币政策的作用下融资能力相对较弱；在货币政策宽松时期，这种非对称效应会弱化。

2. 国家货币政策对上市公司委托贷款业务的影响

国家的宏观货币政策与上市公司的委托贷款之间存在着一定的关系。在货币政策紧缩时，市场对资金的需求增加，上市公司与其他公司之间的委托贷款的业务也随之增加；在货币政策宽松时，由于信贷歧视等原因的存在，一些被歧视的公司资金紧张情况并不能从根本上解决，而上市公司等资金充裕的公司为追求高利率会以委托贷款的形式增加资金供给。实证检验结果表明，货币政策会影响上市公司发放委托贷款，相对于货币政策宽松时，货币政策紧缩时上市公司委托贷款会显著增加。

3. 上市公司开展委托贷款业务的经济后果

本书从对外委托贷款和企业集团内部委托贷款两个角度研究了委托贷款的经济后果。总体来讲，对外委托贷款的经济后果不是积极的，一方面会产生非效率性投资；另一方面对企业的实体经营产生不利影响，降低了以实体经营为主业的企业的价值。如果把企业看作社会经济运行的基本组织单位，那么，委托贷款将对实体经济产生不良的经济后果。对于企业集团内部的委托贷款来讲，总体是积极的，因为委托贷款成为企业集团内部调节和提高资金运用效率的工具，对提升企业集团整体价值有一定的促进意义。

第2章 货币政策影响委托贷款的一般分析框架

2.1 我国货币政策和委托贷款制度的变迁

2.1.1 我国货币政策的变迁

自 1978 年改革开放以来，我国走过了 40 年的改革开放之路，在国民经济发展和体制改革方面取得了巨大成就。伴随着社会经济的改革与发展历程，我国的货币政策制度也经历了从不成熟逐渐走向成熟的发展之路。

1. 第一阶段（1978~1983 年）：计划为主的财政出纳型货币政策制度

1978 年以前，我国一直实行的是计划经济。在计划经济体制下，没有真正意义上的货币政策。1978 年，党的十一届三中全会把工作重点转移到经济建设上来，从此拉开了改革开放的大幕。人们逐渐认识到社会主义建设必须发展商品经济，对社会主义经济的发展，既要加强计划管理又要高度重视市场调节作用，建立以"计划经济为主，市场调节为辅"的经济管理体制。特别是在此期间，邓小平同志提出了"把银行办成真正的银行"的指示，为此，国务院对银行体系实施了改革。

1978 年，中国人民银行与财政部分离，成为具有独立职能的机构，开始从行政设置上有了一定的独立性，并按照行政区划在全国普遍设立分支机构；

1979 年，中国农业银行、中国银行和中国建设银行相继恢复，形成了新的国有银行体系格局。在新的银行体系格局下，中国人民银行掌握货币发行、信贷、利率、汇率和结算等经济杠杆，开始尝试综合运用经济、行政和法律手段进行货币政策调控。

从 1979 年开始，中央政府对国民经济的发展提出了"调整、改革、整顿、提高"的八字方针。中国人民银行把贯彻"八字"方针作为本时期货币政策的基本任务，并秉承"把银行办成真正的银行"的精神，致力于管紧信贷计划和信贷投放。在此期间，伴随着财政体制初步改革和企业实行利润留成制度，我国长期实行的消费基金计划管理体制被突破，企业内部约束机制还远未形成，导致预算外资金规模急剧扩大，因此，如何控制消费基金过快增长成为当时货币调控的一个重大课题。为此，中国人民银行采取各种措施加强现金管理和结算管理，积极组织货币回笼，严格控制货币投放数量、企事业单位消费基金支出和社会集团购买力支出。

1978～1983 年，中国人民银行无论是在货币政策目标上，还是在货币政策手段上，都没有任何独立性，中国人民银行不过是在不折不扣地执行原国家计委的大计划和财政部编排的财政信贷计划。中国人民银行既担负宏观调控的职能，又直接办理存款、贷款和汇兑业务；既行使中国人民银行职能，又办理具体的商业银行业务；既是金融行政管理机关，又是经营金融的经济实体；"既当裁判员，又当运动员"，因此，无法真正履行货币调控的职能，此时的中国人民银行不过是财政的出纳，货币政策是以计划为主的"财政出纳型"的制度体制。

2. 第二阶段（1984～1994 年）：直接调控为主的相机抉择型货币政策

1983 年 9 月 17 日，国务院《关于人民银行专门行使中央银行职能的决定》（以下简称《决定》）明确规定，中国人民银行是接受国务院领导、管理全国金融事业的国家机关，专司中国人民银行职能，办理企业和个人的信贷业务；中国人民银行应集中力量研究和做好全国金融的宏观决策，加强信贷资金管理，保持货币稳定。根据《决定》，1984 年 1 月 1 日成立了经济实体——中国工商银行，承担原由中国人民银行办理的工商信贷和储蓄业务。至此，中国人民银行的中央银行体制、架构开始形成。

中国工商银行的主要任务是：根据国家的方针政策筹集资金和运用资金，支持工业生产发展和商品流通扩大，支持集体、个体工商业和服务性行业的发展；按照中国人民银行的统一部署和搞活经济的要求，加强现金管理、调节市场货币流通、办理清算业务、加速资金周转，通过信贷资金活动促进社会主义商品经济的发展。继中国工商银行之后，成立了具有独立经济实体性质的中国农业银行、中国银行和中国建设银行等商业银行，并对其进行企业化改革。改革主要集中在两个方面：一方面，管理方式由机关式管理方式向企业化管理方式过渡。这种改革的目的是，在当时的外部条件下，以保持内部管理体制基本不变为前提，全面推行"责、权、利"相结合的企业化管理改革，打破收入分配上的"大锅饭"，调动基层银行的积极性，提高金融系统的活力。另一方面，打破资金分配上的"大锅饭"打破商业银行间的业务限制，拓展业务范围，逐步强化银行的资金约束。

总体上看，在此阶段，中国人民银行仍然采取借助行政力量，运用货币、信贷计划指标，强制非市场化的专业银行等金融机构主体执行的直接货币政策调控机制，每年给各专业银行制定并强制完成信贷规模的计划指标。中国人民银行在此阶段并没有停止对各专业银行信贷资金调控和管理体制的改革和完善。例如，调控管理体制从"统一计划，分级管理，存贷挂钩，差额控制"改进为"统一计划，划分资金，实贷实存，相互融通"；信贷规模的指导性计划逐步取代信贷规模的指令性计划；从重信贷规模和货币发行的总量管理到重结构管理等。这些改进或改革，表明此阶段我国的货币政策调控虽然未完全利用，但是已经开始注重利用金融市场的供求关系及其传递的市场信号进行调节，把国有专业银行视为金融市场具有相对独立性和自主性的微观主体，尝试运用市场引导他们的行为。简而言之，此阶段已开始尝试间接调控，尽管此阶段的货币政策调控还是直接调控为主。

货币政策从直接调控向间接调控转变的历史进程，决定了此阶段我国的货币政策的相机抉择。1979～1983 年，我国执行"调整、改革、整顿、提高"的八字方针，使经济趋于稳定增长、总供求趋于均衡、国民经济主要比例关系趋于协调。为了支持城市经济体制改革、加快发展，与国家投资计划管理体制的放松相适应，中国人民银行于 1984 年实行"放松银根"的货币政策；1984 年下半年出现了投资和消费膨胀、经济过热，物价呈现上涨压力，中国人民银行于 1985 年实行"紧缩银根"的货币政策；之后，我国企业资金供求出现矛盾，经济滑坡，中国人民银行迅速改变政策方向，于 1986 年实行"稳中求松"的货币政策；"稳中求松"导致了过度放松，在当年出现了银行信贷和现金投放均增长过快，经济过热的情况。为防止高通货膨胀的发生，1987 年下半年又实行了"紧中有活"的货币政策，由于"紧"的态势不坚决、力度不够，货币信贷增长过快的趋势没有得到有效控制。1988 年秋到 1989 年又继续实行"紧缩银根"的货币政策。货币紧缩带来了 1990 ~ 1991 年的市场疲软，中国人民银行重新出台宽松的货币政策；1992 年以后，经济复苏又出现过热，物价上涨过快，中国人民银行又开始实行"适度从紧"的货币政策，开始整顿金融秩序，给经济降温，力求使国民经济"软着陆"。这充分表明：此阶段我国的货币政策是较为典型的相机抉择型。

3. 第三阶段（1995 ~ 2002 年）：间接调控为主的相机抉择型货币政策

1994 年初，中国人民银行为了缩小信贷规模的控制范围，对商业银行实行资产负债比例管理，并于第三季度开始按季度向社会公布货币供应量分层次监测控制目标，根据货币供应量目标和经济运行趋势来确定基础货币供应量，这标志着中国人民银行奠定了货币政策从直接调控转为间接调控的基础；1994 年，我国还先后成立了三家政策性银行，为国有独资商业银行走向真正的商业银行创造了条件。1995 年，《中华人民共和国中国人民银行法》的颁布，从法律上保证了中国人民银行的央行独立地位；《商业银行法》《保险法》《票据法》的先后颁布实施，进一步完善了我国货币政策间接调控的体系框架。至此，我国的货币政策间接调控体系框架体系建立起来，标志着我国货币政策调控机制实现了直接控制向间接控制的根本性的变化。

1995 ~ 2002 年，我国的货币政策不仅实现了直接调控机制向间接调控机制为主的转变，而且实现了主要中介目标从信贷规模为主向货币供应量为主的转变，中国人民银行越来越看重货币供应量作为货币政策中介目标的作用。从 1998 年 1 月 1 日起，中国人民银行正式宣布将货币供应量作为我国货币政策的中介目标，取消了对商业银行的贷款规模控制，实行"计划指导、比例管理、自求平衡、间接调控"的信贷资金管理体制。

从我国货币政策规范的属性来看，这一阶段我国的货币政策仍属于相机抉择型。1995～1996 年，为了抑制 1992 年下半年以来的经济过热和物价高涨，中国人民银行继续执行的"适度从紧"的货币政策，数次上调银行存贷款利率，积极"冲销"外汇储备增加带来的货币扩张；1998～2002 年，东亚金融危机爆发后，为支持经济增长、防范金融风险，"防止通货紧缩，促进国民经济持续快速健康发展"，中国人民银行又实行"稳健"的货币政策，适当放松银根，彻底取消对商业银行的贷款规模限制，降低存款准备金率，多次下调金融机构存贷款利率以及贴现和再贴现利率，通过公开市场业务适当投放基础货币。显然，这些货币政策的频繁调整仍然是较为典型的相机抉择型货币政策。

4. 第四阶段（2003 年至今）：稳健的多目标权衡型货币政策

2003 年以来，中国人民银行秉承相机抉择的货币政策的特质，主基调是防止隐性通货膨胀，保持经济平稳发展，防范系统性金融风险。2007 年 10 月，中国人民银行行长周小川明确指出，当前中国的货币政策是"多个目标"，是"根据条件的变化，根据约束条件和经济运行条件的变化而在多个目标之间进行权衡，对货币政策进行调整"。不过，中国人民银行自 2003 年以来实行的不是标准的通胀目标制，而是一种隐性的通胀目标制。即中国人民银行虽然将通胀目标视为货币政策的最终目标之一，甚至承认通胀目标与其他目标相比的极端重要性，但始终未公开承认稳定的低通胀是货币政策首要的长期目标，未公开宣布经科学测定并承诺尽力维持一定时期内的目标通胀率（或目标区间）。自 2004 年以来，无论是中国人民银行领导人的讲话，还是中国人民银行各个季度的货币政策执行报告，在论及货币政策最终目标时，都将抑制通货膨胀放在了首位；而近几年中国人民银行的货币政策，事实上也一直是在着重抑制通货膨胀。至 2007 年，我国一直实行稳健的货币政策，是因为稳健的货币政策比较有灵活性，有助于更加积极妥善地处理好稳增长、调结构和防通胀三者之间的关系。

2008 年下半年是我国货币政策的一个转折点，由稳健的货币政策转为适度宽松的货币政策。自 2008 年 7 月至 2008 年年底，由于国际金融危机对我国经济发展的消极影响，经济发展急转直下，面临出口大幅下滑、部分企业陷入困境和就业明显下降的压力，2008 年 11 月 5 日，中国人民银行按照党中央、国务院的统一部署，及时将货币政策转向"适度宽松"，连续三次下调存贷款基准利率，两次下调存款准备金率，取消对商业银行信贷规划的约束，并引导商业银行扩大贷款总量。

2011 年，我国宏观经济政策的基本取向要积极稳健、审慎灵活，重点是更加积极稳妥地处理好保持经济平稳较快发展、调整经济结构和管理通胀预期的关系。2011 年国际金融危机极端动荡状态已经有所缓和，内外部流动性较为充裕，通胀预期较强，通胀压力较大，需要通过货币政策回归稳健，控制物价过快上涨。货币政策及时回归稳健更有利于促进经济结构调整和发展方式转变，有助于银行调整信贷结构，有保有压有扶有控，合理引导投资和消费行为，为调整经济结构、提高资源配置效率提供平稳适度的货币环境。直到现在，中国人民银行坚持稳中求进的工作总基调，继续实施稳健的货币政策，不放松也不收紧银根；根据外汇流入、货币信贷增长等形势变化，适时适度进行预调微调。政府方面也审时度势，出台了一系列强化市场、放松管制和改善供给的措施，这些措施对于释放经济活力、促进社会公平以及构建和谐社会产生了积极深远的影响。

2.1.2 我国委托贷款制度的变迁

在法律上，委托贷款是从商业银行贷款业务中衍生的中间业务，相关法律法规经历了从法律规范到具体管理办法和制度约束的沿革。

1995 年颁布实施的《中华人民共和国商业银行法》[①] 是关于商业银行贷款业务的最高法律规范。商业银行可以"发放短期、中期和长期贷款（第 3 条第 2 款）；商业银行开展信贷业务，应当严格审查借款人的资信，实行担保，保障按期收回贷款；商业银行依法向借款人收回到期贷款的本金和利息，受法律保护（第 7 条）"的条款明确了商业银行在贷款中的权利和义务。该法也规定了商业银行（贷款人）开展贷款业务的基本规则。按照商业银行法的规定，监管对象是商业银行，监管内容是银行对企业的贷款业务。

---

① 该法律在 2003 年作了修改，但是，对贷款业务的内容没有实质性的变化。

1996 年 8 月 1 日，中国人民银行根据《中华人民共和国中国人民银行法》《中华人民共和国商业银行法》制定并实施了《贷款通则》。《贷款通则》对贷款人、借款人和贷款作出了清晰的定义，首次明确了委托贷款是商业银行的贷款业务之一，并把委托贷款界定为"由政府部门、企事业单位及个人等委托人提供资金，由贷款人（即受托人）根据委托人确定的贷款对象、用途、金额期限、利率等代为发放、监督使用并协助收回的贷款。贷款人（受托人）只收取手续费，不承担贷款风险"。这个界定既明晰了委托贷款的定义，也清晰地界定了委托贷款的行为主体资格和商业银行权利与职责。但是，值得注意的是，在《贷款通则》中关于"企业之间不得违反国家规定办理借贷或者变相借贷融资业务"的（第 61 条）规定可能成为催生企业委托贷款的法律原因。

在施行《贷款通则》之后，中国人民银行又陆续出台了《关于商业银行开办委托贷款业务有关问题的通知》和《商业银行中间业务暂行规定》。《关于商业银行开办委托贷款业务有关问题的通知》不仅重复了《贷款通则》对委托贷款的界定，而且明确了"商业银行开办委托贷款业务，只收取手续费，不得承担任何形式的贷款风险"，将商业银行开办委托贷款业务由审批制改为备案制。委托贷款的备案制度又在《商业银行中间业务暂行规定》中得到强调。《商业银行中间业务暂行规定》将委托贷款界定为商业银行的中间业务，并将中间业务定义为"不构成商业银行表内资产、负债，形成银行非利息收入的业务"。该暂行规定于 2008 年经中国人民银行 2007 年第 25 次行长办公会议研究决定废止。

在委托贷款规模迅速增长的情况下，一些问题和风险隐患也浮出了水面，如作为中介机构的银行越位承担风险、以各种方式规避监管等。为规范委托贷款业务中商业银行的行为、加强委托贷款业务管理、促进委托贷款业务健康发展、防止委托贷款风险对宏观经济带来危害，2015 年 1 月，银监会按照"准确定位、回归本源，限制范围、避免套利，问题导向、严格设限，加强管理、规范发展"的总体思路起草了《商业银行委托贷款管理办法（征求意见稿）》，向社会公开征求意见。

该办法主要是：（1）规范了申请委托贷款的前提，对委托人作出了限制，"委托人不得为金融资产管理公司和具有贷款业务资格的各类机构。"原则上不得向有委托贷款余额的委托人新增授信。（2）强调了商业银行用于发放委托贷款的资金范畴，明确规定，国家规定具有特殊用途的各类专项基金、银行授信资金、发行债券筹集的资金、筹集的他人资金等不得用于发放委托贷款。（3）规定商业银行受托发放的贷款应有明确用途，资金用途应符合法律规定和信贷政策。资金不得用于从事债券、期货、金融衍生品、理财产品、股本权益等投资，也不得用作注册资本金、注册验资或增资扩股和国家明确规定禁止的其他用途。（4）要求商业银行应严格隔离委托贷款业务与自营业务风险，并对委托贷款业务进行分级授权管理，强化委托贷款风险控制。（5）要求对委托贷款业务与自营贷款业务实行分账核算，严格按照会计核算制度要求记录委托贷款业务。（6）明确了委托贷款中的委托代理关系，强调了商业银行根据责利匹配的原则，收取代理手续费，不得承担信用风险。

各商业银行为了规范委托贷款业务行为，促进委托贷款业务健康发展，根据《中华人民共和国商业银行法》《贷款通则》等法律法规，结合自己的实际情况制定了各自的"委托贷款管理暂行规定"，对委托贷款业务的性质、流程、相关各方的权责、风险控制等问题作出了详细的规定，为委托贷款业务的开展提供了可操作性的规程。

中国人民银行一直以顶层监管规制制定主体的角色，通过商业银行把委托贷款作为商业银行的贷款业务进行监管，所以法律法规对委托贷款的监管是以中国人民银行为监管主体，以商业银行（或其他可以从事贷款业务的非银行金融机构）为监管对象，监管内容经历了监管商业银行对企业的贷款到监管企业之间的委托贷款的发展过程。

从商业银行法到各专业商业银行的委托贷款管理暂行规定的发展来看，对委托贷款的监管都是站在银行的角度，只监管商业银行与借款人的关系，委托人与商业银行、商业银行与借款人之间的监管内容和力度非常有限，至于委托人和借款人之间的关系并没有纳入金融体系进行监管，而是通过合同法来规范。从经济行为来看，委托贷款是委托人与借款人为了规避相关法规的禁止性规定而产生的资金往来，通过商业银行的中间过度使委托人与借款人之间的借贷变得合法了，但是，形式上拉长了资金借贷的委托代理关系。

2.2 我国货币政策体系及货币传导机制

2.2.1 我国货币政策体系

从广义上看，货币政策指政府、中国人民银行和其他有关部门所有有关货币方面的规定和所采取的影响货币供给数量的一切措施。从狭义上看，货币政策指中国人民银行为实现其特定经济目标而采用的各种控制和调节货币供应量或信用量及其处理货币事务的路线、方针、规范和措施等的总称。两者的不同主要在于后者的政策制定者包括政府及其他有关部门，它们往往影响金融体制中的外生变量，如硬性限制信贷规模、信贷方向，开放和开发金融市场。前者则是中国人民银行在稳定的体制中利用贴现率、准备金率、公开市场业务达到改变利率和货币供给量的目标。本书中的货币政策指的是狭义的货币政策。

货币政策是一种宏观性、长期性调节社会总量需求的间接性经济措施。我国的货币政策体系与典型的市场经济国家的货币政策体系有着多方面的差别。首先，典型市场经济国家或者以某种利率为中介目标，或者以货币供给量为中介目标，而中国的货币政策体系则有货币供给量和信贷规模双重中介目标；其次，在典型市场经济国家中，信贷规模是传导机制变量而非中介目标，而在中国，信贷规模成为政府调控的中介目标；最后，相比典型市场经济国家，我国存在多层面的金融抑制，如存贷利率管制和汇率管制等。这些因素都对货币政策的传导效果产生重要影响。这三个方面都对我国的利率、信贷、资产价格和汇率传导机制产生重要影响，从而使得我国的货币政策传导机制和西方经典的传导机制理论以及典型市场经济国家的传导机制的运行上有着显著差异。我国的货币政策体系如图 2.1 所示。

从图 2.1 中可以看出，货币政策的传导机制是我国货币政策体系中的重要一环，传导机制中的变量向最终目标的传导渠道是否畅通以及货币政策工具对传导机制中的变量传导是否畅通共同决定了我国的货币政策体系是否有效。

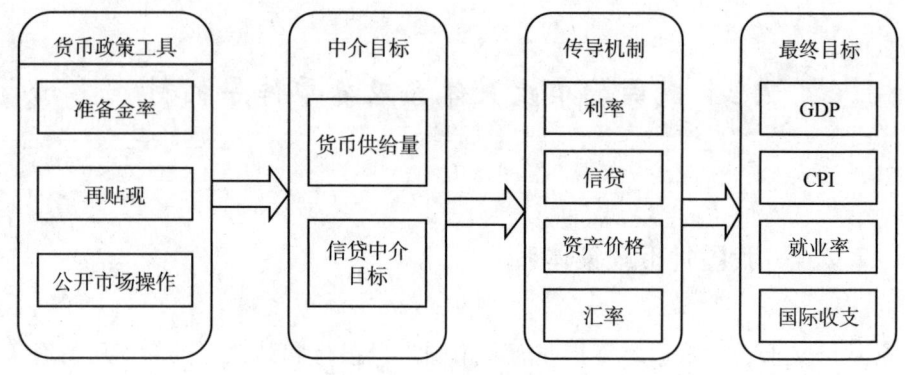

图 2.1　我国货币政策体系

2.2.2　货币政策传导机制

货币传导机制是指中国人民银行通过调整货币政策工具，借助一系列中介目标和中间渠道影响经济运行，最终实现既定政策目标的传导途径与作用机理。即由中国人民银行运用调控工具有意识变动货币供给，以期对某些宏观经济变量发生影响，从而达到中国人民银行政策目标的过程。其实质是金融领域通过调节货币供给实现影响实际生产领域的产出。其过程如图 2.2所示。

1. 货币政策传导机制的传导途径

货币政策传导途径一般有三个基本环节：①从中国人民银行到商业银行等金融机构和金融市场。中国人民银行的货币政策工具操作，影响的是商业银行等金融机构的准备金、融资成本、信用能力和行为，以及金融市场上货币供给与需求的状况。②从商业银行等金融机构和金融市场到企业、居民等非金融部门的各类经济行为主体。商业银行等金融机构根据中国人民银行的政策操作调整自己的行为，从而对各类经济行为主体的消费、储蓄和投资等经济活动产生影响。③从非金融部门经济行为主体到社会各经济变量，包括总支出量、总产出量、物价和就业等。

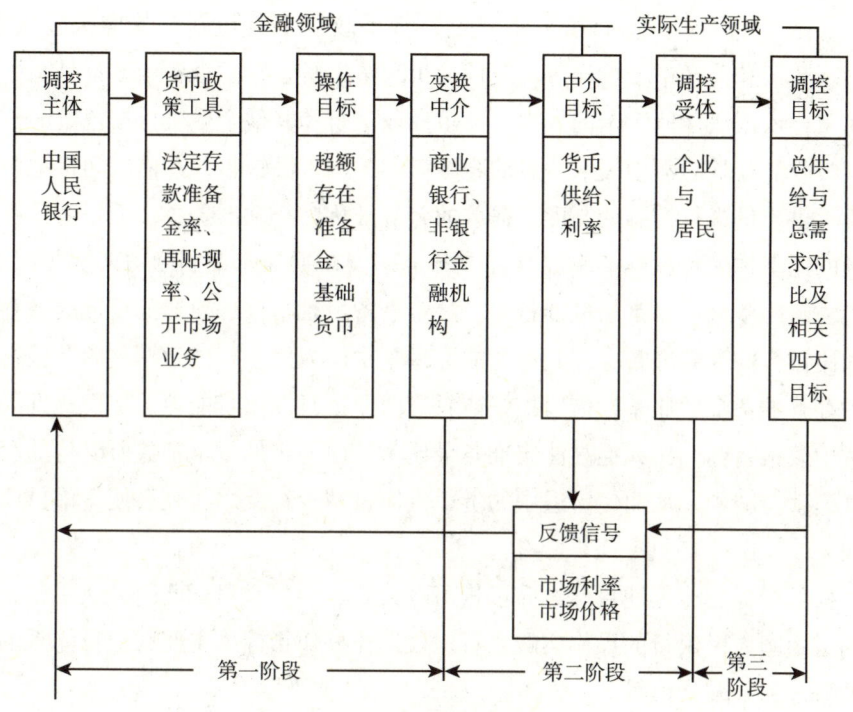

图 2.2　我国货币传导过程

2. 调控主体、货币政策工具及操作指标

在货币政策传导机制中，调控主体是中国人民银行。中国人民银行作为中央银行，其核心职能即为金融调控，即根据特定的经济发展目标，运用货币政策工具对货币供应量和信贷总量进行结构的调节和控制，以保证整个经济从宏观上实现总供给与总需求的平衡。这种金融调控的实质是货币政策的制定和实施。

货币政策工具是指中国人民银行为达到货币政策目标而采取的手段。货币政策工具包括数量工具和价格工具，一般来说，在市场机制比较完备的条件下，中国人民银行对于货币数量和货币价格这两个方面的货币政策中间目标，往往只需要盯住一个，另一个中间目标也就相应的内生式地形成了，也就是说，货币数量和利率之间有其内在联系，并且这种内在联系可以通过市场机制内在地确定。我国货币工具运用的方式，是同时盯住货币数量和货币价格的双锁定方式。

依据《中国人民银行法》的规定，货币政策工具包括存款准备金政策、再贴现政策和公开市场操作等一般性货币政策工具。存款准备金政策是指中国人民银行依据法律所赋予的权力，要求商业银行和其他金融机构按规定的比率在其吸收的存款总额中提取一定的金融缴存中国人民银行，并借以间接地对社会货币供应量进行控制的制度。提取的金额被称为存款准备金，准备金占存款总额的比率称为存款准备率或存款准备金率。存款准备金制度由两部分组成。一是法定准备金；二是超额准备金。法定准备金是指以法律形式规定的缴存中国人民银行的存款准备金，其运作的原理是中国人民银行通过调整商业银行上缴的存款准备金的比率，借以扩张或收缩商业银行的信贷能力，从而达到既定的货币政策目标。比如提高法定准备金比率，由一定的货币基数所支持的存贷款规模就会减少，从而使流通中的货币供应量减少；反之，则会使货币供应量增加。

操作指标也称近期目标，介于货币政策工具和中介目标之间。从主要工业化国家中国人民银行的操作实践来看，被选作操作指标的主要有银行体系的超额准备金和基础货币等。

（1）超额准备金是银行为应付可能的提款所安排的除法定准备金之外的准备金，它是商业银行在中国人民银行的一部分资产。我国的超额准备金包括两个部分：一是存入中国人民银行中的；二是商业银行营运资金中的。前者主要用于银行间的结算和清算以及补充现金准备，而后者是用于满足客户的现金需要。

（2）基础货币是中国人民银行发行的债务凭证，表现为商业银行的存款准备金（R）和公众持有的通货（C），是整个商业银行体系借以创造存款货币的基础，是整个商业银行体系的存款得以倍数扩张的源泉。因其具有使货币供应总量成倍放大或收缩的能力，又被称为高能货币。所以，基础货币是中国人民银行各政策措施与最终目标之间关系的重要中介指标之一。在现代银行体系中，中国人民银行对经济的调节主要是通过控制基础货币的数量来实现的。而中国人民银行在使用存款准备金率、公开市场业务和再贴现率等货币政策时，也都是通过影响基础货币中的准备金而发挥作用的。中国人民银行若提高存款准备金率，各商业银行在中国人民银行的准备金将增加，它们在其他情况不变时可动用的基础货币量相应减少、信贷规模减少，从而通过乘数效应减少了货币供应量，造成通货紧缩，抑制投资的增长和经济的发展。中国人民银行若在公开市场上从商业银行或公众手中买进证券，便向市场投放了基础货币，虽然各商业银行在中国人民银行的准备金将增加，但可动用的基础货币较之更大、信贷规模增大，从而通过乘数效应增加了货币供应量，促进投资的增长和经济的发展，并可能引发通货膨胀。

（3）再贴现率是指票据持有人再贴现时所使用的利率。所谓再贴现政策，就是中国人民银行通过制定或调整再贴现利率来干预和影响市场利率及货币市场的供应和需求，从而调节市场货币供应量的一种金融政策。再贴现政策分为两种。一种是长期的再贴现政策，这又包括两种：一是"抑制政策"，即中国人民银行较长期地采取再贴现率高于市场利率的政策，提高再贴现成本，从而抑制资金需求、收缩银根，减少市场的货币供应量；二是"扶持政策"，即中国人民银行较长期地采取再贴现率低于市场利率的政策，以放宽贴现条件，降低再贴现成本，从而刺激资金需求、放松银根，增加市场的货币供应量。另一种是短期的再贴现政策，即中国人民银行根据市场的资金供求状况随时制定高于或低于市场利率的再贴现率，以影响商业银行借入资金的成本和超额准备金，影响市场利率，从而调节市场的资金供求。

（4）公开市场业务是指中国人民银行在金融市场上买卖有价证券和外汇的活动。它是中国人民银行的一项主要业务，是货币政策的一种基本工具。中国人民银行买进或卖出有价证券或外汇，意味着进行基础货币的吞吐可以达到增加或减少货币供应量的目的。当金融市场上资金缺乏时，中国人民银行就通过公开市场业务买进有价证券，向社会投入一笔基础货币。这些基础货币如果是流入社会大众手中，则会直接增加社会的货币供应量，如果是流入商业银行，则会引起信用的扩张和货币供应量的多倍增加。相反，当金融市场上游资泛滥、货币过多时，中国人民银行就可以通过公开市场业务卖出有价证券，无论这些证券是由商业银行购买，还是由其他部门购买，总会有相应数量的基础货币流回，引起信用规模的收缩和货币供应量的减少。中国人民银行就是通过公开市场上的证券买卖活动，以达到扩张或收缩信用、调节货币供应量的目的。

3. 变换中介与中介目标

在货币政策传导中，中国人民银行的货币政策工具不是直接作用于投资和消费主体，而是通过金融市场的变化作用于金融机构，或者利用行政手段直接作用于金融机构，使金融机构的融资行为发生变化，再通过金融机构贷款行为的变化传导给投资和消费主体。由此看出，金融机构不仅是中国人民银行货币政策的直接作用对象，还是根据货币政策信号调整自身资产负债结构，从而影响企业和居民投资、消费行为的传导中介，在货币政策传导机制中占据着不可替代的地位。金融机构功能的强弱及其行为调整是否与中国人民银行货币政策意图保持一致，直接关系着货币政策传导的效率和结果。我国的金融机构体系中包括商业银行、政策性银行、信用合作社、财务公司以及保险公司等非银行金融机构。中国人民银行通过货币工具调控货币中间指标。然而，这些中间目标的实现并不完全由中国人民银行控制，金融体系对其形成有重要影响。货币政策的传导路径是：第一步，中国人民银行制定货币政策、投放基础货币；第二步，商业银行（以下简称"商行"）获得流动性后，依据当下货币政策，选择有利于自身的方式进行信贷等风险承担活动；第三步，实体企业获得资金，进行投资。这个过程中，金融机构起到了货币流通渠道的作用。

货币政策的中介目标又称为货币政策的中介指标、中间变量等，它是介于货币政策工具变量（操作目标）和货币政策目标变量（最终目标）之间的变量指标。通常而言，货币政策的中介目标体系一般包括利率和货币供应量。中国人民银行能够直接影响利率的变动，而利率的变动又能直接、迅速地对经济产生影响，利率资料也容易获取。利率作为中介目标主要是指中长期利率。货币供应量也称总量目标。

4. 货币政策传导机制类型

货币政策传导机制可分为"货币观"和"信用观"两大类型。"货币观"认为，金融资产只有货币和债券两种形式，银行贷款只是债券的一种，贷款和债券可以相互替代，货币政策是通过货币供应量的变动改变公众对货币与债券的持有和配置，从而影响债券市场利率，最终影响投资水平和产出。"货币观"的传导机制主要包括利率、汇率和资产价格三个渠道。"信用观"认为，金融资产有货币、债券和银行贷款三种形式，银行贷款是特殊的，债券不能与替代之，货币政策是通过银行信用影响局部投资水平，进而影响产出。在"信用观"中，由于货币政策变动导致对企业投融资决策的影响，是货币政策作用于实体经济的渠道，其中以信用为体现的金融总量（而不是单纯的货币供应量）成为对实体经济运行起作用的核心变量。"信用观"的传导机制主要包括银行信贷渠道和资产负债表渠道。前者着重分析货币政策对金融中介贷款供给的影响，后者着重分析货币政策导致的外部融资溢价变化对借款人的融资所带来的影响。

（1）货币政策利率传导渠道。货币政策利率传导渠道基于传统的凯恩斯（Keynes）IS－LM 模型，其核心思想是：中国人民银行通过调整货币供应量影响短期名义利率，进而影响长期名义利率；在存在名义价格刚性的条件下，名义利率的变化将会导致实际利率的变化，从而影响实际消费和投资支出，并最终对实体经济产生影响。经典意义上的利率渠道，即中国人民银行通过公开市场操作影响货币市场利率，进而影响整个金融市场的利率，最终影响实际产出和物价水平的过程。这一渠道中，要求利率形成机制完全市场化，且货币市场和金融市场之间存在有机联系，不同市场化利率之间的牵引或驱动关系比较明晰，可以将此渠道称为货币政策传导的市场利率渠道。一个完整的市场利率渠道如下：央行设定目标利率—央行的公开市场操作（发行央票、债券回购等）—央票利率和债券回购利率变化—银行间市场利率变化—金融市场利率变化—消费和投资变化—生产和物价变化—央行目标利率的调整。

（2）货币政策汇率传导渠道。随着经济的发展，人们也越来越关注货币政策通过汇率渠道对经济的影响。在固定汇率下，对货币政策传导机制的经典分析是在封闭经济条件下 IS－LM 模型的基础上发展起来的蒙代尔—弗莱明模型（M－F model）。在资本不完全流动情况下，央行实行扩张性货币政策→货币供应量在↑→利率↓→国际收支逆差→本货贬值倾向→（为维持固定汇率）央行入市干预售出外汇买入本币→外汇储备↓→货币供应量↓→利率↑→投资↓→国民收入↓。由于汇率固定不变，意味着这一调整过程将会持续到国民收入恢复原来水平时为止。因此，在固定汇率制下，当资金不完全流动时，扩张性货币政策短期内会引起利率下降、收入增加，但是长期效应却只体现为外汇储备减少、基础货币的内部结构发生变化，而对国民收入等实际经济变量没有影响。而当资本完全流动情况下，央行实行扩张性货币政策→货币供应量↑→利率↓→资金迅速流出→资本与金融账户收支逆差→本币迅速贬值→（为维持固定汇率）央行售出外汇购买本币→外汇储备迅速下降→基础货币↓→扩张性货币政策效应抵消。这说明在固定汇率制下，当资金完全流动时，扩张性货币政策即使在短期内也无法对经济产生影响，货币政策无效。

在浮动汇率制下，货币政策传导机制主要是汇率的变动通过净出口对国民收入产生影响。首先，在资本不完全流动情况下，央行实行扩张性的货币政策→货币供应量↑→利率↓→经常项目及金融项目逆差→本币贬值→净出口↑→国民收入↑；其次，利率、汇率及国民收入这三者会不断调整，最终达到一个均衡点，较实行扩张性货币政策初期，在这点上经济体的利率下降、本币贬值、国民收入提高。因此，在资本不完全流动和浮动汇率情况下，经济体受到货币扩张冲击后会通过汇率机制和利率机制最终对国民收入产生影响。而在资本完全流动时，假设该经济体的利率与国外保持一致则扩张性货币政策→本币贬值→净出口↑→国民收入↑，最终通过汇率及国民收入的不断调整经济达到均衡，因此，在资本完全流动的情况下，货币供应量的变动会通过汇率机制对国民收入产生影响。

反之，实行紧缩性货币政策时，货币供应量下降，引起国内实际利率的上升，而实际利率的上升吸引了外币的流入，使本币升值，这引起净出口的下降，最终导致产出的下降。汇率传导机制可以概括为：货币供应量↑→本币币值↓→银行或企业的净资产↓→银行给企业的贷款↓→投资↓→国民收入↓。

（3）货币政策资产价格传导渠道。资产价格传导机制的理论基础主要是托宾（Tobin）的投资 q 理论和莫迪利亚尼（Modigliani）的财富效应理论。

托宾的 q 理论是美国经济学家托宾在 20 世纪 60 年代初以资产组合调整理论为基础提出的。在该理论中，托宾将投资设定为 q 的函数，q 是公司资产的市场价值与资本存量重置成本的比率，调整成本允许 q 不等于 1：当经济有计划的资本存量时，q 等于 1，总投资刚好弥补折旧。如果 q 超过 1，企业家通过增加资本存量，按新增资本存量预期盈利流的折现值出卖新股权，获取利润，反之亦然。托宾 q 理论的货币政策传导机制为：货币供给↑→利率股票价格↑→q↑→投资↑→产出↑。

根据莫迪利亚尼在 1971 年提出的生命周期假说，现期消费不只受到消费者现期收入的影响，还受到其毕生财富的影响，消费支出是由消费者的终身财富（包括人力资本、真实资本和金融资产）决定的。股票是金融财富的一个主要组成部分，因此，货币供给量的变动将通过改变利率和股票价格来影响居民的金融财富（W）及其一生的财富量（LR），进而影响其消费需求（C）和国民收入（Y）。根据他的理论，财富效应的货币政策传导机制为：货币供给↑→利率↑→股票价格↑→财富↑→消费↑→产出↑。

（4）货币政策银行信贷传导渠道。该理论认为，由于银行在金融系统中的重要地位，许多企业与居民的投资和消费都依赖于银行融资。而且，在不完善的金融市场中，银行持有的金融资产之间不能完全替代，所以银行的资产业务和负债业务一样，具有独特的货币政策传导功能。从而银行资产业务中的信贷供应量成为影响实体经济运行的主要金融变量。当货币政策紧缩时，伯南克和布林德（Bernanke and Blinder, 1992）指出，货币冲击既减少了银行存款D，也减少了银行贷款L，当银行资产结构不能进行很大调整时，从而银行的贷款供给L被迫减少，使外部融资溢价升高。这样，不仅使许多本来可以正常盈利的投资项目受到阻碍（尤其是中小企业），而且金融市场中的逆向选择和道德风险问题也将变得更为严重，导致银行的贷款供给受到阻碍。如果银行贷款供给减少，则依赖银行贷款融资的借款者将面临紧缩生产和减少投资的可能。这一传导机制可以归纳如下：

$$R\downarrow \Rightarrow M\downarrow \Rightarrow D\downarrow \Rightarrow L\downarrow \Rightarrow I\downarrow \Rightarrow Y\downarrow$$

在上述传导渠道中，货币政策的初始变动，如中国人民银行减少准备金R以紧缩银根，限制了银行系统吸收存款的能力，使得货币需求下降的同时债券需求上升，从而意味着社会货币存量M下降。M的下降导致银行活期存款D相应减少，从而当银行资产结构基本不变时，银行的贷款L的供给也被迫削减，结果在因利率普遍升高而抑制投资的基础上，还导致那些依赖银行贷款融资的借款人进一步削减生产和投资I，从而使得总需求和总产出Y水平随之下降。

（5）资产负债表渠道。资产负债表渠道是通过借款人以资产负债表所反映的财务状况变化，导致的外部融资溢价的变化，从而对借款人的投融资决策所带来的影响起作用。借款人的财务状况以资产负债表中的企业净值反映，外部融资溢价则反映借款人进行融资时所面临的融资条件。表达式为：

$$企业净值 = 流动资产 + 限制性少的非流动资产的抵押价值$$

$$外部融资溢价 = 外部融资成本 - 内部融资的机会成本$$

很显然，企业净值指标可以反映借款人的资金控制实力，也反映了借款人实际上的金融地位。而且，一般而言，企业净值指标与外部融资溢价指标呈反向变动关系。企业净值越小，则外部融资越困难、融资条件越不利。资产负债表渠道通过货币政策变化对特定的借款人的借款条件的影响，分析信用在货币传导过程中的独特放大性和持续性作用（伯南克和布林德，1995）。由于借款人的金融地位影响到其外部融资溢价，因此，通过净现金流量和资本品抵押价值两种因素的变化影响到其面临的借贷条件，进而影响其投资和生产决策。该机制归纳如下：

$$R\downarrow \Rightarrow M\downarrow \Rightarrow i\uparrow \Rightarrow NCF, Pe\downarrow \Rightarrow 资产状况恶化 \Rightarrow L\downarrow \Rightarrow I\downarrow \Rightarrow Y\downarrow$$

借款人的资产负债表状况对其金融地位有着决定性的影响，而资产质量状况会随着货币政策的变化而变化。资产负债表渠道理论指出，随着货币量减少和利率水平的升高，融资者的资产状况将从两方面受到削弱。其一，从净现金流量来看，利率水平的上升导致利息等财务费用的增加，直接增加了现金流出量。此外，货币紧缩将不利于企业的营销状况，销售收入的下降又间接地减少了现金流入量。这两方面效应减少了融资者的净现金流量。其二，从资产价值来看，利率的上升一般意味着股票、债券和房地产等资产价格的下跌，从而使按照现行市价法计价的资产担保或抵押价值下降，降低了借款人的以资产价值状况衡量的金融地位，使得外部融资溢价上升的同时可融资数量下降，甚而部分资信状况不佳的借款人无法获得外部融资。这两种效应，将导致融资者的投资和产出发生放大式的减少。

2.3 货币政策影响委托贷款的一般分析框架

2.3.1 委托贷款的本质及其契约关系

1. 委托贷款的本质

委托贷款是指由政府、企事业单位及个人等委托人提供资金，由商业银行（即受托人）根据委托人确定的贷款对象、用途、金额、期限和利率等代为发放、监督使用并协助收回的贷款①。按照规定，委托贷款的委托人和借款人，应当是经工商行政管理机关（或主管机关）核准登记的企（事）业单位、其他经济组织以及个体工商户，而且受托人在委托贷款过程中，只收取手续费，不承担贷款风险。

从实践中看，委托贷款业务流程一般遵循下列程序：首先，委托贷款需求方，即上市公司，根据自身需要向商业银行提出书面申请，经过上市公司和商业银行协商达成融资意向，要确定贷款期限、利率等合同条款。其次，由供应方和需求方共同准备相关材料（不同商业银行对委托贷款需要提交材料均有具体规定），并一起向委托银行等中介机构提出委托贷款申请。最后，由受托银行或其他金融机构审核相关材料，若合格则三方签订委托贷款合同，若不合格则由上市公司和借款方重新准备材料以进一步审核，或拒绝委托贷款业务。三方签订合同以后，由受托银行按合同规定划转款项，委托贷款初步完成。借款人应根据合同约定按期向上市公司支付利息，由银行扣缴税费并进行款项划转。

从委托贷款的法定含义及其业务流程角度，委托贷款的本质可以概括为：（1）委托贷款是调剂资金盈余的一种金融工具；（2）委托贷款是以商业银行为"过桥"，包含三个法律关系，即委托人与受托人（银行）之间、委托人与借款人之间和受托人（银行）与借款人之间的三个法律关系的民间借贷行为；（3）贷款起源于我国特殊的金融监管要求，非金融机构之间的借贷行为不受法律保护，必须借助金融机构进行资金调剂，通过委托贷款业务，民间借贷得以合法化。委托贷款属于金融机构的中间业务，既不反映在其资产负债表内，也不包含在金融管理部门定义的各项贷款中，受到监管的力度较小。

2. 委托贷款的契约关系

从经济学角度来看，贷款业务实质是就资金使用权转让的一种交易，贷款方和借款方构成直接交易的主体，而委托贷款也是资金使用权的转让行为，为资金从盈余方流向短缺方提供了一种金融工具，它可以以合同的方式直接载明双方因借贷产生的权利和义务，反映贷款人与借款人之间最为直接的信贷关

---

① 参见《关于商业银行开办委托贷款业务有关问题的通知》。

系，所以委托贷款中委托人与借款人之间最符合经济学意义的契约关系如图 2.3 所示。

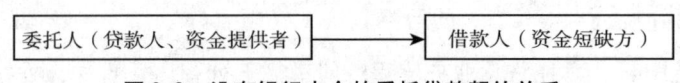

图 2.3 没有银行中介的委托贷款契约关系

在图 2.3 中，委托人是提供资金的人，借款人是使用资金的人，两者借贷关系成立的经济学充分条件是委托人与借款人之间有资金融通的需求，以及为满足这种需要双方在贷款利率、用途、期限、还款计划和担保方式等方面达成的共识。如果没有这种需求和共识，借贷关系不可能成立，所以，委托贷款的经济学本质就是贷款业务，只需两者对资金交易达成契约即可完成，没有必要在"贷款"之前增加"委托"环节。这种经济学上的契约关系与现实中委托贷款的法学契约关系并不一致。

现实中，委托贷款的业务契约关系产生于《贷款通则》。根据《贷款通则》第 7 条的规定，委托贷款是指由政府部门、企事业单位及个人等委托人提供资金，由贷款人（即受托人）根据委托人确定的贷款对象、用途、金额期限和利率等代为发放、监督使用并协助收回的贷款。按照该定义，委托贷款业务的契约关系如图 2.4 所示。

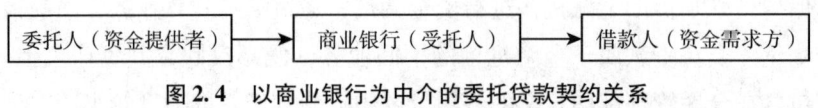

图 2.4 以商业银行为中介的委托贷款契约关系

与经济学契约关系相比，委托贷款在现实中的法学契约关系中，商业银行介入了委托人与借款人之间，委托人与借款之间的直接借贷关系变成了间接的借贷关系。第一，从图 2.4 中看到的是委托人与商业银行（或其他可以从事委托贷款业务的经济组织，为了行为方便，后面一律以"商业银行"代之）之间的委托代理关系。资金的提供者是"委托人"，商业银行是"受托人"，在银行系统的相关法律法规中被称为"贷款人"。委托人把资金委托给商业银行，签订委托协议，规定双方的权利和义务。第二，看到的是商业银行与借款人之间的委托代理关系。在商业银行与委托人签订了委托协议之后，商业银行作为受托人根据委托人指定的对象、用途等要素代委托人向借款人发放贷款。此时，商业银行相对借款人来讲，变为了贷款人，和借款人之间形成借贷关系，商业银行与借款人签订贷款协议，监督借款人对资金的使用，并协助委托人收回贷款和利息。从委托贷款法规的发展来看，法规监管的也主要是这一委托代理关系。

从以上分析可以看出，经济学和现实中委托贷款所反映的契约关系在逻辑上的不一致性源于商业银行对委托人和借款人之间经济关系的介入，而这种介入仅仅是因为《贷款通则》中第 61 条"企业之间不得违反国家规定办理借贷或者变相借贷融资业务"的规定，委托人必须把资金委托给商业银行，再由银行贷给借款人，委托人和借款人之间的借贷关系才能合法成立，从而使得委托人和借款人之间直接而简单的借贷关系变得间接而复杂，拉长了委托人与借款人之间的委托关系。

2.3.2　货币政策影响委托贷款的一般分析框架

各个市场有不同的金融工具或金融资产，委托贷款是金融工具之一。把委托贷款植入货币政策传导机制之中，货币政策对委托贷款的影响及委托贷款产生的经济后果的一般分析框架如图 2.5 所示。

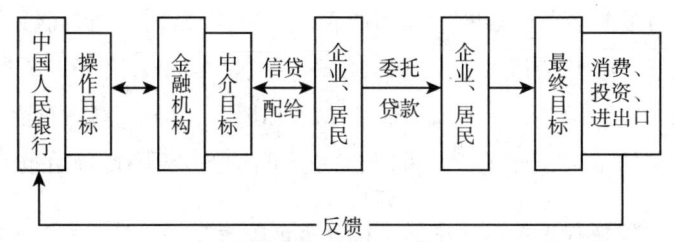

图 2.5　货币政策影响委托贷款的一般分析框架

中国人民银行通过货币工具实现操作目标，调控货币中间指标，进而实现最终目标：中国人民银行制定货币政策、投放基础货币；商业银行（以下简称"商行"）获得流动性后，依据当下货币政策，选择有利于自身的方式进行信贷等活动；实体企业获得资金，进行投资。然而，这些中间目标的实现并不完全由中国人民银行控制，金融机构和企业、居民的行为对过程中的经济变量有着重要影响。当委托贷款被引入这一过程，使货币政策实现最终目标变得更加复杂。由于企业或个人的融资禀赋不同，其融资约束差异导致了资金余缺各不相同。资金充足的企业或个人可能会以委托贷款的方式把资金借贷给资金短缺的企业或个人。这样，一方面，企业或个人之间产生借贷关系，委托方因委托贷款而获利，但是，过多的委托贷款资金占用可能会影响委托方对实体经营的业绩；借款方会因较高的借款利率提高企业融资成本，进而对企业的经营业绩产生消极影响。另一方面，委托贷款拉长了中介目标与最终目标的"距离"，"距离"的拉长可能会影响货币政策的宏观调控效果及调控风险。

总之，货币政策为金融机构的信贷行为提供了基本框架，金融机构根据经营目标确定的信贷配给导致了企业和居民信贷融资的非对称效应。信贷融资的非对称效应，既是委托贷款产生的条件，又对委托贷款的规模和利率产生影响。

2.3.3 委托贷款经济后果的一般分析框架

委托贷款起源于我国对企业等非金融机构之间借贷行为的禁止性规定，使非银行金融机构之间的借贷业务不得不借助银行作为"桥梁"，实现资金由盈余单位向短缺单位配置的合法化。对委托人来讲，当信贷资金充裕又缺乏投资机会时，通过委托贷款收取利息获得收益比投资实体经济、提高经营效益来得更直接和快速，必然会挤占流入实体经济的资本。对借款者来讲，虽然缓解了资金短缺的困境，但是，会提高其资本成本和风险，降低整体社会的福利。因此，从宏观调控来讲，委托贷款可能会在以下两个方面降低货币政策效果。

1. 拉长的委托代理关系，增加了社会资金配置成本，降低了资金配置效率

企业间借贷业务的禁止性规定使商业银行强行介入企业间的贷款业务，产生了两个方面的不良经济后果。

（1）委托代理关系的拉长，增加了资金的配置成本。经济学中的逻辑（见图 2.3）和现实逻辑（见图 2.4）相比，商业银行的介入使委托贷款契约的成立不仅需要委托人和借款人分别与商业银行签订委托贷款显性合同，而且还需要委托人与借款人之间达成显性或隐性契约，本应由一个合同完成委托人与借款人之间的借贷关系，演化为三个合同才能实现资金在两者之间的配置如图 2.6 所示，比商业银行介入之前增加了两个委托代理关系契约。于是，委托贷款配置资金的社会成本增加。更为值得一提的是，"贷款人（受托人）只收取手续费，不承担贷款风险（《贷款通则》第 7 条)"的规定，使商业银行的介入变得法理依据不足，对于委托人来讲，不仅没有分散承担的风险，而且还增加了银行手续费，凭空增加了委托贷款的成本。这些成本或者削减了委托人的收益，或者以提高利率的方式转嫁给借款人形成借款人的融资成本。无论哪种结果，从宏观来看都会提高社会资金配置成本。

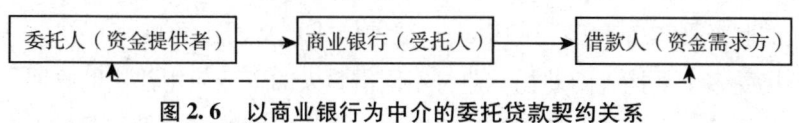

图 2.6　以商业银行为中介的委托贷款契约关系

（2）降低了社会资金配置效率。从经济学的角度来看，委托贷款是委托人和借款人资金融通的市场行为，资金在两者之间的配置会按照市场规则进行，资金会从盈余方流向短缺方，由资金使用效率低的单位流向使用效率高的单位，从而提高社会整体的资金配置效率。但是，当《贷款通则》第 61 条规定"企业之间不得违反国家规定办理借贷或者变相借贷融资业务"之后，商业银行直接介入委托人与借款人之间的资金借贷关系，相当于政府对市场的干预，而对这种干预，我们既找不到经济学的合理解释，也找不到司法上的任何理由，无论是对委托人、借款人还是社会都没有增量福利，只有商业银行增加了业务范围和收入。如果说通过商业银行的介入可以减少当事人和金融系统的风险，那么，"委托贷款属于收费性质的中间业务，不属于授信业务，委托贷款不构成商业银行表内资产、表内负债，商业银行只收取手续费，不承担任何形式的贷款风险。"使得这一理由变得也不充分。所以，对企业之间委托贷款的禁止性规定，直接导致商业银行的寻租行为，降低了委托贷款的市场化程度，"从资源配置效率的角度来看，这种委托贷款的效率不及在资金配置完全市场化情形下的直接拆借。"①

2. 降低了借贷契约中委托人对借款人的监督效率

根据委托贷款的定义，商业银行在委托贷款业务中有"代为发放、监督使用并协助收回的贷款"的作用，这一点可以看作商业银行在委托贷款中对借款人的监督作用。难道"代为发放、监督使用并协助收回的贷款"比委托人"直接发放、监督使用并协助收回的贷款"更有效率吗？商业银行对借款人的监督并不比委托人更有效率，这是因为以下两点。

（1）委托人比商业银行更有能力和激励监督借款人。对委托贷款来讲，委托人对借款人的"一对一"或"一对多"监督比商业银行的"一对多"监督更有能力。当银行监督委托贷款的使用并协助收回时，其业务特点决定了对借款人的监督是"一对多"的模式，这种模式可从两个角度来审视。一是商业银行接受多个委托人的委托，监督不同借款人的资金使用并协助收回；二是商业银行接受一个委托人的委托，将资金放贷给不同的借款人。委托人对借款人的监督模式有"一对一"或"一对多"，前者是指委托人把贷款发放给一个借款人，后者是指委托人把贷款发放给多个借款人。即使委托人产生"一对多"的监督模式，其监督对象也比银行的监督对象少得多，这样委托人可能比银行更有能力监督借款人。

在委托贷款业务中，商业银行只收取手续费、协同监督和不承担任何贷款风险，使银行失去监督借款人的激励。手续费是银行的收入，承担的风险是银行的损失，而现在这两点变得与银行对借款人的监督效率没有任何关系，那么，当委托人与银行确定委托代理关系，并按契约规定收取了手续费后，对银行而言，获得了固定的收入，在委托贷款发生后，跟踪、监督借款人贷款使用和经营状况，以及协助收回贷款的成本越低，银行的净收益就越大，所以，在银行的收费与其承担的风险一定的情况下，银行的最优行动是"偷懒"，通过最小化监督成本，实现净收益最大化，于是，银行失去了监督借款人的激励。

（2）委托人比银行更有监管优势。委托贷款业务中，委托人对借款人的

---

① 张惠英. 委托贷款的价值、法律性质及若干实务问题 [J]. 湖南省政法管理干部学院学报，2001，2（17）：49.

监管比银行更有优势，这源于委托人比银行对借款人的信息优势。彭纯和胡月晓（2005）认为，借款人愿意采用委托贷款是因为委托人与借款人之间信息完全、了解充分、互相信任或有关联关系①，在市场利率一定的情况下，借款人并不关注贷款人（商业银行）。

现实中，委托贷款以关联交易为主②的特征也强化了这一优势。佟岩、王丹虹和孙绪才（2010）认为，委托贷款是企业集团内部资本市场中的一种非常直接的资源配置形式。③ 这样，相当于资金的外部市场内部化，不仅节约了交易成本，而且提高了信息对称程度，委托人比银行对借款人有信息优势，其监管优势也会相应提高。除了关联交易带来的信息优势，依赖于供应链上的委托贷款也会增加委托人对借款人的监管优势：第一，如果委托人是借款人的控制权人或商业伙伴，则委托人通过参与借款人的经营活动决策，或通过日常性的商业交易活动而非商业银行就能及时有效且低成本地掌控借款人的生产经营状况和风险信息。例如，委托人作为借款人的大股东直接参与了借款人单位的经营管理，能够直接得到外部人得不到的企业经营状况、信用和风险信息等。第二，在借款人供应链或销售链中，如果借款人对委托人提供的商品或销售渠道具有一定的依赖性，委托人可以利用这些市场优势削弱借款人不还款的机会主义行为。第三，在借款人被清算不能履行完全偿债义务时，与银行相比，委托人具有控制清算追索债权方面的优势。例如，委托人通过合同条款控制借款人商品所有权的转移；通过自己的销售网络以尽可能高的价格出售索回商品，或者通过集团内部优化清偿商品，以使损失最小化。控制权、信息和业务等方面的优势都会使委托人比商业银行更具有监督优势。

综上所述，本书的主题"货币政策对委托贷款的影响"是一个两阶段问题。第一阶段是货币政策的变化可能影响委托贷款的规模与价格；第二阶段是委托贷款的变化可能影响对实体经济的投资。两阶段的问题可以具体为企业信

---

① 彭纯，胡月晓．解析委托贷款的契约安排 [J]．重庆大学学报（社会科学版），2005，11（2）：29 – 32.

② 数据研究表明，委托贷款大部分为关系方交易，如王家辉对上海市 2012 年委托贷款的统计数据、同静文对山西省金融机构 2013 年上半年委托贷款业务情况的调查以及钱雪松、李晓阳对 2004 ~ 2013 年上市公司的委托贷款的统计数据都表明，在委托贷款中，关系方交易占的比重高于非关系方交易。

③ 佟岩，王丹虹，孙绪才．股东关系、内部资本市场与利益配置——中大股份委托贷款分析 [J]．会计之友，2010（5）：67 – 72.

贷融资的非对称效应—委托贷款产生的条件之一、货币政策对委托贷款的影响和委托贷款对实体经济投资的影响三个问题。其分析框架可以概括为：货币政策影响银行贷款—银行信贷配给产生融资非对称效应—非对称效应是委托贷款产生的宏观条件之一——银行信贷配给对委托贷款的影响—委托贷款对货币政策效果（投资）的影响。

第3章 上市公司委托贷款的现状

第2章从法律上厘清了委托贷款业务的现实法律逻辑，从理论上辨析了委托贷款的经济学本质和契约关系。那么，委托贷款的现状是什么？本章将以上市公司为统计对象，从委托贷款的总体规模、委托人和借款人的特点、委托贷款资金来源与去向等三个方面描述和分析了委托贷款的现状。然后，统计描述了货币政策与委托贷款趋势上的匹配性。委托贷款的现状将成为我们对委托贷款业务和以后研究内容产生感性认识而进行理性思考的现实基础。

3.1 上市公司委托贷款总体规模

从表3.1和图3.1~图3.4来看，上市公司和全国委托贷款环比增长率整体呈现上下波动的特点，并没有显著的趋势特征。2004~2005年与2009年上市公司与全国委托贷款环比增长率出现了截然相反的趋势，2006~2008年以及2009年以后两者趋势具有一致性。以2002年为基期，上市公司与全国委托贷款的定比都呈现上升趋势，且两者具有高度的一致性（见表3.1、图3.4）。

上市公司委托贷款额占全国委托贷款总额的比例呈现出了阶段性变化：2002~2004年占比呈现下降趋势；2005~2014年占比总体呈现上升趋势，但是，在上升过程中表现出波动性（见表3.1、图3.5）。

表 3.1 委托贷款规模

年份	上市公司委托贷款发生金额（百万元）	上市公司委托贷款环比增长率（%）	上市公司委托贷款定比增长率（2002）（%）	全国委托贷款发生金额（百万元）	全国委托贷款环比增长率（%）	全国委托贷款定比增长率（2002）（%）	上市公司占全国委托贷款比重（%）
2001	829.10						
2002	3471.82	318.75		17500			19.84
2003	6641.62	91.30	91.30	60100	243.43	243.43	11.05
2004	3192.58	−51.93	−8.04	311800	418.80	1681.71	1.02
2005	6000.38	87.95	72.83	196100	−37.11	1020.57	3.06
2006	12542.09	109.02	261.25	269500	37.43	1440.00	4.65
2007	8644.87	−31.07	149.00	337100	25.08	1826.29	2.56
2008	22254.97	157.44	541.02	426200	26.43	2335.43	5.22
2009	26592.93	19.49	665.97	678000	59.08	3774.29	3.92
2010	31176.40	17.24	797.98	874800	29.03	4898.86	3.56
2011	83948.82	169.27	2318.01	1296200	48.17	7306.86	6.48
2012	80280.42	−4.37	2212.35	1283800	−0.96	7236.00	6.25
2013	117608.19	46.50	3287.51	2546600	98.36	14452.00	4.62
2014	116319.08	−1.10	3250.38	2506900	−1.56	14225.14	4.64

注：上市公司委托贷款数据来源于巨潮资讯网公司年报和公告，经手工收集并计算得到；全国委托贷款数据来源于国家统计局。2001 年全国委托贷款数据缺失。

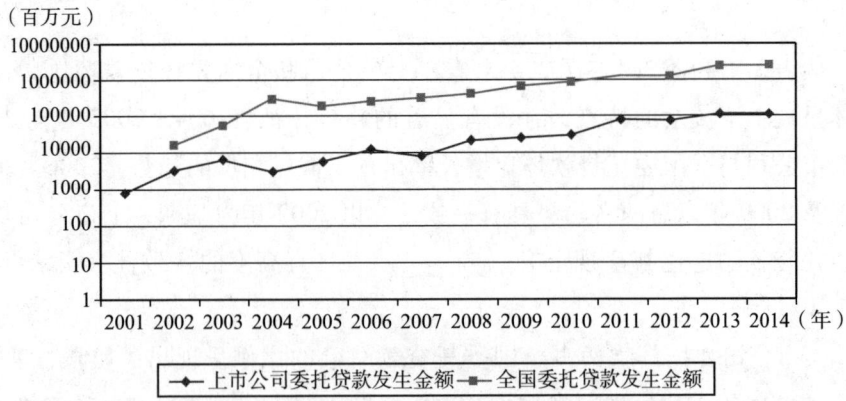

图 3.1 上市公司和全国委托贷款规模趋势①

① 图 3.1 中的曲线是委托贷款金额的对数曲线。

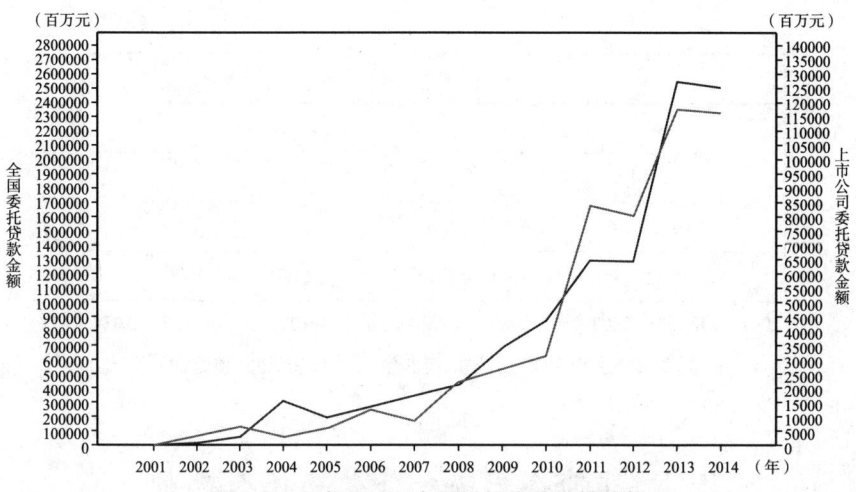

图 3.2　上市公司和全国委托贷款规模趋势

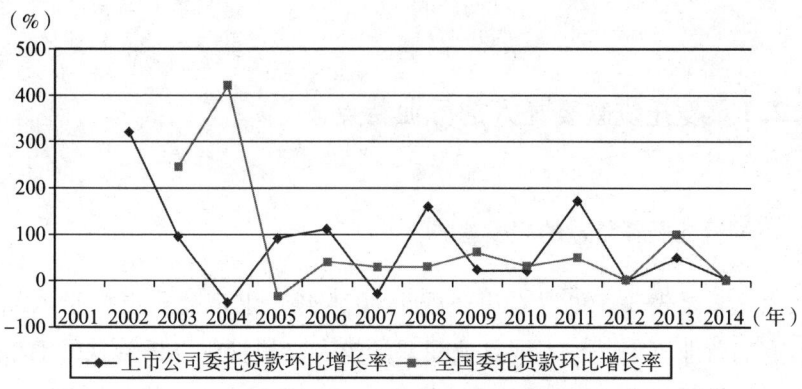

图 3.3　上市公司与全国委托贷款环比增长率对比

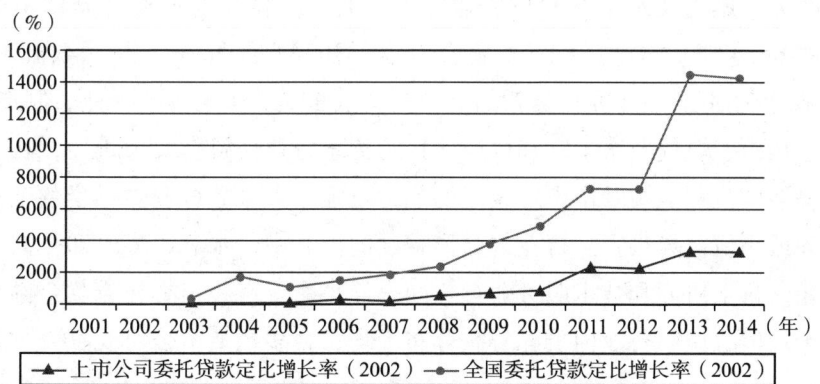

图 3.4　上市公司与全国委托贷款定比增长率对比

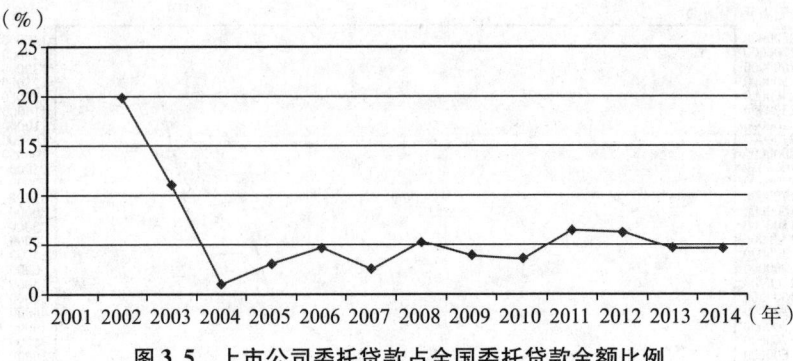

图3.5　上市公司委托贷款占全国委托贷款金额比例

3.2　上市公司委托贷款委托人特点

3.2.1　委托贷款委托人的行业特点

1. 不同行业委托贷款的规模差异

从表3.2至表3.5可以看出，截至2014年，上市公司委托贷款几乎覆盖了所有的行业，但是，不同行业间差异较大。从发放委托贷款的上市公司的数量、交易的笔数和金额来看，委托贷款主要集中在"制造业"和"电力、热力、燃气及水生产和供应业"两个行业，两个行业委托贷款笔数占总数的66.47%，委托贷款金额合计为330342百万元，占总数比例为63.59%。制造业发放委托贷款的上市公司数量显著多于其他行业，制造业、电力、热力、燃气及水生产和供应业作为传统行业，资金实力雄厚，在上一个经济期内盈利能力及产生现金流的能力较强。大多数行业委托贷款金额最大值和最小值差异很大，行业内分离程度高。其中，水利、环境和公共设施管理业、科学研究和技术服务业行业间差异小。上市公司委托贷款金额中位数低于均值，说明行业内委托贷款分布不均，大多数上市公司委托贷款金额较小。

表 3.2　　　　　　　　　　上市公司委托贷款行业分布

行业类型	上市公司数量	所占比例（%）	委托贷款笔数	所占比例（%）	委托贷款金额合计（百万元）	所占比例（%）
制造业	227	55.23	1795	50.11	205673	39.59
电力、热力、燃气及水生产和供应业	36	8.76	586	16.36	124669	24.00
采矿业	15	3.65	144	4.02	50127	9.65
交通运输、仓储和邮政业	23	5.60	261	7.29	44553	8.58
建筑业	11	2.68	187	5.22	37295	7.18
批发和零售业	30	7.30	305	8.51	22940	4.42
房地产业	25	6.08	168	4.69	19607	3.77
租赁和商务服务业	10	2.43	21	0.59	7489	1.44
住宿和餐饮业	2	0.49	36	1.01	2704	0.52
金融业	3	0.73	13	0.36	1313	0.25
信息传输、软件和信息技术服务业	10	2.43	21	0.59	956	0.18
文化、体育和娱乐业	4	0.97	9	0.25	798	0.15
农、林、牧、渔业	4	0.97	11	0.31	441	0.08
科学研究和技术服务业	3	0.73	13	0.36	295	0.06
卫生和社会工作	2	0.49	2	0.06	270	0.05
综合	4	0.97	6	0.17	251	0.05
水利、环境和公共设施管理业	2	0.49	4	0.11	122	0.02

表 3.3　　　　　　　　　上市公司委托贷款金额行业分布

行业类型	均值	中位数	最大值	最小值	标准差
租赁和商务服务业	357.53	110.33	2030.66	6.00	571.44
采矿业	348.63	162.61	2800.88	10.00	467.31
电力、热力、燃气及水生产和供应业	213.95	100.55	5019.89	0.50	440.65
建筑业	199.52	68.11	2500.32	0.50	351.21
交通运输、仓储和邮政业	171.21	50.51	13690.12	1.70	860.32
卫生和社会工作	135.62	135.11	170.01	100.00	49.45
房地产业	117.15	60.22	950.50	4.00	158.52

续表

行业类型	均值	中位数	最大值	最小值	标准差
制造业	115.85	40.35	3441.00	0.01	272.54
金融业	101.65	40.15	780.44	7.06	208.89
文化、体育和娱乐业	89.74	20.24	500.54	1.00	161.65
批发和零售业	75.45	49.42	1000.51	0.50	100.51
住宿和餐饮业	75.51	18.25	360.12	0.40	111.11
信息传输、软件和信息技术服务业	46.62	20.42	200.65	1.73	61.45
综合	42.52	30.62	81.53	15.60	25.11
农、林、牧、渔业	40.55	29.41	120.54	4.00	36.33
水利、环境和公共设施管理业	31.11	26.11	50.69	20.00	14.46
科学研究和技术服务业	23.51	20.55	80.74	10.00	19.61

表3.4　　　　　　　　　　单样本 Kolmogorov – Smirnov 检验

项目		委托贷款利率	委托贷款发生金额	委托贷款期限
N		3581	3581	3581
正态参数[a,b]	均值	7.57	14505.79	16.59
	标准差	4.17	38155.64	13.29
Kolmogorov – Smirnov Z		14.67	21.06	23.16
渐近显著性（双侧）		0.00	0.00	0.00

注：a. 检验分布为正态分布。b. 根据数据计算得到。

表3.5　　　　　　　　　上市公司委托贷款金额非参数检验

非参数检验	检验工具	检验值	委托贷款金额
行业 （多个独立样本）	Kruskal Wallis	卡方值	320.78
		自由度	15
		P 值	0.00

通过对委托贷款利率、金额、期限进行正态性检验，发现 P 值均小于 0.01，检验显示委托贷款利率、金额、期限均不符合正态分布，所以对委托贷

款的行业差异检验采用了非参数法。

通过对行业进行差异分析，发现委托贷款发生金额在行业之间存在显著差异（P<0.01），并且租赁服务业、采矿业、电力、热力、燃气及水生产和供应业和建筑业委托贷款金额均值和中位数显著高于其他行业。

2. 不同行业委托贷款的利率差异

从表 3.6 和表 3.7 可以看出，委托贷款利率在行业之间存在显著差异（P<0.01），并且批发和零售业、农、林、牧、渔业和文化、体育和娱乐业委托贷款利率均值和中位数显著高于其他行业，分别是 13%、12% 和 12%。利率均值也相差甚远，批发和零售业利率均值最高，达到了 13.27%，农、林、牧、渔业和文化、体育和娱乐业的利率均值也都超过了 10%，分别达到 12.46% 和 11.25%；单笔委托贷款利率的最大值达到 36%，而最小值为 0。

表 3.6　　　　　　　　　　上市公司委托贷款利率行业分布

行业类型	均值	中位数	最大值	最小值	标准差
批发和零售业	13.27	13.00	24.00	4.00	5.54
农、林、牧、渔业	12.46	12.00	19.00	6.49	4.80
文化、体育和娱乐业	11.25	12.00	24.50	4.51	6.66
房地产业	9.98	10.00	30.00	0.01	4.68
卫生和社会工作	9.52	9.52	12.00	7.04	3.51
综合	9.13	8.30	16.00	6.00	3.84
信息传输、软件和信息技术服务业	8.69	6.90	21.00	0.00	5.95
租赁和商务服务业	8.64	7.20	15.60	4.82	3.16
水利、环境和公共设施管理业	8.05	9.00	9.00	5.20	1.90
建筑业	7.34	6.15	36.00	0.00	3.72
制造业	7.21	6.00	25.00	0.00	3.89
采矿业	6.34	6.16	17.34	3.92	1.32
科学研究和技术服务业	6.31	6.00	9.00	5.31	0.93
电力、热力、燃气及水生产和供应业	6.20	6.00	16.00	0.00	1.43
金融业	6.11	6.15	6.64	5.31	0.48
交通运输、仓储和邮政业	5.67	6.00	15.00	0.00	2.93
住宿和餐饮业	4.53	4.95	12.00	1.20	2.65

表 3.7 上市公司委托贷款利率非参数检验

非参数检验	检验工具	检验值	委托贷款利率
行业 （多个独立样本）	Kruskal Wallis	N	3575
		卡方值	553.39
		自由度	15
		P 值	0.00

3. 不同行业委托贷款的期限差异

通过表 3.8、表 3.9 和图 3.6 的分析，发现委托贷款期限在行业之间存在显著差异（P<0.01），卫生和社会工作行业委托贷款期限均值和中位数显著高于其他行业，均值为 36 个月，排在第 2 名和第 3 名的是采矿业（与电力、热力、燃气及水生产和供应业并列第 2 名）和综合，贷款期限均值分别是 23 个月和 22 个月。在所有行业中，单笔贷款期限最长的为 276 个月，最短的为 1 个月。

表 3.8 上市公司委托贷款期限行业分布

行业类型	均值（月）	中位数均值（月）	最大值均值（月）	最小值均值（月）	标准差
卫生和社会工作	36	36	60	12	34
采矿业	23	12	84	1	18
电力、热力、燃气及水生产和供应业	23	12	276	2	19
综合	22	12	60	10	19
文化、体育和娱乐业	21	12	48	10	13
建筑业	21	12	72	1	14
交通运输、仓储和邮政业	18	12	120	1	14
租赁和商务服务业	17	12	58	3	14
信息传输、软件和信息技术服务业	16	12	36	6	10
房地产业	15	12	60	1	10
制造业	14	12	120	1	10
金融业	14	12	24	5	6
农、林、牧、渔业	14	12	36	11	7

续表

行业类型	均值（月）	中位数均值（月）	最大值均值（月）	最小值均值（月）	标准差
住宿和餐饮业	13	12	36	6	7
批发和零售业	13	12	60	1	8
水利、环境和公共设施管理业	12	12	12	12	0
科学研究和技术服务业	12	12	34	3	8

表 3.9　　　　　　　　　上市公司委托贷款期限非参数检验

非参数检验	检验工具	检验值	委托贷款期限
行业（多个独立样本）	Kruskal Wallis	卡方值	240.40
		自由度	15
		P 值	0.00

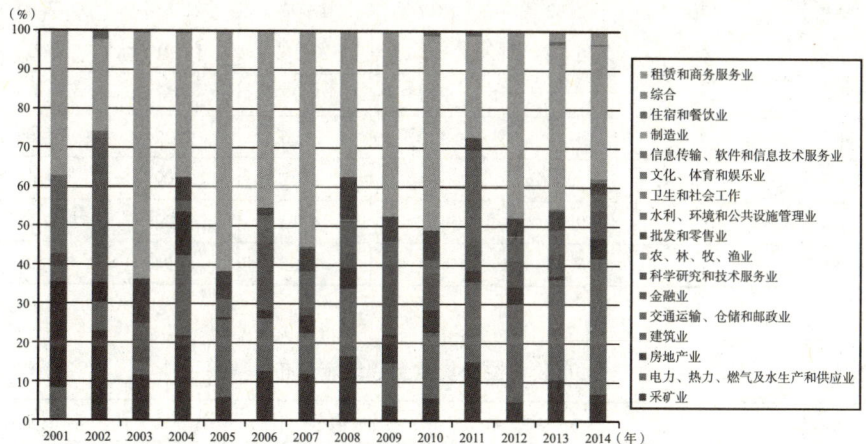

图 3.6　上市公司委托贷款金额行业分布

3.2.2　委托贷款委托人的地域特点

1. 不同地域委托人委托贷款的规模差异

通过对不同地域委托贷款的分析（见表 3.12、表 3.13），发现委托贷款金额在区域之间存在显著差异（P < 0.01），并且华北和西北委托贷款金额均值和中位数显著高于其他行业。从发放委托贷款的上市公司的数量、交易的笔数和金额来看（见表 3.10、表 3.11 和图 3.7），不同地域委托贷款规模差异明显。委托贷款资金主要来源于华东和华北两个区域，华东和华北地区委托贷款笔数占总数的 75.09%，委托贷款金额合计为 409440 百万元，占总数比例为 79.82%。华东地区地处沿海经济带，上海、江苏、浙江和福建等省份经济文化发达，华北地区的京津冀发展迅速，企业运用委托贷款配置资本的现象更加频繁。区域内委托贷款金额最大值和最小值差异很大。上市公司委托贷款金额中位数低于均值，说明区域内委托贷款分布不均。

表 3.10　　　　　　　　　　上市公司委托贷款地域分布

区域	上市公司数量	所占比例（%）	委托贷款笔数	所占比例（%）	委托贷款金额合计（百万元）	所占比例（%）
华东	176	42.82	1717	47.93	227530	43.80
华北	69	16.79	973	27.16	181910	35.02
华南	55	13.38	314	8.77	39574	7.62
西北	21	5.11	142	3.96	24224	4.66
西南	37	9.00	194	5.42	23091	4.44
华中	37	9.00	148	4.13	13226	2.55
东北	16	3.89	94	2.62	9947	1.91

表 3.11　　　　　　　　　　上市公司委托贷款金额地域分布

区域	均值	中位数	最大值	最小值	标准差
华北	187.32	70.12	5019	0.50	386.00
西北	171.66	54.32	2030	0.01	315.01
华东	133.95	50.22	13690	0.01	432.21
华南	126.69	55.33	2255	1.30	206.21
西南	119.36	40.96	3160	1.47	305.02
东北	106.34	50.32	800	2.00	153.39
华中	89.12	30.87	1887	0.19	209.47

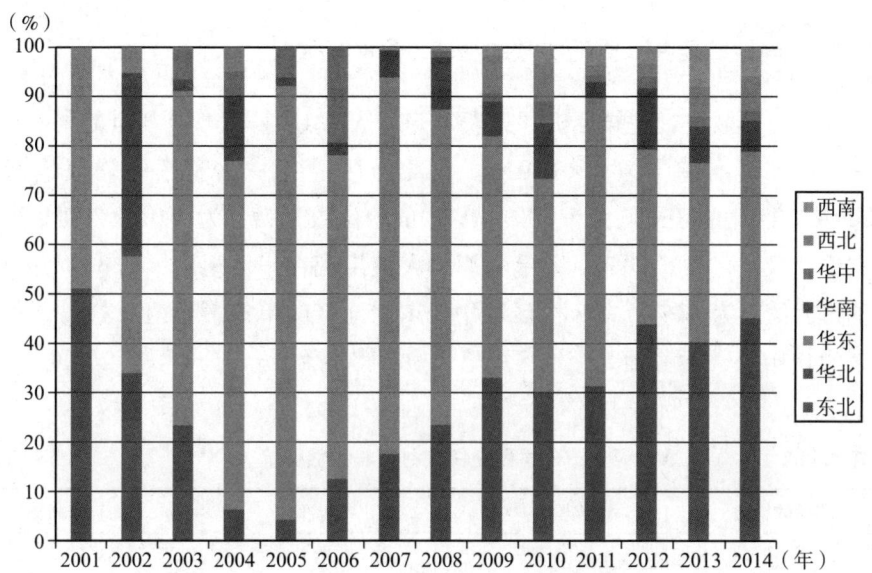

图 3.7　上市公司委托贷款金额地域分布

表 3.12　　　　　　　　　上市公司委托贷款金额非参数检验

非参数检验	检验工具	检验值	委托贷款金额
区域 （多个独立样本）	Kruskal Wallis	卡方值	101.154
		自由度	6
		P 值	0.000

表 3.13　　　　　　　　　上市公司委托贷款利率地域分布

区域	均值	中位数	最大值	最小值	标准差
东北	11.09	6.60	24.00	0.18	7.27
华中	8.49	7.01	24.00	0.01	4.69
华东	7.89	6.30	25.00	0.00	4.71
西南	7.31	6.32	30.00	0.00	2.99
华北	7.05	6.15	36.00	0.00	2.77
华南	6.91	6.00	21.00	0.00	3.57
西北	5.88	6.00	10.00	0.00	1.58

2. 不同地域委托人委托贷款的利率差异

通过对区域进行差异分析（见表3.14、表3.15），发现委托贷款利率在区域之间存在显著差异（P＜0.01）。东北地区委托贷款利率的均值最高为11.09%，西北地区最低为5.88%。华中的中位数最大，为7.01%，而华南与西北地区最小，为6.00%。单笔利率最大值出现在华北地区，为36%，而西北的最大值仅为10%；在7个区域中，东北地区的单笔最小值0.18%，华中地区为0.01%，而其他5个地区单笔最小利率均为0。

表3.14   上市公司委托贷款利率非参数检验

非参数检验	检验工具	检验值	委托贷款利率
区域 （多个独立样本）	Kruskal Wallis	N	3568
		卡方值	71.759
		自由度	6
		P值	0.000

表3.15   上市公司委托贷款期限地域分布

区域	均值	中位数	最大值	最小值	标准差
西北	21	12	96	6	18
华南	19	12	120	1	12
西南	18	12	60	1	12
华北	17	12	89	1	13
华东	16	12	276	1	13
华中	15	12	120	3	12
东北	10	12	36	1	8

3. 不同地域委托贷款的期限差异

通过对区域进行差异分析，发现委托贷款期限在区域之间存在显著差异（P＜0.01）。委托贷款期限均值最长的是西北地区，为21个月，最短的是东北地区，为10个月；单笔贷款期限最大值中最高的是华东地区，为276个月，最低的是东北地区，为 36 个月；单笔贷款最小值中最高的是西北地区，为 6 个月，其次是华中地区，为 3 个月，其余地区则都为 1 个月，如表 3.16、表 3.17 所示。更为有趣的是，利率均值的高低排序与期限均值的长短排序正好相反，这意味着，委托贷款利率越高，期限越短。

表 3.16　　　　　　　　　　上市公司委托贷款期限地域分布

区域	均值	中位数	最大值	最小值	标准差
西北	21.32	12.00	96.32	6.25	18.15
华南	19.00	12.00	120.65	1.00	12.32
西南	18.15	12.00	60.33	1.00	12.65
华北	17.36	12.00	89.21	1.00	13.98
华东	16.65	12.00	276.22	1.00	13.36
华中	15.41	12.00	120.11	3.23	12.33
东北	10.11	12.00	36.10	1.15	8.39

表 3.17　　　　　　　　　　上市公司委托贷款期限非参数检验

非参数检验	检验工具	检验值	委托贷款期限
区域 （多个独立样本）	Kruskal Wallis	卡方值	76.694
		自由度	6
		P 值	0.000

3.2.3　委托贷款委托人所属资本市场板块特点

1. 不同板块委托人委托贷款的规模差异

从发放委托贷款的上市公司的数量、交易的笔数和金额来看（表 3.18、表 3.19 和图 3.8），不同板块委托贷款规模差异明显。无论是从委托贷款的笔数还是委托贷款金额，沪市 A 股规模最大，分别占比为 69.54% 和 76.04%。当然这与不同板块股市的规模和其发展历史有关。沪市 A 股中，上市公司体量大且大型国有上市公司占据主导地位，公司现金流充足。深市 A 股、中小板和创业板上市公司数量少且民营企业占据主导地位，公司资金实力较弱。板块内委托贷款金额最大值和最小值差异很大，沪市 A 股差异最大。上市公司委托贷款金额中位数低于均值，说明板块内委托贷款分布不均。

表 3.18　　　　　　　　上市公司委托贷款资本市场板块分布

板块	上市公司数量	所占比例（％）	委托贷款笔数	所占比例（％）	委托贷款金额合计（百万元）	所占比例（％）
沪市 A 股	159.11	50.00	13690	0.01	430.63	159.11
深市 A 股	142.54	50.00	3160	0.01	277.21	142.54
中小板	65.62	40.23	800	1.47	92.18	65.62
创业板	49.98	25.65	500	4	75.29	49.98

表 3.19　　　　　　　　上市公司委托贷款金额板块分布

板块	均值	中位数	最大值	最小值	标准差
沪市 A 股	159	50	13690	0.01	430
深市 A 股	142	50	3160	0.01	277
中小板	65	40	800	1.47	92
创业板	49	25	500	4	75

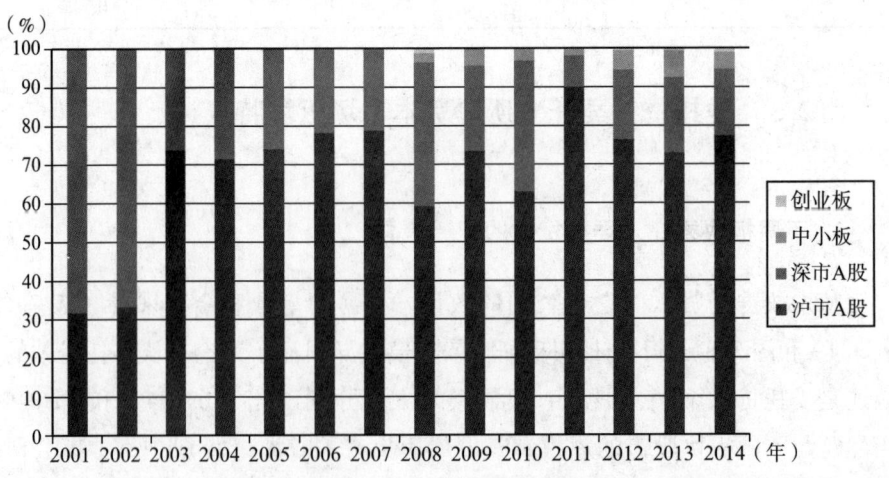

图 3.8　上市公司委托贷款金额板块分布

通过对市场板块进行差异分析（见表 3.20），发现委托贷款金额在市场板块之间存在显著差异（P＜0.01），并且沪市 A 股和深市 A 股委托贷款金额均值和中位数显著高于其他市场板块。这主要是由于主板上市企业多为大型成熟企业，具有较大的资本规模以及稳定的盈利能力。在创业板和中小板市场上市的公司大多从事高科技业务，具有较高的成长性，但往往成立时间较短、规模较小，业绩也不突出。这就造成主板上市公司更有可能对外提供委托贷款。

表 3.20　　　　　　　　上市公司委托贷款金额非参数检验

非参数检验	检验工具	检验值	委托贷款金额
板块 （多个独立样本）	Kruskal Wallis	卡方值	55.097
		自由度	3
		P 值	0.000

2. 不同板块委托人委托贷款的利率差异

通过对市场板块进行差异分析（见表 3.21、表 3.22），发现委托贷款利率在市场板块之间存在显著差异（P＜0.01）。从表 3.20 可以看出，中小板委托贷款利率均值显著高于其他市场板块，为 8.07%；创业板的中位数是高，达 6.97%。

表 3.21　　　　　　　　上市公司委托贷款利率板块分布

市场板块	均值	中位数	最大值	最小值	标准差
中小板	8.07	6.56	24.00	0.00	3.99
沪市 A 股	7.71	6.15	36.00	0.00	4.49
创业板	7.49	6.97	20.00	0.00	3.57
深市 A 股	6.95	6.14	30.00	0.00	2.92

表3.22 上市公司委托贷款利率非参数检验

非参数检验	检验工具	检验值	委托贷款利率
板块 （多个独立样本）	Kruskal Wallis	N	3550
		卡方值	23.83
		自由度	3
		P 值	0.00

3. 不同板块委托人委托贷款的期限差异

通过对市场板块进行差异分析（见表3.23、表3.24），发现委托贷款期限在市场板块之间存在显著差异（$P<0.01$）；沪市 A 股和深市 A 股委托贷款期限均值显著高于其他市场板块，分别达到了 17 个月和 16 个月。四个板块的中位数相同，沪市 A 股中的最大值为 276 个月，深市 A 股最大值为 120 个月，而中小板和创业板只有 60 个月。

表3.23 上市公司委托贷款期限板块分布

板块	均值	中位数	最大值	最小值	标准差
沪市 A 股	17.99	12.00	276.95	1.11	14.54
深市 A 股	16.51	12.00	120.63	2.23	12.21
中小板	14.32	12.00	60.21	2.23	8.32
创业板	13.23	12.00	60.21	2.65	9.65

表3.24 上市公司委托贷款期限非参数检验

非参数检验	检验工具	检验值	委托贷款期限
板块 （多个独立样本）	Kruskal Wallis	卡方值	18.505
		自由度	6
		P 值	0.000

3.2.4　委托贷款委托人的企业属性特点

1. 不同企业属性委托人委托贷款的规模差异

从发放委托贷款的上市公司的数量、交易的笔数和金额来看（见表3.25、表3.26），不同企业属性委托贷款规模差异明显。发放委托贷款的国有企业数目较多，委托贷款笔数占总数的77.53%，委托贷款金额合计为442230百万元，占总数比例为85.13%。相对于民营企业，国有企业由于国家宏观经济政策支持和银行贷款偏好，融资相对容易，加之体量大、实力强、现金流充足，具备对外提供委托贷款的能力。民营企业受政策风险影响较大，盈利能力较弱，自有资金较少，加之银行惜贷，对外提供委托贷款的能力不足。另外，国有企业所有者缺位，风险防控意识较弱，一定程度上造成委托贷款规模巨大。而民营企业委托贷款资金多流向民营企业，信用风险较大也造成民营企业对外提供委托贷款相对谨慎，规模较小。

表 3.25　　　　　　　　上市公司委托贷款企业属性分布

企业属性	上市公司数量	所占比例（%）	委托贷款笔数	所占比例（%）	委托贷款金额合计（百万元）	所占比例（%）
国有企业	242	58.88	2777	77.53	442230	85.13
民营企业	169	41.12	805	22.47	77273	14.87

表 3.26　　　　　　　　上市公司委托贷款金额企业属性分布

企业属性	均值	中位数	最大值	最小值	标准差
国有企业	159.01	50.00	13690	0.01	418.65
民营企业	96.39	50.00	3160	0.19	206.98

通过对企业属性进行差异分析（见表3.27），发现委托贷款金额在企业属性之间存在显著差异（$P < 0.01$），并且国有企业委托贷款金额均值显著高于民营企业。这主要因为国有企业受国家政策支持，较易从国家财政和银行获得资金，更容易向其他企业提供委托贷款。

表 3. 27 上市公司委托贷款金额非参数检验

非参数检验	检验工具	检验值	委托贷款金额
企业属性 （两个独立样本）	Mann – Whitney	Z 值	– 4. 557
		P 值	0. 000
	Kolmogorov – Smirnov	Z 值	2. 426
		P 值	0. 000

2. 不同企业属性委托人委托贷款的利率差异

通过对企业属性进行差异分析（见表 3. 28 和表 3. 29），发现委托贷款利率在企业属性之间存在显著差异（P < 0. 01），并且民营企业委托贷款利率均值和中位数显著高于国有企业。这可能是由于国有企业主要是从国家和银行获得无息或者低息贷款，资本成本较民营企业低，造成对外提供贷款利率较低也能获得不错的收益。

表 3. 28 上市公司委托贷款利率企业属性分布

企业属性	均值	中位数	最大值	最小值	标准差
民营企业	8. 70	6. 98	25. 00	0. 00	4. 52
国有企业	7. 24	6. 03	36. 00	0. 00	4. 01

表 3. 29 上市公司委托贷款利率非参数检验

非参数检验	检验工具	检验值	委托贷款利率
企业属性 （两个独立样本）	Mann – Whitney	N	3486
		Z 值	– 11. 190
		P 值	0. 000
	Kolmogorov – Smirnov	N	3486
		Z 值	5. 995
		P 值	0. 000

3. 不同企业属性委托人委托贷款的期限差异

通过对企业属性进行差异分析（表 3. 30、表 3. 31 和图 3. 9），发现委托贷款期限在企业属性之间存在显著差异（P < 0.01），并且国有企业委托贷款期限均值显著高于民营企业。这主要是因为国有企业所有者缺位、风险防范意识相对民营企业较低，因而委托贷款期限较长。对于民营企业，上市公司放贷可以盘活公司闲置资金，且短期贷款相对灵活、较易回收。从时间维度来看，民营企业委托贷款金额所占的比例呈上升趋势。

表 3.30　　　　　　　　上市公司委托贷款期限企业属性分布

企业属性	均值	中位数	最大值	最小值	标准差
国有企业	17	12	276	1	14.00
民营企业	14	12	60	1	9.00

表 3.31　　　　　　　　上市公司委托贷款期限非参数检验

非参数检验	检验工具	检验值	委托贷款期限
企业属性 （两个独立样本）	Mann – Whitney	Z 值	− 4.647
		P 值	0.000
	Kolmogorov – Smirnov	Z 值	2.143
		P 值	0.000

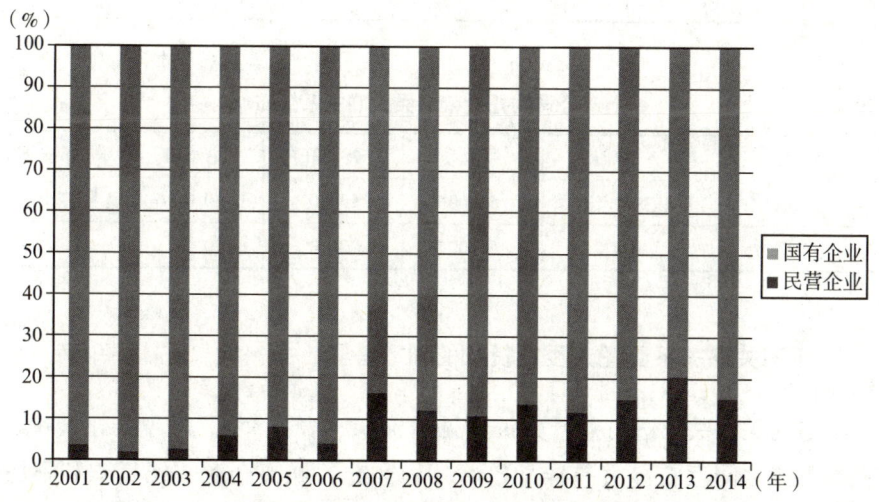

图 3.9　上市公司委托贷款金额企业属性分布

3.2.5　关联方委托贷款委托人的特点

1. 不同关联关系委托人委托贷款的规模差异

从发放委托贷款的上市公司的数量、交易的笔数和金额来看（见表3.32、表3.33），不同关联关系委托贷款规模差异明显。关联方之间的委托贷款笔数共2664笔，占总数的74.37%，委托贷款金额为427767百万元，所占比例高达82.34%。由于关联方委托贷款的利率远远低于非关联方的委托贷款（见表3.34），相对于从银行贷款、关联企业之间的委托贷款既可以提高委托方资金利用效率，又能够降低借款方资本成本，是关联企业之间进行资金配置的重要手段。另外，相对于非关联企业，关联企业信用风险较低、贷款利率较低、贷款期限较长，也使得关联企业委托贷款交易频繁、规模较大。

表3.32　　　　　　　　上市公司委托贷款关联关系分布

关联关系	上市公司数量	所占比例（%）	委托贷款笔数	所占比例（%）	委托贷款金额（百万元）	所占比例（%）
关联方	244	59.37	2664	74.37	427767	82.34
非关联方	167	40.63	918	25.63	91736	17.66

表3.33　　　　　　　　上市公司委托贷款金额关联关系分布

关联关系	均值	中位数	最大值	最小值	标准差
关联方	161.23	50.00	13690	0.01	432.02
非关联方	100.21	50.00	2100	0.01	158.35

2. 不同关联关系委托人委托贷款的利率差异

通过对关联关系进行差异分析（见表3.34、表3.35），发现委托贷款利率在关联关系之间存在显著差异（$P < 0.01$），非关联方企业委托贷款利率均值和中位数分别为10.80%和9.90%，显著高于关联方企业的6.45%和6.00%。

这可能是因为关联方之间主要是把委托贷款作为一个融资平台，实现内部资金的合理调配。而非关联方之间则主要是为了获得委托贷款利息收益，也可以有效地提高企业闲置资金的利用率。

表 3.34　　　　　　　　上市公司委托贷款利率关联关系分布

关联关系	均值	中位数	最大值	最小值	标准差
非关联方	10.80	9.90	36.00	0.00	5.39
关联方	6.45	6.00	24.00	0.00	2.92

表 3.35　　　　　　　　上市公司委托贷款利率非参数检验

非参数检验	检验工具	检验值	委托贷款利率
关联方关系（两个独立样本）	Mann – Whitney	N	3547
		Z 值	-24.912
		P 值	0.000
	Kolmogorov – Smirnov	N	3547
		Z 值	13.475
		P 值	0.000

3. 不同关联关系委托人委托贷款的期限差异

通过对关联关系进行差异分析（见表 3.36、表 3.37 和图 3.10），发现委托贷款期限在关联关系之间存在显著差异（$P < 0.01$），关联方企业委托贷款期限均值显著高于非关联方企业。这可能主要是由于关联方之间风险相对可控，贷款期限相对较长；非关联企业出于防控风险考虑，贷款期限则相对较短。从时间来看，关联方委托贷款金额所占的比重在各年度有所变化，但是，整体上并没有明显的变化趋势。

表 3.36　　　　　　　　上市公司委托贷款期限关联关系分布

关联关系	均值	中位数	最大值	最小值	标准差
关联方	17	12	276	1	14
非关联方	15	12	72	1	9

表 3.37　　　　　　　　　　上市公司委托贷款期限非参数检验

非参数检验	检验工具	检验值	委托贷款期限
关联关系 （两个独立样本）	Mann – Whitney	Z 值	– 5.108
		P 值	0.000
	Kolmogorov – Smirnov	Z 值	2.655
		P 值	0.000

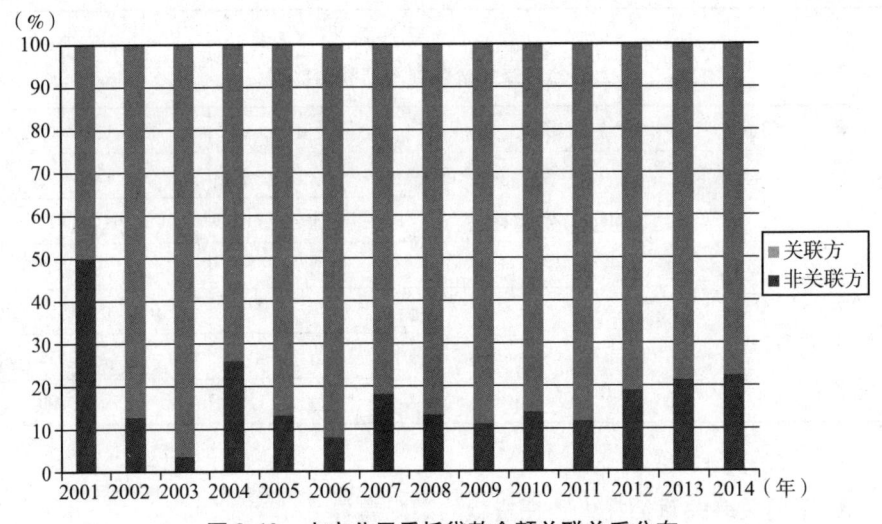

图 3.10　上市公司委托贷款金额关联关系分布

3.3　上市公司委托贷款借款人特点

3.3.1　委托贷款借款人的行业特点

1. 不同行业借款人的借款规模差异

通过表 3.38 和表 3.39 的分析，可以看出，上市公司委托贷款几乎覆盖了所有的行业，但是，不同行业间差异较大。从委托贷款交易的笔数和金额来看，委托贷款资金主要流向制造业、房地产业、电力、热力、燃气及水生产和供应业，制造业所占比例最高，交易笔数占总数的 43.13%，委托贷款金额为214075 百万元，占总数比例为 43.21%。制造业包含国家限制的产能过剩行业、高污染、高耗能、高风险行业较多，而我国银行信贷等间接融资渠道和股权与债券等直接融资渠道受政府影响明显，在融资约束加强和融资渠道收窄的背景下，制造业利用委托贷款可以缓解融资困境。出于降低资本成本的目的，制造业和房地产业更愿意接收关联方的委托贷款。

表 3. 38　　　　　　　　上市公司委托贷款行业分布

行业类型	发生笔数	占比 （%）	发生金额 （百万元）	占比 （%）
制造业	1516	43.13	214075	43.21
房地产业	534	15.19	75572	15.26
电力、热力、燃气及水生产和供应业	411	11.69	70048	14.14
采矿业	168	4.78	42800	8.64
交通运输、仓储和邮政业	224	6.37	35535	7.17
建筑业	147	4.18	19272	3.89
批发和零售业	167	4.75	9481	1.91
租赁和商务服务业	37	1.05	7852	1.58
住宿和餐饮业	113	3.21	5967	1.20
金融业	48	1.37	5034	1.02
水利、环境和公共设施管理业	67	1.91	2841	0.57
文化、体育和娱乐业	18	0.51	2763	0.56
综合	14	0.40	2047	0.41
科学研究和技术服务业	14	0.40	807	0.16
居民服务、修理和其他服务业	5	0.14	453	0.09
农、林、牧、渔业	10	0.28	289	0.06
卫生和社会工作	10	0.28	253	0.05
信息传输、软件和信息技术服务业	8	0.23	147	0.03
教育	4	0.11	141	0.03

表3.39   上市公司委托贷款金额行业分布

行业类型	均值	中位数	最大值	最小值	标准差
采矿业	283.61	120.94	2800.00	10.00	440.26
居民服务、修理和其他服务业	244.26	73.65	600.32	72.80	244.56
电力、热力、燃气及水生产和供应业	237.96	100.61	5019.66	0.50	476.15
租赁和商务服务业	228.61	75.33	2030.52	3.00	457.62
交通运输、仓储和邮政业	175.62	44.32	13690.22	0.50	940.15
建筑业	161.00	60.22	2500.21	2.00	309.02
教育	135.36	115.54	300.22	10.00	124.42
文化、体育和娱乐业	131.55	45.52	630.15	2.00	182.51
制造业	121.25	40.21	3441.12	0.01	269.49
住宿和餐饮业	111.61	50.63	1181.58	0.40	174.49
综合	108.16	65.95	400.65	14.00	101.16
房地产业	105.02	50.21	1000.85	0.19	133.51
金融业	85.16	55.41	780.59	1.00	116.42
科学研究和技术服务业	82.66	22.56	400.69	3.62	129.85
批发和零售业	73.16	30.51	2150.54	2.00	180.61
卫生和社会工作	56.61	45.10	170.52	20.00	43.49
水利、环境和公共设施管理业	40.41	27.40	200.25	2.00	38.50
农、林、牧、渔业	31.61	16.52	86.66	4.00	29.98
信息传输、软件和信息技术服务业	18.55	11.21	60.12	5.00	19.26

多数行业委托贷款金额最大值和最小值差异很大，行业内分离程度高。其中，交通运输、仓储和邮政业差异最大。上市公司委托贷款金额中位数显著低于均值，而且标准差普遍较高，这说明行业内的委托贷款分布不均，少数上市公司委托贷款金额高、风险大。

2. 不同行业委托贷款借款人的借款利率差异

表3.40分析表明，借款人是房地产业的委托贷款利率最高，均值为11.22%，而最大值甚至达到了25%；利率均值紧随其后的是综合、文化、体育和娱乐业、批发和零售业，分别是10.97%、10.52%和10.37%；均值最低的是居民

服务、修理和其他服务业，仅为 2.25% 。

表 3.40　　　　　　　**上市公司委托贷款利率行业分布**

行业类型	均值	中位数	最大值	最小值	标准差
房地产业	11.22	10.98	25.00	0.00	5.29
综合	10.97	10.50	18.00	5.31	4.04
文化、体育和娱乐业	10.52	10.00	18.00	5.60	4.01
批发和零售业	10.37	6.70	24.00	0.00	6.26
科学研究和技术服务业	9.78	7.46	24.00	3.00	6.12
金融业	9.66	9.81	20.00	0.00	3.66
建筑业	9.29	8.00	36.00	0.00	5.14
农、林、牧、渔业	9.27	6.40	24.00	6.00	6.35
租赁和商务服务业	8.52	7.00	15.00	0.00	3.39
教育	8.03	7.96	12.00	4.20	3.66
卫生和社会工作	7.21	6.15	17.00	5.00	3.52
住宿和餐饮业	7.03	6.12	30.00	0.00	5.24
采矿业	6.89	6.15	21.60	3.00	2.99
水利、环境和公共设施管理业	6.57	6.31	18.00	0.00	2.87
制造业	6.47	6.00	24.50	0.00	2.84
交通运输、仓储和邮政业	6.31	6.15	21.60	0.00	3.54
信息传输、软件和信息技术服务业	6.30	6.00	8.53	5.88	0.90
电力、热力、燃气及水生产和供应业	6.07	6.00	12.39	0.00	0.93
居民服务、修理和其他服务业	2.25	2.75	3.50	1.00	1.17

3. 不同行业借款人的借款期限差异

由表 3.41 可知，不同行业委托贷款期限差异较小，多数在 1 年左右，教育、卫生和社会工作、电力、热力、燃气及水生产和供应业、采矿业委托贷款期限均值最大。教育、卫生和社会工作多数是企事业单位，委托贷款风险小；以非营利机构为主，创造现金流能力弱，所以借款期限较长。电力、热力、燃气及水生产和供应业、采矿业投资回收期较长，所以借款期限也较长。

表 3.41   上市公司委托贷款期限行业分布

行业类型	均值	中位数	最大值	最小值	标准差
教育	24	24	36	12	10
电力、热力、燃气及水生产和供应业	23	12	276	2	19
卫生和社会工作	23	12	60	6	18
采矿业	23	12	84	1	19
水利、环境和公共设施管理业	19	12	60	5	11
交通运输、仓储和邮政业	19	12	120	1	15
建筑业	18	12	84	1	15
房地产业	15	12	60	1	10
制造业	15	12	120	1	11
租赁和商务服务业	14	12	58	2	11
住宿和餐饮业	14	12	49	1	8
金融业	14	12	48	3	9
农、林、牧、渔业	14	12	36	6	8
科学研究和技术服务业	13	12	24	6	5
批发和零售业	13	12	60	1	7
文化、体育和娱乐业	12	12	60	3	12
居民服务、修理和其他服务业	12	12	12	12	0
综合	10	12	18	1	4
信息传输、软件和信息技术服务业	10	12	12	3	4

3.3.2　委托贷款借款人的地域特点

1. 不同地域委托贷款借款人的借款规模差异

由表 3.42 可知，华东和华北地区委托贷款交易频繁，交易笔数合计占总数比例为 61.68%，交易金额合计占总数比例为 67.19%。上海、北京和天津等地经济发展迅速，资金需求量大，金融机制改革较早，委托贷款作为新型金融工具应用较普遍，而西部一些经济欠发达地区，金融机制改革步伐慢，委托贷款作为新型融资工具应用较少。

表 3.42　　　　　　　　上市公司委托贷款地域分布

区域	委托贷款笔数	所占比例（％）	委托贷款金额合计（百万元）	所占比例（％）
华东	1561	44.41	185408	37.43
华北	607	17.27	147432	29.76
西南	331	9.42	46730	9.43
华南	291	8.28	35501	7.17
西北	197	5.60	29608	5.98
华中	301	8.56	28825	5.82
东北	211	6.00	14839	3.00
中国港、澳、台地区	9	0.26	5971	1.21
国外	7	0.20	1061	0.21

　　中国港、澳、台地区和国外公司接受委托贷款金额的中位数最高，华北地区委贷金额的均值和标准差较高，地区间委托贷款规模差距大，如表 3.43 所示。

表 3.43　　　　　　　　上市公司委托贷款金额地域分布

区域	均值	中位数	最大值	最小值	标准差
中国港、澳、台地区	663.62	340.14	2195.16	68.00	764.11
华北	243.45	100.51	5019.66	0.19	487.61
国外	152.62	159.50	164.16	100.00	23.10
西北	150.20	50.16	2100.17	0.01	284.51
西南	141.00	60.86	3160.62	0.50	284.85
华南	122.10	55.66	2000.00	1.30	196.51
华东	119.16	50.94	13690.61	0.40	408.26
华中	96.89	30.16	1300.61	0.24	167.84
东北	70.16	38.61	940.21	0.50	118.82

2. 不同地域委托贷款借款人的借款利率差异

不同地域的委托贷款利率均值差异较小，地域内委托贷款利率中位数接近6%，多数公司委托贷款利率以银行贷款基准利率为基础，但也存在高利率和低利率的现象，如表3.44所示。

表3.44　　　　　　　　上市公司委托贷款利率地域分布

区域	均值	中位数	最大值	最小值	标准差
东北	8.56	6.00	24.00	0.00	5.59
华东	8.19	6.40	25.00	0.00	4.85
华中	7.61	6.50	24.00	0.00	4.08
西南	7.53	6.40	30.00	0.00	3.29
华南	6.95	6.00	20.00	0.00	3.40
华北	6.53	6.10	36.00	0.00	2.28
西北	6.50	6.00	18.00	3.92	2.09
国外	6.05	6.78	6.96	2.00	1.80
中国港、澳、台地区	3.48	5.00	5.40	1.00	2.06

3. 不同地域委托贷款借款人的借款期限差异

不同地域的委托贷款期限差异不明显，一般为1年左右，最长期限达276个月，最短期限1个月，如表3.45所示。

表3.45　　　　　　　　上市公司委托贷款期限地域分布

区域	均值	中位数	最大值	最小值	标准差
中国港、澳、台地区	21	12	36	12	12
西南	19	12	96	1	15
华南	18	12	84	1	13
国外	18	17	24	12	5

区域	均值	中位数	最大值	最小值	标准差
华北	18	12	90	1	13
西北	16	12	60	3	12
华东	16	12	276	1	14
华中	16	12	120	3	12
东北	12	12	36	1	8

3.3.3　委托贷款借款人所属资本市场板块特点

1. 不同市场板块委托贷款借款人的借款规模差异

委托贷款资金主要流向非上市公司，笔数占总数的99.09%，金额占总数的96.15%。相对于非上市公司，上市公司治理相对成熟，财务信息披露更为规范，更容易从股票、债券市场和银行获得资金，而非上市公司面临着更大的融资约束问题，如表3.46所示。

表 3.46　　　　　　　　　借款方资本市场板块分布

板块	委托贷款笔数	所占比例（%）	委托贷款金额合计（百万元）	所占比例（%）
非上市公司	3488	99.23	477378	96.37
沪市 A 股	23	0.65	16937	3.42
深市 A 股	3	0.09	700	0.14
港股	1	0.03	360	0.07

非上市公司委托贷款金额的均值较小，主要由于非上市公司规模小，资金需求较小。另外，非上市公司金额差距较大，最大值为13690000万元，最小值仅为1万元，如表3.47所示。

表 3.47 借款方委托贷款金额板块分布

板块	均值	中位数	最大值	最小值	标准差
沪市 A 股	736.12	570.59	2550.65	60.00	692.61
港股	360.61	360.61	360.59	360.00	0.51
深市 A 股	233.69	150.86	400.26	150.00	144.16
非上市公司	137.65	50.16	13690.26	0.01	366.61

2. 不同板块委托贷款借款人的借款利率差异

深市 A 股委托贷款利率较高，这主要由于深市 A 股的委托贷借方多为房地产企业，易受到银行信贷影响，融资约束更为严重，而行业回报率高，因此，更愿意接受高利率贷款，如表 3.48 所示。

表 3.48 借款方委托贷款利率板块分布

市场板块	均值	中位数	最大值	最小值	标准差
深市 A 股	11.50	12.00	12.00	10.50	0.87
非上市公司	7.61	6.15	36.00	0.00	4.19
沪市 A 股	5.94	5.66	8.53	4.78	0.94
港股	5.40	5.40	5.40	5.40	0.00

3.3.4 委托贷款借款人的企业属性特点

1. 不同企业属性委托贷款借款人的借款规模差异

国有企业委托贷款规模巨大，委托贷款笔数为 2345 笔，是民营企业的 2 倍，委托贷款金额更是民营企业的 4 倍。相较于民营企业，国有企业对债务的偿还具有较高的保证度，容易获得贷款；国有企业拥有复杂的股东控制链，国有企业的子公司或关联企业想要获得委托贷款也更加容易，如表 3.49 所示。

表 3.49　　　　　　　　　　　上市公司委托贷款企业属性分布

企业属性	委托贷款笔数	所占比例（%）	委托贷款金额（百万元）	所占比例（%）
国有企业	2345	66.71	396677	80.08
民营企业	1170	33.29	98698	19.92

国有企业委托贷款金额较大，平均每笔贷款金额为 169 百万元，是民营企业的 2 倍。国有企业获得的贷款金额的最大值为 13690 百万元，而民营企业仅为 3160 百万元，两者相差 3 倍。这可能是由于国有企业相对于民营企业规模较大，因而需求资金较大，如表 3.50 所示。

表 3.50　　　　　　　　　　上市公司委托贷款金额企业属性分布

企业属性	均值	中位数	最大值	最小值	标准差
国有企业	169.32	60.20	13690.23	0.01	434.32
民营企业	84.58	45.41	3160.32	0.19	177.51

2. 不同企业属性委托贷款借款人的借款利率差异

民营企业委托贷款利率显著高于国有企业，两者相差 45%。民营企业存在较大的信贷风险、融资渠道窄、融资金额小，更能接受高利率的委托贷款。国有企业规模较大，经营风险较低，更能获得低息贷款，如表 3.51 所示。

表 3.51　　　　　　　　　　上市公司委托贷款利率企业属性分布

企业属性	均值	中位数	最大值	最小值	标准差
民营企业	9.60	7.32	30.00	0.00	5.33
国有企业	6.60	6.00	36.00	0.00	2.99

3. 不同企业属性委托贷款借款人的借款期限差异

国有企业借款期限均值高于民营企业，并且国有企业最长可借贷 276 个月，而民营企业最长仅借贷 60 个月。这主要是因为国有企业偿债风险较民营企业小，更能获得长期贷款，如表 3.52 和图 3.11、图 3.12 所示。

表 3.52　　　　　　　　　上市公司委托贷款期限企业属性分布

企业属性	均值	中位数	最大值	最小值	标准差
国有企业	18	12	276	1	15
民营企业	14	12	60	1	8

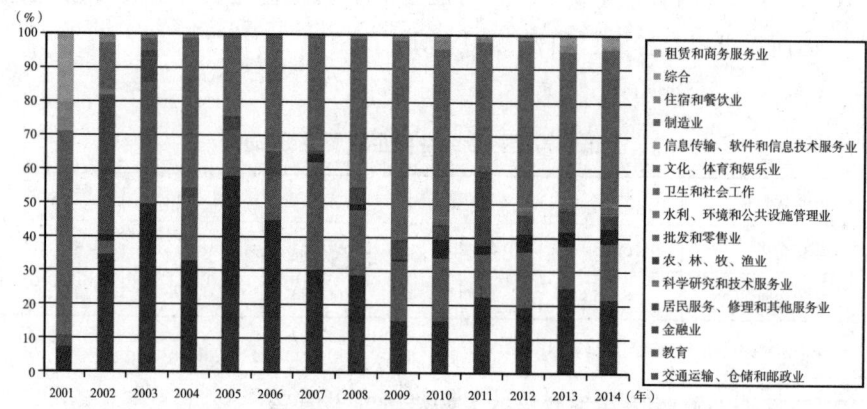

图 3.11　借款方委托贷款趋势——按行业分类

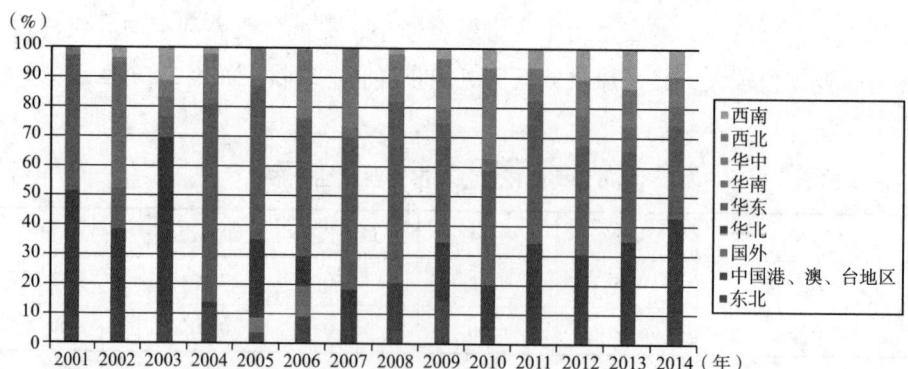

图 3.12　借款方委托贷款趋势——按地理区域分类

3.4　上市公司委托贷款的来源与去向

从统计数据来看，全国委托贷款规模由 2002 年的 1750000 万元上升至 2014 年 250690000 万元；上市公司委托贷款的规模由 2001 年的 82910 万元增加到 2014 年的 11631908 万元。总体来看，委托贷款呈现逐年上升的趋势，且上升幅度非常大。那么，上市公司用于委托贷款的资金从哪里来，又贷向哪里去呢？

3.4.1　委托贷款的来源

一般而言，作为委托人的上市公司，规模较大、财务规范性较好、公司治理完善、抵御风险的能力较强，所以融资约束较少、融资渠道较为广泛，可利用的融资工具也多种多样，通常能够获得更多的资金。

从收集的 2001～2014 年的数据可以看到，14 年间发放委托贷款的上市公司共 412 家，委托贷款交易数量为 3582 笔。根据图 3.13 可以明显发现上市公司的委托贷款平均数额远大于这些公司经营活动产生的现金净流量（NCF），2011 年甚至高出 58 倍多。这说明，委托贷款的主要资金来源不是经营活动产生的现金流，而很可能是公司筹资活动或者其他活动形成的资金。

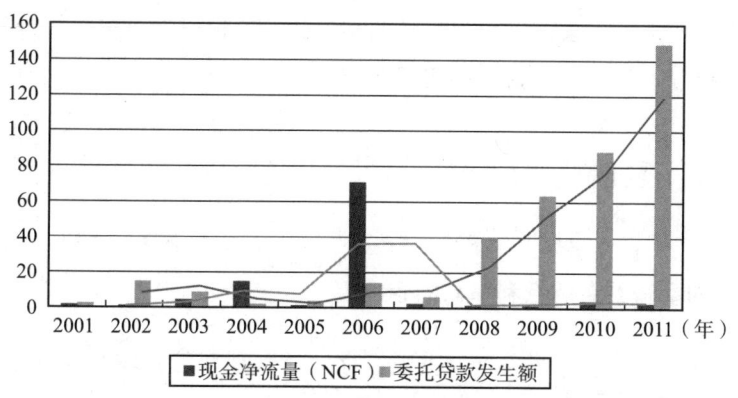

图 3.13　2001～2011 年上市公司委托贷款与现金流变动比较

1. 发行股票募集的资金

上市公司可以在资本市场上，通过首发、增发或配股募集资金。从统计数据来看，上市公司绝大多数会超额募集，超募已经成为近年来资本市场的一种普遍现象。根据沪深两市公布数据统计，在 2009 年发行的 99 只新股，超募资金高达 755 亿元；而 2010 年上市新股 347 只，超募资金则达 3010 亿元；2011 年 276 只新股上市，共超募资金 1218.3 亿元①。大量的超募资金不仅可以满足招股说明书中募集资金的用途，而且还会有大量的余额，如果企业没有很好的投资机会，那么，这些多余资金可能会成为上市公司发放委托贷款的资金来源。

2. 外部负债融资

上市公司一般具有更好的声誉、更加成熟稳定的经营状况、较强的财务实力和较低的债务风险，所以上市公司更容易通过发行公司债券、可转换公司债，或者从银行获得借款。当委托贷款的收益大于债务资本成本时，上市公司便有了通过外部负债获得资金，然后发放委托贷款获得收益的激励。

3. 上市公司的内部资金积累

一般来讲，上市公司有较好的盈利能力，自我产生现金流的能力较强，这样在公司日常经营活动中会形成较多的自我积累资金。当公司缺乏好的投资项目或者经营活动不能为其带来理想收益时，上市公司就有可能把这些资金以委托贷款的形式发放出去，以获得较高的利率收益，也可能会将这些自我积累资金在集团财务发放委托贷款，以实现特定的目的。

3.4.2 委托贷款的去向

1. 流向融资约束强且利率高的企业

根据中国人民银行《关于调整银行存、贷款利率的具体情况规定的通知》

---

① 作者根据巨潮网络数据整理。

的规定，委托贷款利率由委托双方自行商定，但最高不能超过人民银行规定的同期贷款利率和上浮幅度。这说明，委托贷款的利率是由借贷双方自行决定的，而贷款金额又无明确限制。这对资金充裕的上市公司来说，存在获得较高利息的机会。

无论货币政策宽松与否，总存在一些资金短缺的企业。如一些初创时期的高新技术公司、受政策管制的房地产企业和贷款来源受限制的中小微企业等，以及因其规模小、创建时间短、发展前景不明朗，或者短期缺乏足额抵押等原因，很难通过传统融资渠道，表现出很强的融资约束，不能为其发展提供足够的企业。为了缓解财务约束，发展壮大，获得委托贷款成为其一个可选择的融资渠道，而对上市公司来讲，便有了"敲诈"的机会，以较高的利率提供资金，获得较高的收益，于是，上市公司的委托贷款便有了"高利贷"的性质，流入这些企业。

委托贷款的高回报，已经迅速被上市公司作为一条获利捷径。许多公司还把委托贷款作为弥补主营业务收益不足的工具。如据香溢融通公司2010年年报显示，2010年香溢融通的利润总额为1.45亿元，其中超过3亿元的新增委托贷款贡献了高达6994万元利息收益，占利润总额的48%。2011年2月，医药企业武汉健民（600976）向汉口饭店发放的一笔1.5亿元的委托贷款，其贷款利率高达20%；时代出版（600551）以24.5%的年利率向外提供贷款6000万元，该利率是当时银行同期贷款利率的3.7倍之多。

通过图3.14同期银行贷款利率与公司对外（非关联方）委托贷款利率的比较，可以看出，2001～2011年银行贷款利率整体较平衡，没有明显上升趋势，甚至有的年份出现了下降，处于低位运行状态，而委托贷款利率则呈现出了上升趋势，即使利率下降期间，其利率也远高于同期银行贷款利率，尤其是，2009～2011年出现了加速上扬的情况。通过差异检验（见表3.53），两者间的差异在5%水平上具有显著性。

表3.53　　　　　　　　银贷利率—委托贷款利率配对样本检验

均值	标准差	均值的标准误	差分的下限	95%置信区间上限	t	df	Sig.（双侧）
−2.056	1.929	0.582	−3.352	−0.7609	−3.535	10	0.005

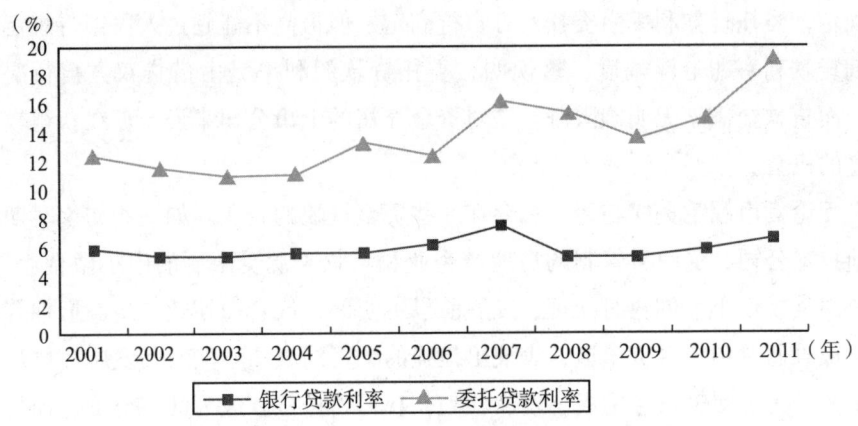

图 3.14　2001 ~ 2011 年上市公司委托贷款利率变动比较

2. 特殊目的的关联方交易

据统计，2001 ~ 2011 年的 10 年间有 200 家上市公司披露了委托贷款公告，超过 1/2 的委托贷款交易（51%）发生在关联方之间[①]。

在前面也分析了非关联方委托贷款与关联方委托贷款的利率存在明显的差异：关联方之间的委托贷款利率远低于非关联方。从统计的具体数据来看，关联方之间的委托贷款利率也有个别的非常高，甚至高于非关联之间的委托贷款利率。这说明关联方之间的委托贷款并非是为了获得利息收益，而往往有其特殊目的。

（1）调节集团内部资金余缺。企业集团内部的子公司之间的资金余缺存在较大的差异，有的公司资金充足、财务状况良好，创造利润和现金的能力强，有很好的融资渠道，而其他子公司可能恰恰相反。因此，集团出于战略考虑或整体利益出发，会把资金从盈余方转移给短缺方，集团内部的委托贷款可能就是一种较好地调节集团内部资金余缺方式。例如，集团有甲、乙两个公司，甲公司财务状况非常好，很容易从银行取得贷款，而乙公司是集团转型或多元化战略所必需的投资，但是，乙公司很难从银行取得所需要资金，于是，集团可以通过甲公司从银行取得借款，然后，将其以委托贷款的方式贷给乙公司。

---

① 数据根据巨潮网络公布委托贷款公告整理。

（2）调节利润，输送利益。由于关联交易并不是在完全公开竞争的条件下进行的，客观上可以节约大量商业谈判等方面的交易成本。并且，上市公司可以利用关联关系保证合同的顺利执行，提高交易效率。但关联方之间的这种关系，也可能造成交易价格、交易方式等在非竞争的条件下出现有失公允的情况，尤其是在我国信息披露制度不完善、关联交易信息不透明、监管失灵的情况下，委托贷款可能成为调节利润、输送利益的工具。例如，通过金额巨大、利率畸高的委托贷款业务，上市公司（委托人）不仅可以将借款人利益转移给自己，获得可观的投资收益，而且这笔"合情合理"的利息收入可以弥补主业的低迷表现（如 ST 波导），平滑公司收益曲线，以粉饰公司报表。同时，作为委托人（大股东或高管），可以通过委托贷款向市场传递资金充足的信号，给投资者信心，从而提升股票价值和自身薪酬（和股价挂钩的部分）。当然，关联方也可以使用低利率或零利率的委托贷款实现利益相反的输送。

3.5　货币政策与委托贷款的关系

为了对货币政策和委托贷款的关系有一个感性的认识，我们参考了 2003 ~ 2013 年中国人民银行发布的每年的货币政策执行报告（以下简称"报告"），以金融机构货币和准货币（M2）供应量作为货币政策的替代变量，对比了货币政策与委托之间的变动关系。图 3.15 是委托贷款规模与货币政策之间的关系。横轴表示年度，纵轴是委托贷款金额和货币（M2）供应量的对数，代表其规模。由于货币政策的迟滞性，所以当年的货币政策数据与滞后一年的委托贷款规模相对应，即 2003 年的货币政策数据与 2004 年委托贷款数据相对应，例如，图中标示的 2004 年的时点数据，应该是 2003 年的货币政策和 2004 年的委托贷款数据。

从图 3.15 可以看出，无论是全国委托贷款规模还是上市公司的委托贷款规模，都随着货币 M2 的供应量的增加而增加；长期来看，全国和上市公司委托贷款规模曲线的斜率大于 M2 供应量曲线斜率，表明了委托贷款规模增长快于宏观货币供给量的增长。尤其是上市公司的曲线斜率大于全国的曲线斜率和 M2 供应量曲线斜率，所以货币政策对上市公司的影响可能会更强。

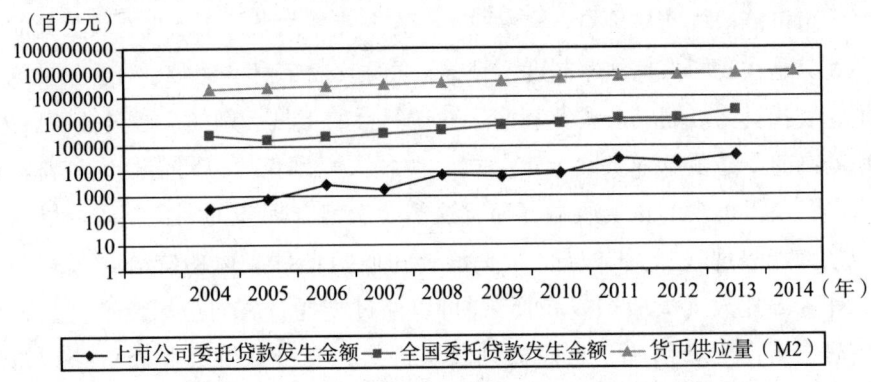

图 3. 15　上市公司、全国委托贷款金额与货币供应量趋势

　　再结合表 3. 54 和图 3. 16 具体分析，可以看出，上市公司委托贷款金额呈波动上升趋势，其中，2001～2010 年缓慢上升，2011～2013 年迅速上升。全国委托贷款金额呈平稳上升趋势，其中，2012 年保持不变，2013 年大幅上升。再结合图 3. 5 可以看出上市公司占全国委托贷款金额的比重总体偏低，基本稳定在 1%～5%，2003～2004 年迅速下降，2004～2013 年呈缓慢的上升趋势。这些趋势的变化基本上与我国宏观货币政策的调整相吻合，根据表 3. 54 可以看到，2007 年年底将实施了十年之久的"稳健的货币政策"调整为"从紧的货币政策"，2009 年调整为"适度宽松的货币政策"，2011 年至今都是"稳健的货币政策"。在国家紧缩银根的背景下，一些企业融资受限"求钱若渴"，从需求方面给委托贷款提供了迅速生长的"肥沃土壤"；委托贷款业务利率高、收益快的特点也受到越来越多的上市公司青睐，部分上市公司超募现象产生大量的资金闲置，自有资金充沛，从供给方面给委托贷款提供有利环境。从紧的货币政策使 2008 年上市公司委托贷款金额有了较快的增长。2009 年适度宽松的货币政策和 2011 年稳健的货币政策也没有影响委托贷款强劲的增长势头。

表 3. 54　　　　　　　　　　　货币供应量

年份	金融机构货币和准货币（M2）供应量（亿元）	货币和准货币（M2）同比增长率（%）
2001	152889	0. 00
2002	183249	19. 86
2003	221223	20. 72
2004	254108	14. 87
2005	298756	17. 57
2006	345604	15. 68
2007	403442	16. 74
2008	475167	17. 78
2009	606225	27. 58
2010	725852	19. 73
2011	851591	17. 32
2012	974149	14. 39
2013	1106525	13. 59
2014	1228375	11. 01

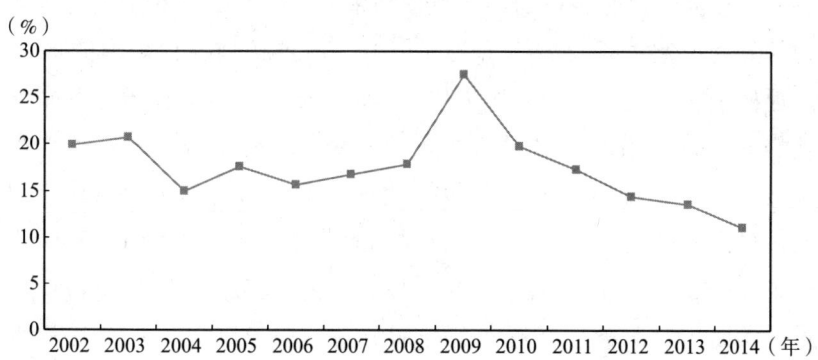

图 3. 16　货币和准货币同比增长

3.6　本 章 小 结

本章主要研究了我国上市公司委托贷款的现实状况：（1）从总体规模上

来看，2001～2014 年，我国上市公司和全国委托贷款总规模呈快速增长趋势；上市公司和全国委托贷款环比增长率整体呈现上下波动的特点，并没有显著的趋势特征；上市公司与全国委托贷款的定比都呈现上升趋势，且两者具有高度的一致性。（2）委托贷款的委托人也表现出一些特点。发放委托贷款的上市公司主要集中在"制造业"和"电力、热力、燃气及水生产和供应业"行业，不同行业贷款利率也不同，批发和零售业、农、林、牧、渔业和文化、体育和娱乐业等行业的委托贷款利率均值和中位数明显高于其他行业；卫生和社会工作等行业的委托贷款期限均值为 36 个月，采矿业与电力、热力、燃气及水生产、供应业和综合紧随其后，贷款期限均值分别是 23 个月和 22 个月。从委托人分布的地域来看，发放委托贷款规模由东部向华北和西部转移；东北地区委托贷款利率均值最高，西北地区最低；委托贷款期限均值最长的是西北地区，最短的是东北地区。不同的市场板块也表现出了不同。委托贷款主要集中在沪市 A 股市场，占委托贷款总规模的 69.54%；贷款利率均值最高的是中小企业板；贷款期限各市场板块没有表现明显的差异。对不同属性的企业而言，国有企业上市公司委托贷款总额占上市公司委托贷款总规模的 77.53%，远远高于民营企业的规模，其委托贷款的利率明显高于民营企业的委托贷款利率，贷款期限也长于民营企业。上市公司的委托贷款主要发放给了关联企业，占委托贷款总规模的 74.37%，利率远远低于非关联交易的委托贷款，其贷款期限也明显长于非关联方之间的委托贷款。（3）借款人之间的特点。借款人的委托借款主要集中在制造业、房地产业、电力、热力、燃气及水生产和供应业等行业，其中，制造业所占比例最高。房地产业的借款人支付的利率最高，均值为 11.22%，最大值达到了 25%，其次是综合、文化、体育和娱乐业、批发和零售业，支付利率最低的是居民服务、修理和其他服务业，均值仅为 2.25%。教育、卫生和社会工作、电力、热力、燃气及水生产和供应业、采矿业的借款期限最长。委托贷款中借款人也表现了不同的地域特征：委托贷款的借款人主要分布在华东和华北地区，占委托贷款交易额的 67.19%；借款人支付的利率地区之间的差异不明显；平均借款期限最长的是中国港、澳、台地区，最短的是华北地区；国有企业的借款规模比民营企业大，期限比民营企业长，而国有企业的借款利率明显低于民营企业。（4）委托贷款资金的来源与去向。

上市公司委托贷款资金的来源有三个：发行股票超募资金、外部负债资金和内部自我积累。这些资金以高利率投向了其他企业或与关联方进行了资金调剂或利益输送。

把委托贷款的规模与货币政策对比发现，两者之间存在着一定的相关性：委托贷款规模随着货币政策的"松"和"紧"的变化而变化。

第4章 货币政策传导机制对企业融资的非对称效应

从第 2 章委托贷款的现实逻辑与经济学契约关系的不一致性和第 3 章委托贷款的现状，让我们意识到货币政策和委托贷款可能有一定的相关性，即货币政策会影响委托贷款，第 3 章的数据也让我们对两者之间的关系有了感性认识。但是，这种影响又是复杂的。这种复杂性是什么？货币政策到底是如何影响委托贷款的呢？其经济后果是什么呢？本章和第 5 章将对这些问题进行研究。

一般来说，货币政策是宏观调控机制，对企业经济活动的影响有时并不直接，是需要通过一定的传导机制发挥作用的。本章将研究货币政策发挥作用的传导机制是什么？现实中这种传导机制存在什么问题，以及最终导致的结果是什么。本章所研究的结论也将是第 5 章研究内容的一个前置。

4.1 引 言

4.1.1 研究背景

货币政策是调整宏观经济的重要手段之一，尤其是宏观调控目标。宏观调控目标的实现必须通过政策引导，影响微观经济主体——企业的经济行为来实现。由宏观货币政策到影响企业的经济行为并使之符合宏观调控目标是一个复杂的系统过程，这个过程的顺利实现依赖于由宏观货币政策到企业之间货币传导机制的有效发挥。

货币政策影响企业行为的传导过程可以概括为"中国人民银行—商业银行—企业"。这一传导链中只要有一个环节不能有效发挥作用，货币政策效果将会受到影响。在"中国人民银行—商业银行"环节中，由于中国人民银行与商业银行之间的特殊关系，中国人民银行通过对商业银行的监管能够较好地保证商业银行在中国人民银行严格的规范框架下运行，实现这一环节不被阻滞并顺畅实施。对于"商业银行—企业"这一环节而言，站在企业的角度来看是企业的融资问题，站在商业银行的角度来看便是银行信贷问题，由于商业银行、中国人民银行以及企业之间的利益目标不一致，且存在信息严重不对称，非常容易出现运行不畅的问题，从而影响货币政策的实施效果。

综观我国乃至世界的货币政策实施过程，货币政策的政策效果有时并没有达到人们预期的效果，甚至在不同时间、不同空间出现非对称性。货币政策从源头上影响资金的总量和结构，在传导机制的第二个环节（商业银行—企业）影响企业的信贷融资，当传导机制不完全有效时，先表现为对企业的融资行为影响的非对称性。以 2008 年的金融危机为例，为了刺激经济发展，国家制定了一系列宽松的货币政策，希望能帮助中小企业实现经济复苏。但是，资金并未按照政策制定者的意图配置给相应的企业，而是更多地流向了大型企业、国有企业和上市公司，中小企业的资金短缺状况并没有得到改善，这严重违背了货币政策制定的初衷，削弱了货币政策调控经济的作用。

4.1.2　研究目的与意义

资金是企业发展的源泉和动力，信贷资金是我国企业主要的融资来源。货币政策通过调整资金的供应量和结构影响微观经济主体行为，实现其宏观调控目的，促进国民经济沿着既定的方向发展，所以国家货币政策的实施必然影响企业融资水平和融资结构。但是，在货币传导机制的第二个环节（商业银行—企业）中，由于商业银行向企业发放信贷资金时存在"信贷歧视"，使得信贷资金配置过程中产生非对称效应，即货币政策对企业的融资影响形成非对称效应。而这种非对称效应会降低货币政策的实施效果，使货币政策的宏观调控目标无法完全实现。因此，研究货币政策的传导机制如何发挥作用，在融资过程中的非对称效应是否存在，产生非对称效应的原因是什么，以及如何破解非对称效应等一系列问题变得尤为重要。

本章以研究货币政策传导机制发挥作用的原理为基点，通过研究我国货币政策对企业信贷融资影响的非对称效应，提示导致非对称效应的原理及原因，进而剖析目前我国货币政策传导机制中企业融资环节被阻滞的机理，并提出相应的对策。这将一方面有利于国家货币政策效果的发挥；另一方面有利于最大限度地协调中国人民银行、商业银行和企业三者之间的利益目标，以提高货币政策最大限度地发挥作用，促进微观经济主体的健康发展，最终实现国民经济的健康运行。

4.1.3 研究内容、方法及创新点

1. 研究内容

货币政策的非对称效应最早是用来解释相同幅度的货币政策变化，在不同的经济时期对不同企业的经济产出影响不同。之所以会出现不同的影响，根本原因在于货币政策对于企业融资的影响最先出现了非对称效应，即在相同的货币政策影响之下，不同的企业的融资结果呈现出差异性。本章将从企业规模和产权性质两个方面来分析不同的企业在面临相同的货币政策时呈现出不同的融资结果。按照企业的融资性质，企业的融资主要包括股权性融资和债务性融资。在我国资本市场还不完善的情况下，债务性融资成了我国企业的主要融资渠道，而银行信贷融资又是企业首要考虑的债务性融资途径，因此，本章主要研究货币政策对企业商业银行信贷融资的非对称效应。具体研究内容主要包括以下五部分。

第一部分在阐述研究背景、目的和意义的基础上，提出要研究的问题、主要内容、研究方法及创新点等。

第二部分对相关研究问题已有的研究成果进行综述，梳理国内外关于货币政策对企业融资的影响、货币政策的非对称性以及货币政策传导机制这三方面的研究成果，为本章研究内容找到理论基础和理论价值。

第三部分为全书的理论阐述与分析。首先，界定了相关的基本概念；其

次，从理论上阐述了货币政策传导机制发挥作用的机理、方式等基本问题；最后，运用"信贷歧视"等理论分析了货币政策如何影响企业的融资行为，以及这种影响产生的后果。

第四部分为实证检验。主要运用描述性分析、差异性检验和多元回归分析等方法检验第三部分提出的理论假设。

第五部分为本章小结，对本章的研究结论进行总结与概括，根据研究结论提出政策性建议，同时，对研究中存在的局限性进行梳理。

2. 研究方法

本章首先从货币政策传导机制入手，运用货币政策传导理论，从宏观上分析货币政策对企业的融资产生影响的过程，将这一过程概括为"中国人民银行—商业银行—企业"。其次分析"中国人民银行—商业银行"和"商业银行—企业"两大环节顺畅运行的原理；对中国人民银行、商业银行和企业三者之间利益目标的差异性进行分析，以及三者为实现各自目标进行的博弈；最后本章运用了信贷配给理论，分析了商业银行作出贷款决策的贷款条件及其原因，并据此从企业产权性质和规模两个方面，提出货币政策对企业商业银行贷款融资影响的非对称效应假设。

对理论假设，首先运用了独立样本 T 检验，验证了产权性质不同和规模不同的企业融资是否存在差异性。其次，运用了多元回归模型检验货币政策对企业商业银行贷款融资影响的非对称效应。在实证检验过程中，将研究期间分为货币紧缩期和货币宽松期，并将企业按规模划分为大规模企业和小规模企业，按企业的产权性质划分为国有企业和民营企业，以便研究不同货币政策时期、不同规模和产权性质的企业产生的商业银行贷款融资的非对称性效应。

3. 本章创新点

本章的创新点在于：（1）拓展了货币政策非对称效应的内容。学者们的研究内容主要集中在货币政策经济产出的非对称效应。笔者认为经济产出的非对称效应源于企业融资活动的非对称效应，即在资金的可得性方面，不同的企业获得的资金不同，导致了经济产出的非对称性。基于这一逻辑，本章对货币政策的非对称效应的内涵和外延进行了扩展，将货币政策的非对称性从企业产出环节向前延伸至企业融资环节，研究了货币政策对企业融资影响的非对称性。（2）本章研究认为，货币政策商业银行贷款的非对称效应是货币传导机制产生阻塞的基本环节。货币政策对企业融资活动的影响需要经过一定的传导机制，即货币政策传导机制。货币政策传导机制可以概括为中国人民银行—商业银行—企业的流程。之所以出现货币政策对企业融资活动影响的非对称效应，主要是因为货币政策传导机制被扭曲。具体而言，在中国人民银行到商业银行这一环节中，中国人民银行与商业银行运行的根本目的不同，中国人民银行是从服务宏观调控目标出发，其货币政策目标要最大限度地实现宏观经济运行调控目标，具有社会性。商业银行和企业的目标是实现自己经济利益的最大化，具有经济性和"私人化"。当中国人民银行把信贷资金贷给商业银行后，商业银行在执行与中国人民银行的信贷契约时，为了实现其利益最大化，就有可能违背最初与中国人民银行的信贷契约条款，出现道德风险，于是，传导机制的前半段链条出现了扭曲。在商业银行将资金放贷到企业这一环节（中国人民银行—商业银行）中，商业银行为了达到利益最大化、风险最小化的经营目标，会根据一定的贷款条件对企业进行分类，不同的企业会得到不同的银行贷款政策，未必将资金配置给中国人民银行的指向目标，于是，货币政策传导机制的第二个环节（商业银行—企业）也出现了扭曲。

4.2 文献综述

4.2.1 货币政策传导机制的研究综述

企业融资属于微观活动，而货币政策属于国家宏观调控政策。货币政策要想正确地影响和引导企业的融资行为，必须通过一定的传导机制。这就是货币政策传导机制，关于传导机制如何发挥作用，目前有"货币观"和"信用观"两种主流观点。货币观最先被西方经济学家发现并做了深入研究。"货币观"认为货币政策是通过利率传导机制来影响投资水平和产出的。"信用观"下的传导机制又被称为信贷渠道，它认为，货币政策通过银行信用影响局部投资，从而影响产出。伯南克和布林德（1992）通过研究发现，银行信贷渠道是货币政策传导机制的重要组成部分。卡希亚普（Kashyap）等于 1993 年通过外部融资结构的变化证实了信贷渠道的存在。在我国，由于银行构成了金融体系的主体，而利率、汇率管制和金融市场还不够成熟，因此，信贷渠道是我国货币政策的主要传导途径。王振山和王志强（2000）、李斌（2001）、周英章和蒋振声（2002）等学者都通过实证研究证实了这一观点。

西方学者在 20 世纪 50 年代提出了"信用观"。"信用观"下的传导机制可以细分为商业银行借贷微观传导机制和企业资产负债表微观传导机制。

1. 商业银行借贷微观传导机制

商业银行借贷微观传导机制是商业银行根据中国人民银行出台的货币政策，通过调整信贷供应量影响企业的融资行为，进而对实体经济产生影响。以紧缩的货币政策为例，当中国人民银行实施紧缩的货币政策时，银行体系的准备金减少，银行存款下降，银行可贷资金减少，信贷量随之减少，这样，银行贷款的借款人就会减少投资支出，最终使得产出下降。劳恩和摩根（Lown and Morgan，2002）通过研究美国的信贷传导机制，发现商业银行的信贷标准能更好地解释银行贷款水平的波动。伯南克和布林德（1988）认为，如果货币需求冲击比信贷需求冲击更重要，那么盯住信贷规模的货币政策效果会更好。我国的学者认为，那些融资约束严重的民营和中小企业的资本结构调整更多地受到信贷市场容量性指标的刚性制约（于蔚、金祥荣和钱彦敏，2012）。

2. 企业资产负债表微观传导机制

企业资产负债表传导机制从中国人民银行货币政策对企业资产负债表状况的影响角度来解释信用在货币政策传导机制中的重要作用。该理论认为，外源融资溢价除了取决于商业银行信贷供给量之外，还与企业的资产负债表状况密切相连。企业的资产负债表状况越好，可用于外部贷款的抵押物越多，就越容易获得银行的贷款。一旦银行信贷资金减少，银行就会处于风险和受益的权衡，停止风险较大的贷款（Holmstrom and Triole，1997）。姚立杰、罗玫和夏冬林（2010）及陆正飞等（2008）通过实证研究发现，公司现金流越差，企业银行借款融资能力越差。由于企业资产负债表信贷渠道的存在，国家制定的货币政策往往会在传导过程中出现扭曲，传导效应因企业的状态不同而有所差异。雒敏和聂文忠（2012）的研究表明，降低利率能明显加快实际财务杠杆低于目标财务杠杆企业的资本结构调整速度，降低了实际财务杠杆高于目标财务杠杆企业的资本结构调整速度。当企业的财务杠杆低于目标财务杠杆时，企业的资产负债率低、财务风险较小，与负债累累的企业相比，其更容易获得银行的贷款，融资成本也较低，因此，当银行实施宽松的货币政策时，这样的企业受到的影响更为显著。

4.2.2　货币政策的非对称效应研究综述

1. 货币政策非对称效应内涵的研究

20世纪20年代初期以前，货币政策非对称效应的概念还不为经济学家们所熟知，直到"经济大萧条"爆发，研究学者们开始意识到紧缩性的货币政策和扩张性的货币政策的政策效应可能是不一样的。凯恩斯最早对货币政策的非对称性进行评述，他认为，在经济危机中货币政策利率传导机制的失效导致了货币政策的非对称性。科弗于1992年率先明晰定义了货币政策非对称效应，并将其界定为：相同幅度的货币扩张和货币收缩，在经济周期的不同阶段，对于经济的加速作用和减速作用是不同的。之后，学者们从各个角度论证了货币政策非对称效应的存在性问题，拓展了货币政策理论的研究范畴。

2. 货币政策时间与空间非对称效应的研究

国内外研究学者对货币政策非对称效应存在性问题的研究，可以将货币政策效应归结为时间和空间上的非对称效应。时间上的非对称效应主要体现在货币政策在不同历史时期、不同经济周期阶段以及正负向货币冲击的非对称影响。空间层面的非对称性主要体现在以下三个层面：第一个层面是货币政策对不同区域的非对称效应；第二个层面是货币政策对不同产业和行业的非对称效应；第三个层面是货币政策对不同规模企业和不同产权性质的企业的非对称效应。

在时间层面上，学者们发现，在不同的历史时期，货币政策的政策效果有所不同，在经济萧条期，扩张性的货币政策在刺激经济方面产生的作用就弱于经济繁荣期紧缩性的货币政策（凯恩斯，1936；弗里德曼，1968）。弗里德曼（1963）和施瓦茨（Schwartzs，1963）研究了美国的货币政策，发现美国在"经济大萧条"时期实施的宽松的货币政策并没有真正刺激经济的发展。弗洛里奥和米拉诺（Florio and Milano，2004）发现，在意大利的货币历史中，有两个时期都存在货币政策的非对称性。这两个时期中，紧缩的货币政策对经济产生了巨大作用。科弗（1992）也发现，相同幅度的货币扩张和货币紧缩，在经济周期的不同阶段对于经济的加速作用和减速作用是不同的，具体而言，正的货币供给冲击对产出没有影响，而负的货币供给对产出存在较大的影响。之后，卡拉斯（Karras，1996）和乔苏克和拉蒂（Joonsuk and Ratti，1997）等学者也得出了类似的结论。在我国也存在时间层面上货币政策的非对称效应。我国学者主要围绕紧缩性与扩张性货币政策效应的非对称性进行了探讨。黄先开和邓述慧（2000）认为正的货币冲击具有更明显的作用，即扩张性的货币政策效果更加显著。冯春平（2002）也验证了上述结论的正确性。还有一种完全相反的结论则认为，紧缩性的货币政策效应大于扩张性的货币政策（陆军和舒元，2002；刘金全，2002；陈德伟等，2003；陈建斌，2006；黄敏，2012），后者也成了一种更为主流的观点。

在空间层面上，货币政策对不同区域存在非对称效应。以欧洲为例，虽然同处欧洲地区，但欧洲诸国由于经济环境各不相同，各国货币政策的实施效果也有所差异。布鲁索福和坎德龙（Bruinshoofd and Candelon，2005）对欧洲地区不同国家的货币政策效果进行了检验，发现英国和丹麦的货币政策呈现非对称性，而荷兰、法国和意大利则没有出现较明显的非对称性。

在空间层面上，我国学者主要研究了货币政策区域的非对称性。中国由于地域辽阔，所以各个地区经济发展、金融制度建设的情况存在差别，这也导致了货币政策在不同区域内的影响呈现出非对称性（于则，2006）。人们根据自己对区域条件差异化的理解，将中国分为了不同的区域进行了研究。传统的区域划分方法是"三分法"或"八分法"，焦瑾璞等（2006）根据"三分法"对货币政策执行效果的地区性差异进行了分析，认为货币政策在中国存在差异化，东部发达地区受到的货币政策的影响要大于中西部欠发达地区。刘玄和王剑（2006）以及杨晓河和杨开忠（2007）也通过实证数据印证了这一结论。

张静（2006）也认为我国货币政策的政策效果在东部和中西部之间存在差异化。曹永琴（2007）将区域进一步细化，将我国分为八大地区。她通过实证检验发现，南部地区比北部地区对货币政策的反应更为敏感；东西部在货币政策的短期效应方面差异显著，中西部欠发达地区的短期效应反应强度高于东部发达地区。这两种分类方法虽然较为便利，但分类过于粗糙，忽视了各个区域内部非差异性，这有可能造成研究结果的不准确，之后的学者在区域划分方法上作了修正。

申俊喜等（2011）基于我国 31 个省的经济和发展情况，研究了货币政策不同省域的异质性效应，发现从货币政策与物价稳定的关系以及货币政策与经济增长两个角度来看，货币政策对中西部省份的影响和冲击都大于东部省份，拓宽了相关研究的理论深度。王元（2012）将区域划分为东部、中部、西部和东北四大地区，发现扩张性的货币政策对东部地区的经济增长影响最为明显，而对中部、西部和东北三个地区影响甚微，甚至有的出现负影响。进一步细化区域划分也在一定程度上提高了研究结果的准确性和可靠性。除此之外，还有学者从货币政策稳定经济的角度研究了货币政策的政策效果，发现货币政策的区域经济稳定效应差异明显，大部分东部地区的经济波动较小，中西部地区的经济波动被扩大了（张文彬，2010）。

不同行业与产业间由于各自的行业特性和对信贷资金的依赖程度不同，货币政策的效果也不一致。王剑（2005）认为，第三产业和第二产业对货币政策反应较为灵敏，而第一产业则几乎对货币政策没有反应。在第二产业内部，建筑业对货币政策的反应最灵敏，原材料和能源工业对货币政策的灵敏度较低。王元（2012）研究了不同产业之间货币政策的非对称效应，发现对第二产业的影响较第一产业和第三产业更加显著。

随着人们研究的深入，货币政策的影响效果逐步从宏观趋于微观，学者们也开始研究货币政策在不同特征企业间的影响的非对称性，研究货币政策是否对大小企业和不同产权性质的企业也存在非对称效应。

国外学者发现，货币政策不对称的原因之一就是公司规模（Bernanke and Gertler, 1989）。中小企业由于信息不对称，直接融资成本较高，相较于大企业而言更加依靠银行信贷，信贷冲击会对不同规模的公司产生不同的影响。奥利纳和鲁德布什（Oliner and Rudebush, 1996）通过检验发现，当实施紧缩的货币政策时，小企业的现金流与固定资产投资的相关度高于大企业。就我国的研究而言，吴建环（2004）发现，当货币政策通过资产负债表传导时，大小企业之间会出现货币政策效应的非对称行性。战明华和许月丽（2010）发现，我国银行对于不同产权性质的企业的信贷配给的确是存在的，而且信贷对于国有经济的影响大于私人经济。王元（2012）研究了不同所有制经济主体之间货币政策的非对称效应，发现，国有及国有控股企业、股份制企业、外商及中国港澳台商投资企业对货币政策较为敏感，受政策变化的影响较大，而私营企业、集体企业对货币政策则较不敏感，受政策变化的影响较小。

4.2.3　货币政策对企业融资活动影响的研究

目前学者对货币政策影响企业融资行为的研究主要集中在两大部分：一是货币政策工具的实施效果；二是货币政策对不同特征的公司的融资活动影响存在差异性。

货币政策效用的发挥有赖于货币政策工具的实施。在西方货币政策执行中，主要采取的政策工具是再贴现率和存款准备金。迈克尔和彼得森（Michael and Petersen，2006）发现，金融市场的供给面因素也会影响企业的融资。格特勒和吉尔克里斯特（Gertler and Gilchrist，1994）、利里（Leary，2009）以及莱蒙和罗伯茨（Lemmon and Roberts，2010）通过研究宏观经济和政策事件，发现来自资金供给面的冲击严重影响了企业融资行为。存款准备金政策的改变会引起信贷供给的变化，中国人民银行可以通过控制存款准备金控制信贷规模，进而引起信贷供给的变化，影响企业的融资（伯南克和布林德，1988）。

在我国，主要有四大货币政策工具，分别是再贴现率政策、公开市场业务、法定准备金率和利率政策。这四大货币政策工具由于各自特点不同，在具体实施过程中对企业融资行为的影响效果和速度也各有差异。近年来，随着外汇占款在中国人民银行资产中的比重大幅上升，再贴现的比重已经很小，公开市场业务也主要用于对冲外汇占款，两者对企业融资行为的影响不大。所以，目前我国学者的研究主要集中在存款准备金率政策和利率政策对信贷量的影响。于蔚、金祥荣和钱彦敏（2012）认为，融资约束较轻的国有和大型企业，外部融资需求迫切程度相对较低，对贷款利率的变动更为敏感。刘丽巍和郝林

（2010）认为，在影响效果方面，贷款利差的效果要大于法定存款准备金率，而在影响速度方面，贷款利差的影响速度也要快于法定存款准备金率。但是，伍中信、张娅和张雯（2013）的研究结果却与前者完全相反。李斌（2001）的实证研究也证实，在影响速度上，存款准备金相比贷款利率要快得多。

货币政策对不同特征公司的融资活动影响存在差异性。目前关于这方面研究的角度较多，包括公司的规模、产权性质、信息披露程度、费用黏性、内部控制水平等。除此之外，提高企业信息透明度，能够缓解因为企业规模和产权性质带来的信贷歧视，进而货币政策能够对更多企业产生积极影响，因此，企业规模、产权性质和信息透明度也会影响国家货币政策对企业融资的影响。

1. 公司规模

货币政策对不同规模企业融资活动的影响差异较大。大企业由于存在规模效应等优势，有条件实施多元化经营，可以适当分散经营风险，更容易从银行获得借款。而小企业由于规模小、盈利能力弱、经营风险大，且资金来源单一，对银行信贷的依赖性较强，受到银行的融资约束强，尤其在紧缩的货币政策下受到的冲击更大。因为在货币政策紧缩时，银行的信贷总量下降，而商业银行在利益最大化目标的驱使下会倾向于将信贷资源优先配置给那些规模大、盈利能力强的企业，小企业只能分得剩余的信贷资源，甚至有时候没有信贷资源。这就是商业银行信贷过程中的"信贷歧视"。格特勒和吉尔克里斯特（1994）通过研究发现，紧缩的货币政策在影响大、小企业的短期借款时存在系统性差异。利里（2009）也发现，当以美国 1961 年大额可转让存单出现导致的银行可贷资金的增加和 1966 年因存款利率上限管制导致的可贷资金外流这两大事件作为研究窗口时，小企业的负债率受到贷款资金变动的影响相比大企业更加显著。曾海舰和苏冬蔚（2010）认为，在货币紧缩时期，小企业受到的信贷歧视其实更加明显；在马文超和胡思玥（2012）看来，商业银行对小企业的"歧视"程度与国家经济周期相关，当经济处于上行期时，紧缩的货币政策对小企业的影响大于大企业，但当经济处于衰退时期时，宽松的货币政策并未引起小企业对银行债务的显著调增，大企业仍具有债务融资的优势。于蔚、金祥荣和钱彦敏等（2012）认为，在信贷扩张和信贷紧缩两个不同时期，货币政策对小规模企业的影响均大于大规模的企业。

2. 公司产权性质

从产权角度来讲，我国企业主要分为国有企业和民营企业。国有企业和民营企业与商业银行的产权关系不同，导致了信贷双方在信息优势和违约风险等方面存在差异，货币政策对不同产权性质的企业的融资影响也有较大差异。

国家既是国有企业的控股股东也控制着我国国有商业银行，因此，国有企业相比民营企业与商业银行存在更为紧密的产权关系，借贷双方的信息不对称程度低，银行承担的企业违约风险或因违约而导致的惩罚（包括政治上的惩罚）低。这种优势在民营企业中便不存在。所以，商业银行对民营企业存在"惜贷"行为（陆正飞、祝继高和樊铮，2009）。靳庆鲁、孔祥和侯青川（2012）认为，货币政策对于民营企业存在融资约束。曾海舰和苏冬蔚（2010）在他们的研究中也看到了国有企业与民营企业对银行带来的不同政治风险，以及这种风险对其信贷政策的影响。他们认为商业银行贷款给民营企业要承担一定的政治风险，信贷政策变化对常常处于贷款边缘上的民营企业的影响较大。方军雄（2007）认为，由于国有企业相比民营企业，在银行评价贷款客户资质的信息成本和违约风险方面存在优势，更容易获得银行的贷款，贷款成本也较低。当货币政策紧缩时，信贷配给资源总量减少，在满足国有企业需要之后可向民营企业分配的剩余信贷资源较少，而当实施宽松的货币政策时，由于信贷配给量增多，民营企业获得信贷资源的可能性就加大。

3. 信息透明度

商业银行产生的初衷就是解决信贷市场的信息不对称问题，但是，在当今信贷市场中，由于有各种因素（规模、产权性质等）的限制，银行信贷渠道并不通畅，有时甚至会扭曲货币政策的初衷，因此，通过提高企业的信息透明度，能够降低信息不对称，疏通信贷传导渠道。货币政策在信息透明度不同的企业间的影响不同。杰菲和拉塞尔（Jaffee and Russell，1976）以及施蒂格利茨和韦斯（Stiglitz and Weiss，1981）发现，信息不对称导致信贷市场出现信贷错配。森古普塔（Sengupta，1998）通过研究证实，增强企业的信息透明度可以降低企业的借款成本。闵亮和沈悦（2011）认为，融资约束型企业因为自身规模小、知名度低等原因，无法向银行有效披露和传递自身的财务状况，导致其在外部筹资过程中受约束程度较高。张纯和吕伟（2007）研究发现，信息披露水平越高，公司所面临的融资约束水平越低。信息披露质量较好的公司在货币政策趋紧时获得了更多的银行借款，且随着融资需求的增大，获得银行借款更多，银行借款利率也更低（李志军和王善平，2011）。由此可见，较高的信息披露质量有助于降低银企间的信息不对称程度，增强企业获得银行贷款的资信度，降低企业的债务融资成本。

4.3 货币政策传导机制作用的机理

由于商业银行的信贷政策与国家的货币政策调控的目标不完全一致，商业银行为了实现其利益最大化目标，对不同特征（如规模、所有制性质、所处行业等）的企业采用了不同的信贷政策，这有可能使货币通过银行信贷配置的对象与货币政策调控对象产生差异，从而使国家的货币政策偏离初始目标，降低宏观调控效果。这种货币政策产出的非对称效应是因为货币政策传导机制产生的信贷融资非对称效应而引起的。

4.3.1 货币政策传导机制

货币政策是通过引导企业的行为来实现宏观调控目标的，而货币政策影响企业的融资行为需要通过一定的传导机制实现。从中国人民银行货币政策的出台到企业根据货币政策调整并采取行动，有较长的时间和空间，欲使货币政策作用于企业，影响企业的行为需要一个有效的传导机制，即货币政策传导机制。货币政策传导机制是指由中国人民银行信号变化而产生的脉冲所引起的经济过程中各中介变量的连锁反应，并最终引起实际经济变量变化的途径。它具体表现为"中国人民银行—商业银行—企业"这样一个传导链。中国人民银行作为传导链的起点，主要负责制定和执行货币政策，中间需要商业银行通过信贷行为影响企业的融资，最终对整个社会经济产生影响。关于传导机制如何发挥作用，有"货币观"和"信用观"两种主流观点。"货币观"认为金融资产只包括货币和债券，银行贷款只是债券的一种，债券和贷款可以相互替代，货币政策是通过利率传导机制来影响投资水平和产出，具体来说，货币政策的传导过程仅是改变货币供应量从而改变公众持有和配置货币与债券的比例，使得不同金融资产的价格（主要是利率）发生变化，进而影响投资和产出。"货币观"具体的传导途径可分为利率途径、汇率途径和资产价格途径等。"信用观"认为，金融资产包括货币、债券和银行贷款，由于银行贷款存在特殊性，不能被债券替代，货币政策通过银行信用影响局部投资水平，从而影响产出。在我国，由于银行构成了金融体系的主体，而利率、汇率管制和金融市场还不够成熟，因此，信贷渠道是我国货币政策的主要传导途径。所以本章主要从货币政策传导机制的"信用观"的前提下入手，研究货币政策对企业融资活动的非对称效应。

1. 货币政策传导机制的"信用观"

20世纪50年代，伴随着信息经济学的发展，西方学者提出了货币政策传导机制的"信用观"。"信用观"认为，金融资产包括货币、债券和银行贷款三种形式，银行贷款和债券不能相互替代，货币政策通过银行信贷行为和资产负债表影响经济。中国人民银行作为制定和执行货币政策的国家机构，是货币政策传导机制的源头，通过货币政策工具的调整影响实体经济的发展。国家通过提高或降低法定准备金率来控制货币的供应量，商业银行通过存贷利率差来影响资金的供求。

2. "信用观"的微观传导机制

"信用观"下的传导机制又被称为信贷渠道，可以细分为商业银行借贷微观传导机制和企业资产负债表微观传导机制。

（1）商业银行借贷微观传导机制。商业银行借贷微观传导机制是商业银行根据中国人民银行出台的货币政策，通过调整信贷供应量影响企业的融资行为，进而对实体经济产生影响。这一传导机制主要在"中国人民银行—商业银行"这一环节发挥作用。中国人民银行会根据国家经济发展的实际情况审时度势，制定出相应的货币政策。当经济发展过热时，国家会减少货币供应量，实施紧缩的货币政策，进而减少企业的信贷融资；当经济发展持续低迷时，国家会适当增加货币供应量，实施宽松的货币政策，增加企业的信贷资金。中国人民银行通过调整信贷供应量影响了商业银行的信贷量，进而影响了每一个企业的融资。理论上说，中国人民银行调整了信贷供应量，商业银行也会作出调整，每一个企业的融资活动应该受到相同的影响，即增长或减少的幅度应该相同。

（2）企业资产负债表微观传导机制。企业资产负债表传导机制从中国人民银行货币政策对企业资产负债表状况的影响角度来解释信用在货币政策传导机制中的重要作用。该理论认为，外源融资溢价除了取决于商业银行信贷供给量之外，还与企业的资产负债表状况密切相连。企业的资产负债表状况越好，可用于外部贷款的抵押物越多，就越容易获得银行的贷款。企业资产负债表传导机制主要在"商业银行—企业"这一环节发生作用。商业银行在作出信贷决定时会考虑企业的资产负债状况，资产负债情况越好的企业越容易受到银行的青睐。就本书研究对象而言，企业的规模和产权性质都能在一定程度上反映企业的资产负债比状况，进而在企业银行贷款可得性上就出现了差异。

4.3.2　货币政策传导的两阶段博弈

货币政策传导机制发挥作用的状态是"中国人民银行和商业银行""商业银行和企业"之间博弈的结果。货币政策传导机制可抽象为"中国人民银行—商业银行—企业"传导链。通过这一传导链可清晰地看到，货币政策传导机制顺利发挥作用依赖于"中国人民银行—商业银行"和"商业银行—企业"两个阶段顺畅衔接，其中一个阶段产生"阻滞"，货币政策的宏观调控效果都会打折扣，而货币政策在传导过程中的"阻滞"程度又取决于"中国人民银行和商业银行""商业银行和企业"博弈目标的一致性。

1. 中国人民银行与商业银行之间的博弈

从货币政策的"中国人民银行—商业银行—企业"传导链上来看，货币政策信号先由中国人民银行发出传导给商业银行，经过"中国人民银行—商业银行"（第一）阶段。中国人民银行作为重要的国家机构之一，承担着制定和执行货币政策的重要职能，通过制定货币政策服务于整体国家宏观调控，实现提高整体社会效益的根本目的。其行为具有社会性，且不以营利为目的。提供信贷服务是中国人民银行的主要业务之一。通过恰当的信贷服务，可以不断优化信贷投向，促使信贷资金实现优化配置。以 2008 年下半年我国实行的货币政策为例，在遭受了金融危机的重创后，我国企业尤其是中小企业遭遇了重大的发展危机，为了帮助企业度过经济危机的"寒冬"，中国人民银行实施了宽松的货币政策，M2 的增长率达到了 27.7% 的新高点。由此可见，中国人民银行作为政府机构，其行为的出发点具有社会性，不以盈利为目的的特点，从而保障社会宏观经济的健康发展。

商业银行是以多种金融负债筹集资金，多种金融资产为经营对象，具有信用创造功能的金融机构。一般的商业银行没有货币的发行权，传统商业银行的业务主要集中在经营存款和贷款（放款）业务，即以吸收较低利率存款的方式借入资金，以发放较高利率贷款形式贷出资金，赚取存贷款之间的利差，形成商业银行的主要利润来源。由此可见，商业银行作为信贷市场的经营主体，是一种具有营利性的经济组织，其根本目的是在权衡经营风险和财务风险之后，实现自身经济利益的最大化。因此，商业银行的行为具有极强的市场性，按照利益最大化原则，权衡收益与风险之后，作出信贷决策。

中国人民银行与商业银行之间存在一种委托—代理关系，两者既存在着利益的协调性又存在目标的不一致性，所以在货币政策的制定与执行中两者存在着博弈关系。一方面，中国人民银行作为货币政策的制定者和货币供给者，委托商业银行作为货币政策执行的代理人，给予商业银行一定的经济利益，又要对商业银行的行为进行监管，以保证商业银行按照中国人民银行的意图执行货币政策。中国人民银行的政策目标通过商业银行的具体经营管理行为得以实现，商业银行的经营环境和条件都受到中国人民银行的制约与监督。商业银行也依赖于中国人民银行最终贷款人等职能保证自身正常的运营。另一方面，中国人民银行作为一个政府机构，其运行的根本目的是国家的宏观调控和服务于产业政策的需要，具有社会性。商业银行作为信贷市场的市场主体，其运行的根本目的是经济效益最大化，具有市场性。两大金融机构都服务于自身目标而运行。尽管商业银行在中国人民银行的制约中运行，但由于它们运营目标的不一致性，商业银行就可能出于自身营利性的考虑，违背中国人民银行制定货币政策的初衷。

中国人民银行与商业银行的博弈是一个动态过程。中国人民银行根据当时国家经济发展的形势制定相应的货币政策，在货币总量及结构上进行相应调整，并向商业银行传递意图，打破了先前信贷市场的均衡。商业银行会在既定的宏观货币政策环境下，一方面调整自身的经营管理；另一方面出于商业目的，为了减少或抵消中国人民银行货币政策带来的不利影响，也会权衡风险与收益，制定符合自身商业利益的信贷决策，从而使信贷市场进入新的均衡。商业银行的行为有可能会使货币政策的政策效应大大削弱，因此，中国人民银行又会根据新形势制定新的货币政策，中国人民银行与商行开始新一轮的博弈。他们的博弈会一直如此循环往复下去。

因此，在"中国人民银行—商业银行"这一环节中，中国人民银行会按照自己的目标和要求向商业银行提供货币政策，要求商业银行执行。但是，中国人民银行也会考虑到商业银行与其目标的不一致性，为了更好地实现宏观调控的目标，会加强对商业银行的监督与管理。这一阶段的监督与管理措施会成为下一阶段运行的制度框架，所以下一阶段货币政策传导机制发挥作用的程度，取决于本阶段中国人民银行与商业银行目标的一致性，以及中国人民银行对商业银行监督与管理的科学性、合理性与执行程度。

2. 商业银行与企业之间的博弈

在货币政策传导链的"商业银行—企业"阶段中，商业银行是货币政策的执行者，企业是货币政策的调控对象，也是商业银行信贷资金配给对象。商业银行把信贷资金配给企业是两者以资金转让为内容的交易行为。作为商品交易，两者有各自的利益在其中，并为实现各自利益最大化展开博弈。

由于信贷市场存在信息不对称，容易出现道德风险和逆向选择的问题，商业银行作为一个以营利为目的的金融机构，为了降低风险、提高收益，会选择性对部分企业实施信贷配给。例如，商业银行更愿意把资金贷给国有企业，而不是民营企业。这是因为，就企业产权性质而言，国有企业一方面享有政府的隐性担保；另一方面又与国有商业银行存在密切的关系，这两大优势都降低了商业银行的风险。又例如，商业银行也倾向于把资金贷给大企业而不是小企业。这是因为大企业存在规模效应，有条件实施多元化经营，经营风险较小，因而贷款违约风险小，而且大企业融资额大可以降低单位融资费用等，大企业自身所具有的优势其更容易得到银行的青睐。每个企业所特有的优势都会成为商业银行作出信贷配给决策的条件。

商业银行根据已有条件作出信贷配给的决策就是与企业进行博弈的过程，信贷资金借贷契约条款就是两者博弈的结果。在贷款的发放阶段，企业向商业银行提交贷款申请，由于信贷市场的信息不对称，商业银行并不能够了解企业运营的真实情况，只能通过一些条件（企业产权性质与规模）来决定是否贷款。商业银行根据利益最大化的原则，为了避免道德风险和逆向选择，根据信贷配给条件实施信贷配给。值得注意的是，商业银行在给某个企业发放贷款时，并不能确定该企业是否会如期偿还贷款，它只是根据一定的信贷条件作出判断，从而降低风险，这说明商业银行与企业处于贝叶斯博弈中。风险和收益的评估是双方博弈的主要因素。商业银行与企业的博弈是货币政策传导博弈链中最后的环节，也是货币政策效应能否发挥的最终决定者。

4.4　企业信贷融资非对称效应的产生

货币政策在商业银行与企业之间的传导要在第一阶段中国人民银行对商业银行监督管理的框架下进行。商业银行作为信贷市场的经济主体，其运行的根本目的是经济效益最大化，因此，它在决定信贷资源配给时，要权衡经济效益和风险，此时，中国人民银行与商业银行的目标冲突会显性地被放大，且影响货币政策的调控效果。在商业银行对企业的信贷配给中出现的信贷歧视也会影响货币政策的调控效果，导致企业信贷融资非对称效应的出现。

4.4.1　信贷配给的产生

不同的企业在融资上存在非对称性，这本质上是一种融资约束。公司的融资约束主要源于信贷市场的信息不对称。商业银行作为贷款者，不了解借款企业的真实情况，在信息不对称的情况下，容易出现道德风险和逆向选择等问题。商业银行是以盈利为目的的，为了最大限度地降低风险、提高收益，商业银行会通过资金的贷款成本和数量来约束借贷者的市场行为，信贷配给随之出现。

信贷配给又称"信用配给"，指的是借款人愿意支付规定利率甚至更高利率，贷款人仍不愿发放贷款或发放贷款的数额小于申请贷款额的情形。由于信息不对称导致信贷市场上普遍存在道德风险和逆向选择。逆向选择出现在信贷发生之前。借款企业对自身运营情况及项目获利情况最为熟悉，而商业银行并不完全了解，这会增加银行的信贷风险，为了降低风险，银行往往会采取提高利率的手段来弥补资金的高风险，最终导致银行会把一部分资金贷给还款可能性最低的企业，选择了不该选的企业，商业银行出现了逆向选择。道德风险发生在借贷行为之后。银行作为资金的贷出者，拥有资金的所有权，承担资金的最终风险。借款企业作为资金的使用者，只享有资金的收益权。根据经济人假设，企业有可能违背最初的借款契约，为了高回报将资金投入到高风险的项目中。如果其投资成功，将获得远高于投资成本的收益，如果失败，其承担的风险也是有限的。信用贷款中的逆向选择和道德风险导致商业银行在对外贷款时不会满足所有企业的要求，只能实施信贷配给。信贷配给的出现说明，商业银行在配置信贷资源时并不是一视同仁的，存在一定的信贷配给条件，符合条件的企业更容易得到银行的贷款。在货币传导链的第一个环节中，商业银行应在中国人民银行的监督与规范下，按照货币政策的意图实施信贷决策，但出于其营利性的运营目的，在传导链的第二环节中，商业银行实施了信贷配给，对不同的企业区别对待。

4.4.2　商业银行信贷配给的条件

商业银行作为以盈利为目的的经济组织，它在作出信贷决策时会权衡收益与风险，从而达到利益最大化的目的。因此，其制定的贷款条件也会是服务于利益最大化的目标。信息不对称导致企业在作出信贷决策时不能真实地了解企业的真实需求和经营情况，商业银行出于自身风险的考虑，为了保证借贷资金的安全性，会为实施信贷配给制定一系列贷款条件，包括企业的产权性质、企业的规模、成长性、盈利能力、偿债能力、风险水平和财务制度是否健全等。在我国，国有企业存在诸多"先天优势"，比民营企业更容易受到商业银行的青睐，获得信贷配给。企业的规模反映了企业的整体实力，规模越大的企业，越可以利用多元化的经营策略，降低经营风险，其出现贷款违约的风险也会大大降低，银行也更愿意借款给这样的企业。企业的成长性反映了企业当前的发展程度，成长越快的企业一般来说未来发展前景较好，银行也愿意将贷款投放于这类企业。盈利能力是企业的核心竞争力，企业盈余是偿还银行贷款的重要来源，较强的盈余能力能够保证及时还款。偿债能力最直接地反映了企业是否可以及时偿还贷款，银行认为偿债能力较强的企业贷款违约风险较低，它们愿意借款给偿债能力较强的企业。风险水平是银行对企业整体风险的一个评估，银行为了降低自身资金的风险，会更倾向将资金投入风险小的企业，以保证及时收回贷款。财务制度是企业管理制度的重要组成部分，健全的财务制度能够保证企业经营的顺利进行，也是企业能够偿还贷款的重要条件。

4.4.3　产权性质和规模对企业信贷融资非对称效应的影响

企业信贷融资非对称效应源于商业银行信贷配给，信贷配给本质上是对不同禀赋的企业给予不同的信贷配给政策，配给政策会形成银行"惜贷或歧视现象"，商业银行在货币政策传导机制中处于枢纽地位，其信贷配给所形成的"惜贷现象"阻断了货币政策被"歧视"融资企业的传导。商业银行制定信贷配给条件所考虑的因素，即为影响企业信贷融资非对称效应的因素，包括企业的产权性质、规模、成长性、盈利能力、偿债能力、风险水平和财务制度是否健全等。其中，企业的产权性质和规模是影响商业银行制定信贷配给政策时经常考虑的最直接最重要的因素。

1. 企业产权性质

企业按照产权性质可分为国有企业和民营企业。商业银行在制定信贷配给政策时，常常把企业的产权性作为信贷资金配给考虑的重要因素之一。商业银行都倾向于把信贷资源配置给国有企业而不是民营企业。由此形成了我国国有企业与民营企业间"金融资源的配置与对经济增长贡献之间极不匹配的情形"（卢峰和姚洋，2004）。

在我国的货币传导机制中，中国人民银行的货币政策的操作目标主要通过国有商业银行的信贷行为实现，所以商业银行配置信贷资金是国有银行为主，而国有银行、国有企业与政府的天然联系会导致商业银行配置信贷资源过程中对民营企业的信贷歧视。这是因为：（1）国有企业除了实现收益最大化之外，还要承担较多的政府赋予的社会职能，在其面临财务风险时，政府会提供帮助使之渡过难关（倪铮和张春，2007；孙铮、刘凤委和李增泉，2005），因此，银行进行信贷决策时会将其视为政府为之提供的隐性担保。（2）国有银行和国有企业的共同"国有制"情结会在两之间形成更多的业务关系、政治关系和私人关系，在这些关系的建立与维持中，已经形成成熟的沟通和协调渠道，比较容易就借贷问题达成一致意见，相比之下，民营企业与国有银行之间的关系明显不具备这种先天的制度上的匹配优势，缺乏相应的熟识关系支持和操作经验。因此，商业银行对国有企业拥有更多的信息优势，这可以减少商业银行在信贷资源配置中的信息不对称风险。（3）国有商业银行在我国的垄断地位和国有企业的"政治裙带"关系也是产生对民营企业信贷歧视的原因之一。中国人民银行的货币政策是通过商业银行传导的，国有银行在传导中具有垄断地位，竞争的缺乏导致其配置信贷资源时不是基于经济效率最大化和经济风险最小化，而是政治风险最小化。银行与国有企业的"国有"属性也使它们容易成为同盟，且会受到国家的强烈干预，按照"政治优序融资理论"，商业信贷银行也会把信贷资源更多地配置给国有企业，而不是民营企业。民营企业的外源融资机制主要依赖社会成员之间相互约束，是一种横向的信用体系，但中国的社会信用体系却是一个由政府主导的纵向信用体系（张杰，2000）。这种信用体系的特点是政府必须通过国家权威来维持每一环节的联系。在这种纵向体系里，国家意志决定了国有银行信贷的投向和数量，通过固定存贷比率限制银行的盈利能力和行为选择（Jahangir Aziz and Christoph Duenwald，2002），银行的信贷行为是被动的。另外，国家通过制度上的安排以及国家信用排斥了非金融因素进入存款市场，使国有银行对居民储蓄形成了垄断，最终国家把储蓄中的绝大部分转化为对国有经济的金融支持（朱光华和陈国富，2002）。这个体系中所有的环节都是单向连接的，国家在终端承担最后责任，居民储蓄蜕变成为免费资本，国有银行是中转站，把免费资本输送给国有企业。在国家高度的金融控制下，国有商业银行将贷款更多地投向国有企业，"制度性歧视"由此产生。

2. 企业的规模

无论国家宏观货币政策是宽松还是紧缩，商业银行都倾向于把信贷资源配置给大企业。"银行对中小企业存在信贷歧视"（张捷和王霄，2002）。信贷歧视导致大企业与小企业通过银行信贷融资的非均衡效应。原因大致可归为：（1）贷款人对大企业具有可能的信息规模经济优势，因为贷款人在对借款人的信息进行搜集、加工和处理过程中支付的成本，在某种程度上是相对固定的信息成本。相对大企业来说，银行掌握的关于小企业的信息更少，银行为了规避风险，在获取企业经营信息存在障碍的前提下，更倾向于给大规模企业贷款。信息不对称是阻碍中小企业获批的主要因素（王浙勤和唐子斌，2013）。（2）抵押物。长期以来，商业银行为了控制风险，不允许对中小企业发放无担保信贷，而大中型国有企业往往是各家商业银行竞逐的优质客户资源，信贷条件宽松、价格优惠，银行贷款的双重标准为中小企业歧视论提供了佐证①。企业向银行提供抵押物获得贷款可以作为信息不对称带来的逆向选择和道德风险的手段，一方面具有向银行传递信号的功能；另一方面提高了借款人的违约成本（Berger，2002），在一定程度上缓解了信贷配给。对企业而言，大部分中小企业缺乏符合银行要求的有价值的抵押物，即使有良好的投资前景，由于无法达到银行要求，不得不被排除在正规金融之外②。（3）商业银行间的不完全竞争。在我国目前的银行业中，国有商业银行占有主体地位，形成了一定程度上的垄断，导致了银行间的竞争不充分性，在与企业之间的关系上，银行处于卖方市场。于是，商业银行在选择客户时，出于风险回避考虑，国有商业银行一般选择规模大或是垄断性行业企业进行贷款，产生了歧视性选择。

假设1 国有企业比民营企业更容易获得银行信贷资金；大企业比小企业更容易获得银行信贷资金。

4.4.4 货币政策对企业信贷融资非对称效应的影响

货币政策非对称效应是指紧缩的货币政策对经济的作用大于宽松的货币政策。这说明不同的货币政策的政策效果存在差异。货币政策紧缩时期，银行总的信贷规模降低，贷款利率提高；在货币政策宽松时期，银行信贷规模提高，利率降低。但是，货币政策宽松和紧缩对企业信贷融资的非对称效应的影响程度不同。

张西征、刘志远（2011）利用 2006～2009 年中国沪深两市上市公司季度

---

① ② 王浙勤，唐子斌. 中小企业信贷决策：歧视、理性还是认知差距 [J]. 财经研究，2013 (8).

均衡面板数据，采用面板数据回归中的 difference-in-difference 方法进行回归检验，回归结果表明，紧缩性货币政策对国有企业的冲击小于对民营企业的冲击，扩张性货币政策对国有企业的冲击大于对民营企业的冲击，表明民营企业在货币政策的信贷分配影响下总是处于不利的地位；张吟雪（2011）认为，存款准备金率的提高会缩减商业银行的信贷规模，但是由于商业银行会优先把资金分配给国有企业，所以中小企业和民营企业受到的负面冲击要远大于国有企业受到的冲击；江群、曾令华（2008）通过对 1998～2007 年的民营企业与国有企业产出比和信贷进行脉冲响应分析，发现信贷冲击会对民营企业与国有企业产出比产生正向响应，意味着在紧缩货币政策背景下，贷款可得性下降，则民营企业的产出下降速度更快，受到的冲击更大。

假设 2 相对扩张货币政策而言，货币政策紧缩时，民营企业比国有企业、小企业比大企业受到的融资非对称效应的影响更大。

4.5 货币政策对企业信贷融资非对称效应的实证检验

4.5.1 变量设计

1. 被解释变量的设计

按照货币政策对委托贷款影响的一般分析框架，企业信贷融资非对称效应的存在是委托贷款产生的重要条件之一，所以本章主要研究是否存在企业信贷融资非对称效应以及货币政策对企业信贷融资非对称效应的影响，企业信贷融资是被解释的变量。在我国，企业的信贷融资主要来自商业银行的借款，因此，本章以企业每年的资产负债表中银行借款余额反映企业的信贷情况，具体包括长期借款和短期借款两个项目。为了与解释变量相匹配，以上市公司当年的银行借款总额的变化额作为被解释变量的替代变量，具体计算公式见表4.1。由于回归模型中的其他指标均是比率指标或者值较小，因此，为了增加数据可比性，提高回归结果的准确度，将银行借款的变化总额除以期初总资产予以标准化。

2. 解释变量的设计

（1）货币政策（DM）。本章中用广义货币供应量 M2 的增长率作为货币政策变化的代表变量。这是因为：①我国的货币政策中介指标为货币供应量，信贷活动更多涉及广义货币，因此，选择 M2 作为货币政策变量。②本章还参考了 2005～2014 年中国人民银行发布的每年的货币政策执行报告（以下简称"报告"）。该报告也是按照广义货币公开发布的有关货币政策执行情况的报告，深入分析了当年我国宏观经济形势，阐释货币政策具体操作。

此外，本章设定货币政策虚拟变量 DM，当货币供应量 M2 同比增长率大于17%时，即定义为货币政策扩年度，设为 DM =1；当货币供应量 M2 同比增长率小于17%时[①]，即定义为紧缩年度，设为 DM =0。

（2）企业规模（SIZE）。本章用各上市公司期初和期末总资产的加权平均值的对数作为衡量企业规模的替代变量。计算公式如表4.1所示。

（3）货币政策与企业规模交叉项（DM × SIZE）。货币政策与企业规模交叉项反映的是货币政策对不同规模企业的信贷资金是如何影响的，如果该交叉变量的回归系数显著为正，表明在货币政策影响下，大企业更容易获得较多的银行信贷资金。

（4）企业产权性质（PROPERTY）。本章的产权性质指标来源于国泰安数据库中国上市公司股东研究数据库。该数据库将实际控制人性质为国有企业、国有机构、开发区和事业单位的认定为国有企业，实际控制人性质为民营企业及中国公民的认定为民营企业。本章对国有企业的上市公司赋值为1，对民营企业的上市公司赋值为0。

（5）货币政策与公司产权性质交叉项（DM × PROPERTY）。货币政策与公司产权性质交叉项反映的是当货币政策发生变化时，不同产权性质的企业银行借款情况。如果该交叉变量的回归系数显著为正，表明在货币政策的影响下，国有企业受到的影响较大，能获得较多的资金。

---

① 根据查阅 2007～2013 年的中国人民银行《货币政策执行报告》，发现当 M2 季度同比增长率以上时，货币政策的实施基调为适度宽松；M2 季度同比增长率在 17% 以下时，货币政策的实施基调为：稳健或适度从紧；因此，将 M2 季度同比增长率定为虚拟变量的临界值。

3. 控制变量的选择

（1）营业收入增长率（GROWTH）。本年的营业收入增长率用本年收入的增加额除以上年的营业收入。它反映了公司的成长性，营业收入增长率越高说明企业未来具有成长性，商业银行也更愿意为其提供信用贷款。

（2）总资产净利润率（ROA）。总资产净利润率反映的是企业的盈利能力。一般而言，企业的总资产净利润率越高不仅说明企业盈利能力越高，企业的自我积累能力强，而且还说明企业的偿债能力有保障，从而从商业银行中获得贷款的能力较强。

（3）资产负债率（LEV）。资产负债率反映企业的偿还债务的能力。反映企业的广义资本结构。负债率越低，企业偿债能力越有保障，贷款越安全。

（4）利息保证倍数（IPM）。利息保证倍数反映的是企业的支付利息的能力。利息保证倍数越大，公司拥有的偿还利息的资金就越多。利息保证倍数越多，企业就有可能得到更多的借款。

（5）风险水平（RISK）。风险水平反映企业的整体风险，它既包括了企业的财务风险，也包括了企业的经营风险。企业的整体风险越高，银行越不愿意借款给这样的企业。

各研究变量的具体计算公式如表4.1所示。

表4.1 变量定义

	变量名称	变量代号	变量定义
被解释变量	银行借款比例	LOAN	（年末长期借款＋年末一年内到期的非流动负债＋年末短期借款－年初长期借款－年初一年内到期的非流动负债－年初短期借款）/年初总资产
解释变量	货币政策	DM	M2的年增长率
	公司规模	SIZE	总资产的自然对数，总资产＝（年初资产＋年末资产）/2
	货币政策与公司规模交叉项	DM×SIZE	反映货币政策发生变化时，不同规模企业的借款变化
	产权性质	PROPERTY	当公司类型是国有企业时取1，民营企业取0
	货币政策与公司产权性质交叉项	DM×PROPERTY	反映的是在货币政策发生变化时，不同产权性质企业的借款变化

变量名称	变量代号	变量定义
营业收入增长率	GROWTH	(本年营业收入 – 上年同期营业收入)/上年同期营业收入
总资产净利润率	ROA	本年净利润/总资产平均余额,其中,总资产平均余额 = (资产合计期末余额 + 资产合计期初余额)/2
资产负债率	LEV	负债/资产,其中,负债 = (年初负债余额 + 年末负债余额)/2;资产 = (年初资产余额 + 年末资产余额)/2
利息保证倍数	IPM	(净利润 + 所得税费用 + 财务费用)/财务费用
风险水平	RISK	(净利润 + 所得税费用 + 财务费用 + 固定资产折旧、油气资产折耗、生产性生物资产折旧 + 无形资产摊销 + 长期待摊费用摊销)/(净利润 + 所得税费用)

（控制变量）

4.5.2 回归模型

本书使用多元回归方法来分析货币政策对企业融资活动的非对称效应的影响,根据前文的变量设计,建立了如下回归模型:

根据假设1,建立如下回归模型:

$$\text{Loan}_{it} = \alpha_1 + \alpha_2 DM_t + \alpha_3 Size_j + \alpha_4 DM_t \times Size_j + \alpha_5 Property_j$$
$$+ \alpha_6 Growth_t + \alpha_7 Roa_t + \alpha_8 Ipm_t + \alpha_9 Lev_t + \alpha_{10} Risk_t \quad (4.1)$$

根据假设2,建立如下回归模型:

$$\text{Loan}_{it} = \beta_1 + \beta_2 DM_t + \beta_3 Property_t + \beta_4 DM_t \times Property_t + \beta_5 Size_t$$
$$+ \beta_6 Growth_t + \beta_7 Roa_t + \beta_8 Ipm_t + \beta_9 Lev_t + \beta_{10} Risk_t \quad (4.2)$$

4.5.3 样本的取得

本章选取了我国深圳和上海证券交易所 A 股制造业上市公司 2005～2014 年的样本数据,共计 546 家上市公司。在我国,制造业上市公司占所有上市公司的比例约为 60%,是核心行业,在国民经济发展过程中占有重要地位,因此,选择了制造行业。以 2005 年以前上市至 2014 年年末仍未下市的公司为样本公司，并作出如下筛选。

（1）剔除 ST 类的公司。这类公司出现了财务状况或其他状况的异常，不具有研究价值，因此，不在分析样本之列。

（2）剔除了产权性质在研究期间发生变化的公司。在研究期间，部分企业的实际控制人发生转变，或从国有变为民营，或从民营变为国有，为了更加清晰地界定一个公司的产权性质，剔除了这类公司。

（3）剔除年度数据不全的公司。为了保证数据的完整性和连续性，剔除了部分公司某一年的数据缺失。

通过以上筛选，共取得 546 家公司，观察样本 5384 个。所有样本数据均来源于国泰安数据库，使用 SPSS 19.0 和 Excel 表格软件进行数据处理。

4.5.4 描述性统计与相关性分析

1. 各变量的描述性统计分析

描述性统计分析是对所研究数据的特点进行研究和分析，进而能够描述出样本数据的各种特征及其所代表的总体特征。描述性统计分析通常涉及各变量的极大值、极小值、均值、标准差和方差。根据这些数据，就可以描绘出样本数据的大体特征。主要变量的描述性统计量列示在表 4.2 中。

从整体情况而言，借款比例的最大值是 2.3063，最小值是 −1.1652。这说明企业间的借款情况差异较大，不同企业在银行借款中得到的信贷资金有可能是不同的。

M2 增长率的最大值为 0.277，最小值为 0.1359，标准差为 0.0388494，变化幅度比较大，说明在选择的研究期间，货币政策既存在宽松时期，也存在紧缩时期。

企业规模的最大值为 26.568，最小值为 17.2099，标准差为 1.1669952，这说明企业规模这一指标的离散程度比较大，样本的规模差异化较大。

本章根据企业的产权性质进行了赋值，国有企业被赋值为 1，民营企业被赋值为 0。产权属性的描述性统计数据如表 4.2 所示。

表 4.2　　　　　　　　　　　　　描述性统计

变量	样本容量	极小值	极大值	均值	标准差	方差
LOAN	5384	− 1.2032	3.6055	0.0243	0.1328	0.0251
DM	5384	0.2059	0.3025	0.1644	0.1088	0.0122
SIZE	5384	11.2099	46.5685	24.7439	3.0670	2.3624
DM × SIZE	5384	3.0541	8.2088	4.7881	0.9593	0.8386
PROPERTY	5384	0	1	0.7911	0.5363	0.2033
DM × PROPERTY	5384	0.00	0.277	0.1200	0.1030	0.1071
GROWTH	5384	− 1.0968	123.0656	0.3509	3.9538	7.0211
ROA	5384	− 1.0194	2.2971	0.1358	0.1850	0.1070
IPM	5384	− 8111.4471	6552.208	0.9588	306.3913	66880.841
LEV	5384	0.2071	16.1274	1.5175	1.3075	1.0951
RISK	5384	− 431.3086	580.2397	4.2450	18.2656	354.5681

2. 相关性分析

表 4.3 和表 4.4 各自反映的模型（4.1）和模型（4.2）各变量之间的相关性。其中，在表 4.3 中，借款比例与企业的规模均显著正相关，说明企业的规模越大越容易得到银行借款。在 DM × Size 这一指标中，借款比例与交叉项是显著正相关，说明在同样货币政策影响下，大企业更容易得到资金。在企业性质方面，表 4.4 显示，企业借款比例与 DM × Property 这一交叉项的相关系数显著为正，说明在同样货币政策影响下国有企业更容易获得银行贷款。

表 4.3　　　　　　　各变量的相关性统计——模型（4.1）

变量	LOAN	POLICY	SIZE	POLICY × SIZE	GROWTH	ROA	IPM	LEV	RISK
LOAN	1	− 0.003 (0.817)	0.141 ** (0.000)	0.032 * (0.027)	0.017 0.224	− 0.065 ** (0.000)	− 0.006 (0.664)	− 0.033 * (0.021)	− 0.007 (0.639)
DM	− 0.003 (0.817)	1	− 0.079 ** (0.000)	0.971 ** (0.000)	− 0.033 * (0.021)	0.013 (0.36)	− 0.041 ** (0.004)	− 0.014 (0.332)	0.009 (0.539)

变量	LOAN	POLICY	SIZE	POLICY × SIZE	GROWTH	ROA	IPM	LEV	RISK
SIZE	0.141 ** (0.000)	− 0.079 ** (0.000)	1	0.155 ** (0.000)	− 0.031 * (0.033)	0.108 ** (0.000)	− 0.025 (0.077)	0.044 ** (0.002)	0.015 (0.304)
DM × SIZE	0.032 * (0.027)	0.971 ** (0.000)	0.155 ** (0.000)	1	− 0.037 ** (0.009)	0.039 ** (0.007)	− 0.046 ** (0.001)	− 0.003 (0.824)	0.013 (0.370)
GROWTH	0.017 (0.224)	− 0.033 * (0.021)	− 0.031 * (0.033)	− 0.037 ** (0.009)	1	0.103 ** (0.000)	0.000 (0.998)	0.038 ** (0.008)	− 0.009 (0.552)
ROA	− 0.065 ** (0.000)	0.013 (0.36)	0.108 ** (0.000)	0.039 ** (0.007)	0.103 ** (0.000)	1	− 0.016 (0.274)	− 0.288 ** (0.000)	− 0.031 * (0.032)
IPM	− 0.006 (0.664)	− 0.041 ** (0.004)	− 0.025 (0.077)	− 0.046 ** (0.001)	0.000 (0.998)	− 0.016 (0.274)	1	0.008 (0.579)	0.001 (0.946)
LEV	− 0.033 * (0.021)	− 0.014 (0.332)	0.044 ** (0.002)	− 0.003 (0.824)	0.038 ** (0.008)	− 0.288 ** (0.000)	0.008 (0.579)	1	0.024 (0.098)
RISK	− 0.007 (0.639)	0.009 (0.539)	0.015 (0.304)	0.013 (0.37)	− 0.009 (0.552)	− 0.031 * (0.032)	0.001 (0.946)	0.024 (0.098)	1

注：** 表示在 0.01 水平（双侧）上显著相关；* 表示在 0.05 水平（双侧）上显著相关；括号内反映显著性。

表4.4　　　　　　　各变量的相关性统计——模型（4.2）

变量	LOAN	POLICY	PROPERTY	POLICY × PROPERTY	GROWTH	ROA	IPM	LEV	RISK
LOAN	1.000	− 0.003	0.050 **	0.051 **	0.017	− 0.065 **	− 0.006	− 0.033 *	− 0.007
		0.817	0.001	0.000	0.224	0.000	0.664	0.021	0.639
DM	− 0.003	1.000	− 0.001	0.348 **	− 0.033 *	0.013	− 0.041 **	− 0.014	0.009
	0.817		0.960	0.000	0.021	0.360	0.004	0.332	0.539
PROPERTY	0.050 **	− 0.001	1.000	0.915 **	− 0.051 **	− 0.023	− 0.007	− 0.010	0.029 *
	0.001	0.960		0.000	0.000	0.102	0.606	0.504	0.045
DM × PROPERTY	0.051 **	0.348 **	0.915 **	1.000	− 0.050 **	− 0.022	− 0.021	− 0.015	0.032 *
	0.000	0.000	0.000		0.001	0.124	0.136	0.290	0.026

变量	LOAN	POLICY	PROPERTY	POLICY × PROPERTY	GROWTH	ROA	IPM	LEV	RISK
GROWTH	0.017	− 0.033 *	− 0.051 **	− 0.050 **	1.000	0.103 **	0.000	0.038 **	− 0.009
	0.224	0.021	0.000	0.001		0.000	0.998	0.008	0.552
ROA	− 0.065 **	0.013	− 0.023	− 0.022	0.103 **	1.000	− 0.016	− 0.288 **	− 0.031 *
	0.000	0.360	0.102	0.124	0.000		0.274	0.000	0.032
IPM	− 0.006	− 0.041 **	− 0.007	− 0.021	0.000	− 0.016	1.000	0.008	0.001
	0.664	0.004	0.606	0.136	0.998	0.274		0.579	0.946
LEV	− 0.033 *	− 0.014	− 0.010	− 0.015	0.038 **	− 0.288 **	0.008	1.000	0.024
	0.021	0.332	0.504	0.290	0.008	0.000	0.579		0.098
RISK	− 0.007	0.009	0.029 *	0.032 *	− 0.009	− 0.031 *	0.001	0.024	1.000
	0.639	0.539	0.045	0.026	0.552	0.032	0.946	0.098	

注：** 表示在1%水平（双侧）上显著相关；* 表示在5%水平（双侧）上显著相关。

4.5.5　差异性检验

1. 不同规模上市公司的差异性检验

本章根据表4.3对企业规模的描述性统计的均值，区分了企业的规模。当企业规模大于等于均值时，定义为大企业；当企业规模小于均值时，定义为小企业。通过上述分类，本章分别对大企业和小企业进行了对比描述性统计（见表4.5）。

表4.5　　　　　　　　　大企业和小企业对比描述性统计

LOAN	样本容量	极小值	极大值	均值	标准差
大企业	2215	− 1.104	2.306	0.037	0.125
小企业	2656	− 1.165	1.008	0.015	0.118

通过对比大规模上市公司和小规模上市公司的借款比例均值，可以看到，大企业的借款比例远远超过了小规模企业。这说明，在相同货币政策影响下，大企业的信贷融资能力较强，这符合假设1。

当然，前文简单用数字的大小进行对比还是远远不够的。因此，选择采用独立样本 T 检验的检验方法，根据企业规模的分类，进行分组对比检验。独立样本 T 检验就是用来检测两组数据均值是否存在显著性差异的一种检验方法。通过对两组数据进行独立样本 T 检验，检验结果如表4.6所示。

表4.6　　　　　大规模企业与小规模企业之间的独立样本 T 检验结果

	方差方程的 Levene 检验		均值方程的 T 检验						
	F	Sig.	t	df	Sig.（双侧）	均值差值	标准误差值	差分的95%置信区间 下限	上限
假设方差相等	5.084	0.024	6.295	4870	0.000	0.023	0.004	0.015	0.029
假设方差不等			6.26	4602	0.000	0.022	0.004	0.015	0.029

在表4.6中，T 检验的结果 P 值也都是小于0.05，这说明大企业组和小企业组的借款比例存在明显差异。规模大的企业的借贷情况与规模小的企业是不同的，不同规模的上市公司在信贷融资方面的确是存在非对称效应的。

表4.5 涵盖了2005～2014年大规模企业和小规模企业的借款情况。但是，在某一年间，不同规模的企业得到的借款情况却无法得知，因此，为了进一步细化研究，本章分析检验了宽松货币政策和紧缩货币政策下大企业与小企业信贷融资的差异性检验，具体检验结果如表4.7和表4.8所示。

表4.7　　　　　货币政策扩张时大小企业银行信贷的独立样本 T 检验结果

	方差方程的 Levene 检验		均值方程的 T 检验						
	F	Sig.	t	df	Sig.（双侧）	均值差值	标准误差值	差分的95%置信区间 下限	上限
假设方差相等	4.544	0.120	7.369	2082	0.213	0.124	0.974	0.115	0.329
假设方差不等			5.84	1400	0.023	0.234	0.195	0.222	0.400

注：表中所指货币政策扩张时是 M2 同比增长率大于17%。

表 4. 8　　　　　货币政策紧缩时大小企业银行信贷的独立样本 **T** 检验结果

	方差方程的 Levene 检验		均值方程的 T 检验						
	F	Sig.	t	df	Sig. （双侧）	均值 差值	标准 误差值	差分的95% 下限	置信区间 上限
假设方差相等	3.054	0.004	7.894	1019	0.000	0.011	0.123	0.023	0.030
假设方差不等			5.54	883	0.000	0.029	0.011	0.056	0.322

注：表中所指货币政策紧缩时是 M2 同比增长率小于 17%。

从表中可以看出，当货币政策扩张时，大企业与小企业在信贷融资方面的非对称性在12%以上的水平上存在的差异（见表4.7）；当货币政策紧缩时，大企业与小企业在信贷融资方面的非对称性在1%的水平存在显著性差异（见表4.8）。这表明，货币政策紧缩时比货币政策扩张时，小企业比大企业更容易产生信贷融资金的非对称效应，即小企业比大企业在货币政策紧缩时更容易产生信贷融资约束，获得银行贷款更加困难。该结论支持假设2。

2. 不同产权性质的上市公司的差异性检验

为了观察不同产权性质的企业融资是否存在非对称效应，按产权性质把总体样本分为国有企业和民营企业两个样本组进行对比分析，其描述性统计数据如表4.9所示。

表 4. 9　　　　　　　国有企业和民营企业对比描述性统计

产权性质	样本容量	极小值	极大值	均值	标准差
国有企业	3590	－ 0.9984	3.401	0.300	0.120
民营企业	1794	－ 1.2095	1.078	0.111	0.146

表4.9显示，国有企业的借款比例明显高于民营企业，超过民营企业63%（按均值计算）。这说明在同样的货币政策影响下，国有企业更容易得到银行贷款，民营企业融资能力较差，在不同的产权性质的企业之间存在融资的非对

称效应。这与假设 2 相符。

为了更加准确地反映不同产权性质的企业融资的非对称效应，同样基于企业的产权性质作出分类，进行了独立样本 T 检验。检验结果如表 4.10 所示。

表 4.10　　　　　独立样本 T 检验结果——按企业产权性质分类对比

	方差方程的 Levene 检验		均值方程的 T 检验						
	F	Sig.	t	df	Sig.（双侧）	均值差值	标准误差值	差分的95% 下限	置信区间 上限
假设方差相等	8.958	0.003	3.479	4869	0.001	0.014	0.004	0.006	0.022
假设方差不等			3.307	1973	0.001	0.014	0.004	0.006	0.022

通过表 4.10 可以发现，T 检验的 P 值均小于 0.05，这就说明两类产权性质的企业的银行信贷情况不同，不同产权性质的企业融资确实存在非对称效应。

表 4.9 中涵盖了 2005～2015 年国有企业与民营企业的借款情况。但是，在某一年间，不同产权性质的企业得到的借款情况却无法得知，因此，为了进一步细化研究，本章进一步对扩张货币政策和紧缩货币政策不同产权性公司信贷融资非对称效应的差异性检验，其检验结果如表 4.11 和表 4.12 所示。

表 4.11　　　货币政策扩张时国有企业和民营企业银行信贷的独立样本 T 检验结果

	方差方程的 Levene 检验		均值方程的 T 检验						
	F	Sig.	t	df	Sig.（双侧）	均值差值	标准误差值	差分的95% 下限	置信区间 上限
假设方差相等	3.334	0.220	7.409	2008	0.112	0.232	1.212	0.111	0.400
假设方差不等			4.564	1480	0.032	0.303	0.322	0.122	0.443

注：表中所指货币政策扩张时是 M2 同比增长率大于 17%。

表 4.12　　　货币政策紧缩时国有企业与民营企业银行信贷的独立样本 T 检验结果

	方差方程的 Levene 检验		均值方程的 T 检验						
	F	Sig.	t	df	Sig.（双侧）	均值差值	标准误差值	差分的95%下限	置信区间上限
假设方差相等	4.108	0.002	5.443	1002	0.000	0.400	0.190	0.046	0.093
假设方差不等			4.594	900	0.000	0.012	0.021	0.012	0.662

注：表中所指货币政策紧缩时是 M2 同比增长率大于17%。

　　从两个表中可以看到，当货币政策扩张时，国有企业与民营企业在信贷融资方面的非对称性在22%以上的水平上存在的差异（见表4.11）；当货币政策紧缩时，大企业与小企业在信贷融资方面的非对称性在1%的水平存在显著性差异（见表4.12）。这表明，货币政策紧缩时比货币政策扩张时，国有企业比民营企业更容易产生信贷融资金的非对称效应，即民营企业比国有企业在货币政策紧缩时更容易产生信贷融资约束，获得银行贷款更加困难。该结论支持假设2。

4.5.6　回归结果分析

　　实证研究中，如果变量之间存在多重共线性，会影响实证结果的有效性。所以本章在进行多元回归前，对所选变量进行了多重共线性检验。检验结果如表4.13所示。由检验结果可以看出，所有变量的方差膨胀因子（VIF）均小于2，说明变量间不存在显著的多重共线性。

表 4.13　　　　　　　　　　多重共线性分析检验结果

检验	DM	SIZE	PROPERTY	GROWTH	ROA	IPM	LEV	RISK
VIF	1.01	1.078	1.052	1.021	1.13	1.003	1.105	1.002

　　在4.5.5一节中，虽然我们根据企业的产权性质和规模作了分组独立样本检验，但是独立样本 T 检验只能反映对单一变量的分析结果，多元回归检验将

考虑其他自变量和控制变量与因变量的相关性。本书以货币政策宽松时期和货币政策紧缩两个时期进行了回归分析。

1. 货币政策紧缩时期的回归结果

基于模型（4.1）和模型（4.2）的拟合优度 $Adj - R^2$ 分别为 0.5466 和 0.6700，说明该方程具有较好的解释力。就借款比例而言（见表 4.14），$DM \times Size$ 反映的是在货币政策紧缩时，不同规模的企业的银行借款情况。回归结果显示它的系数显著为正，说明在货币紧缩时期，规模越大的企业越容易得到借款。本书的假设 1 得到验证。$DM \times Property$（见表 4.15）反映的是国有企业在货币政策紧缩时期的融资情况。它的系数显著为正，说明国有企业在紧缩的货币政策下，获得的信贷融资较多，融资能力强。假设 2 得到验证。在控制变量方面，营业收入增长率、总资产净利润率、资产负债率和风险水平几个变量的实际结果与预期基本一致，但是，利息保证倍数这一指标出现相悖的结果，符号正好相反，有可能是因为，较高利息保证倍数说明企业资金较为充足，借款意愿不强烈。

表4.14　　　　　　　　多元线性回归结果——基于模型（4.1）

模型	非标准化系数		标准系数	t	Sig.
	系数	标准误差			
（常量）	1.848	0.405		4.566	0.000
DM	-14.313	2.630	-1.961	-5.441	0.000
SIZE	-0.084	0.018	-0.799	-4.570	0.000
DM × SIZE	0.666	0.120	2.063	5.543	0.000
PROPERTY	0.000	0.005	-0.001	-0.050	0.960
GROWTH	0.001	0.001	0.026	1.357	0.175
ROA	-0.110	0.029	-0.078	-3.794	0.000
IPM	-7.31	0.000	-0.013	-0.689	0.491
LEV	-0.014	0.009	-0.029	-1.427	0.154
RISK	0.000	0.000	-0.022	-1.133	0.257
$Adj - R^2$	0.5466				

表4.15   多元线性回归结果——基于模型（4.2）

模型	非标准化系数		标准系数	t	Sig.
	系数	标准误差			
（常量）	-0.279	0.065		-4.273	0.000
DM	-0.385	0.279	-0.053	-1.378	0.168
PROPERTY	-0.131	0.050	-0.467	-2.600	0.009
DM×PROPERTY	0.847	0.322	0.480	2.629	0.009
SIZE	0.017	0.002	0.164	8.134	0.000
GROWTH	0.001	0.001	0.030	1.541	0.123
ROA	-0.102	0.029	-0.072	-3.510	0.000
IPM	-5.104	0.000	-0.009	-0.479	0.632
LEV	-0.013	0.010	-0.029	-1.412	0.158
RISK	0.000	0.000	-0.023	-1.223	0.221
$Adj-R^2$	0.6700				

2. 货币政策宽松时期的回归结果

从表4.16和表4.17来看，基于模型（4.1）和模型（4.2）的拟合优度 $Adj-R^2$ 分别为0.5499和0.4598，说明该方程具有较好的解释力。DM×Size反映的是在货币政策宽松时，不同规模企业的银行借款情况。回归结果显示其在10%水平上显著，说明在货币宽松时期，规模越大的企业越容易得到借款。显著性稍差于紧缩时期，与假设1基本一致。DM×Property反映的是如果企业是国有企业，在货币政策宽松时期其融资情况。它的系数为正，说明国有企业在宽松的货币政策下，获得的信贷融资较多，融资能力强。但并不显著，与假设2基本一致。在控制变量方面，营业收入增长率、总资产净利润率、利息保证倍数、资产负债率和风险水平几个变量的实际结果与预期基本一致。

表 4.16 多元线性回归结果——基于模型（4.1）

模型	非标准化系数		标准系数	t	Sig.
	系数	标准误差			
（常量）	0.030	0.201		0.147	0.883
DM	-1.620	1.009	-0.608	-1.606	0.109
SIZE	0.000	0.009	0.001	0.011	0.991
DM × SIZE	0.077	0.046	0.645	1.680	0.093
PROPERTY	0.008	0.006	0.030	1.396	0.163
GROWTH	0.004	0.002	0.043	2.072	0.038
ROA	-0.213	0.032	-0.147	-6.654	0.000
IPM	3.523	0.000	0.001	0.036	0.972
LEV	-0.038	0.007	-0.111	-5.141	0.000
RISK	-1.060	0.000	-0.002	-0.084	0.933
$Adj - R^2$		0.5499			

表 4.17 多元线性回归结果——基于模型（4.2）

模型	非标准化系数		标准系数	t	Sig.
	系数	标准误差			
（常量）	-0.282	0.053		-5.346	0.000
DM	-0.009	0.110	-0.003	-0.080	0.937
PROPERTY	-0.013	0.026	-0.046	-0.499	0.618
DM × PROPERTY	0.109	0.127	0.085	0.853	0.394
SIZE	0.015	0.002	0.146	6.761	0.000
GROWTH	0.004	0.002	0.044	2.105	0.035
ROA	-0.211	0.032	-0.146	-6.594	0.000
IPM	3.442	0.000	0.001	0.035	0.972
LEV	-0.038	0.007	-0.110	-5.080	0.000
RISK	-7.263	0.000	-0.001	-0.057	0.954
$Adj - R^2$		0.4598			

4.5.7　稳健性检验

为了更加准确地验证本章的结论，需要进行稳健性检验。本章用银行同业拆借利率 SHIBOR 替换 M2 的增长率来代表货币政策的松紧程度。再次验证在货币政策的影响下，不同规模和产权性质的企业的银行借款情况是否存在差异。其中，银行同业拆借利率指的是银行间短期资金借贷利率，该利率越高，说明货币政策越紧缩，与 M2 增长率反映的情况正好相反。稳健性检验也分紧缩的货币政策和宽松的货币政策。由于上海同业拆借利率的数据从 2006 年开始，因此，在稳健性检验中，我们采用的研究期间是 2006 ~ 2015 年，在此研究期间，仍然包含货币紧缩与货币宽松时期。稳健性结果如表 4.18 ~ 表 4.21 所示。

表 4.18　　　　多元线性回归结果（紧缩时期）——针对模型（4.1）

模型	非标准化系数		标准系数	t	Sig.
	系数	标准误差			
（常量）	− 0.982	0.186		− 5.273	0.000
SHIBOR	0.140	0.043	1.302	3.259	0.001
SIZE	0.048	0.009	0.460	5.543	0.000
SHIBOR × SIZE	− 0.007	0.002	− 1.413	− 3.355	0.001
PROPERTY	0.002	0.006	0.007	0.342	0.733
GROWTH	0.002	0.001	0.047	2.242	0.025
ROA	− 0.161	0.031	− 0.117	− 5.214	0.000
IPM	− 7.433	0.000	− 0.014	− 0.693	0.489
LEV	− 0.024	0.010	− 0.055	− 2.457	0.014
RISK	0.000	0.000	− 0.021	− 1.031	0.303
Adj − R^2		0.5400			

表 4. 19　　　　多元线性回归结果（紧缩时期）——针对模型（4. 2）

模型	非标准化系数		标准系数	t	Sig.
	系数	标准误差			
（常量）	− 0. 405	0. 050		− 8. 026	0. 000
SHIBOR	0. 003	0. 004	0. 024	0. 577	0. 564
PROPERTY	0. 037	0. 022	0. 133	1. 735	0. 083
SHIBOR × PROPERTY	− 0. 009	0. 005	− 0. 142	− 1. 681	0. 093
SIZE	0. 020	0. 002	0. 192	8. 743	0. 000
GROWTH	0. 002	0. 001	0. 049	2. 317	0. 021
ROA	− 0. 157	0. 031	− 0. 115	− 5. 088	0. 000
IPM	− 5. 966	0. 000	− 0. 012	− 0. 555	0. 579
LEV	− 0. 024	0. 010	− 0. 053	− 2. 400	0. 016
RISK	0. 000	0. 000	− 0. 022	− 1. 076	0. 282
Adj − R^2		0. 3546			

表 4. 20　　　　多元线性回归结果（宽松时期）——针对模型（4. 1）

模型	非标准化系数		标准系数	t	Sig.
	系数	标准误差			
（常量）	− 0. 630	0. 210		− 2. 992	0. 003
SHIBOR	0. 072	0. 058	0. 571	1. 226	0. 221
SIZE	0. 032	0. 010	0. 349	3. 291	0. 001
SHIBOR × SIZE	− 0. 004	0. 003	− 0. 661	− 1. 350	0. 177
PROPERTY	0. 015	0. 007	0. 059	2. 215	0. 027
GROWTH	0. 004	0. 002	0. 051	1. 986	0. 047
ROA	− 0. 325	0. 032	− 0. 274	− 10. 205	0. 000
IPM	− 5. 324	0. 000	− 0. 015	− 0. 571	0. 568
LEV	− 0. 052	0. 007	− 0. 199	− 7. 493	0. 000
RISK	2. 604	0. 000	0. 003	0. 125	0. 901
Adj − R^2		0. 2657			

表 4.21　　　　多元线性回归结果（宽松时期）——针对模型（4.2）

模型	非标准化系数		标准系数	t	Sig.
	系数	标准误差			
（常量）	− 0.363	0.055		− 6.562	0.000
SHIBOR	− 0.004	0.006	− 0.036	− 0.697	0.486
PROPERTY	0.028	0.026	0.108	1.057	0.291
SHIBOR × PROPERTY	− 0.004	0.007	− 0.055	− 0.493	0.622
SIZE	0.019	0.002	0.210	7.892	0.000
GROWTH	0.004	0.002	0.052	2.011	0.045
ROA	− 0.324	0.032	− 0.273	− 10.142	0.000
IPM	− 5.380	0.000	− 0.015	− 0.577	0.564
LEV	− 0.051	0.007	− 0.197	− 7.424	0.000
RISK	3.380	0.000	0.004	0.162	0.871
$Adj - R^2$		0.6546			

方程的拟合优度尚可，说明方程有一定的解释力。上述稳健性检验结果基本与之前的回归结果一致，说明本章的研究结论的稳定性，货币政策对规模不同和产权性质不同的企业的信贷融资的确存在非对称效应。这种非对称效应在货币政策紧缩时期更加明显，在货币宽松时期相对较弱。

4.6　本 章 小 结

本章主要研究了货币政策对企业信贷融资影响的非对称效应。首先，从理论上分析了企业信贷融产非对称效应产生及其影响因素；其次，重点分析了企业规模和产权性质对非对称效应的影响，并提出了相关理论假设；最后，运用统计方法对所提的理论假设进行了实证检验。最终得出如下结论。

1. 企业规模对信贷融资的影响

描述性统计表明，大企业的银行借款比例远高于小企业。无论是宽松的货币政策还是紧缩的货币政策，大企业银行借款的均值均大于小企业。独立样本T检验也发现，规模大的组和规模小的组的借款比例存在显著差异，这说明，不同规模的企业之间在相同的货币政策影响下确实存在信贷融资的非对称效应。

回归结果发现，在货币政策紧缩时期，银行借款比例与企业规模在1%水平显著为正，但在货币政策宽松时期，两者在12%水平显著为正。这说明货币政策对企业融资的非对称效应在紧缩时期更加显著。

2. 企业产权性质对信贷融资的影响

不同产权性质企业的描述性统计表明，国有企业银行借款比例明显高于民营企业。独立样本T检验发现，国有企业和民营企业的借款增长率存在显著差异。回归结果进一步发现，在货币政策紧缩时期，国有企业也有较强的融资能力，国有企业与民营企业之间存在明显的非对称融资效应；在货币政策宽松时期，货币政策对企业信贷融资影响的非对称效应较弱。总之，对不同规模和产权性质的企业而言，货币政策影响企业信贷融资的非对称效应在不同的货币政策下表现出不同的程度：在货币政策紧缩时，货币政策对企业信贷融资的非对称效应更显著；在货币政策宽松时，货币政策对企业信贷融资的非对称效应较弱。

第5章 国家货币政策对上市公司委托贷款的影响

以前学者们主要研究了货币政策传导机制的非对称效应，忽视了其融资的非对称效应。本书第4章研究了货币政策影响企业微观行为的机制——货币政策传导机制，以及在企业融资环节中产生的非对称效应。委托贷款作为一种金融工具，委托人可以用它投资，借款人可以用其融资，在既定的货币政策框架下，必然受到货币政策传导机制的影响。本章将直接探讨货币政策对企业委托贷款的影响。

5.1 引　言

国家颁布相关货币政策调节宏观经济发展，宏观经济政策会对企业信用融资造成影响（陆正飞等，2011；饶品贵，2013），"紧缩货币政策"会抑制企业的外部融资，造成流动性困境（祝继高等，2009）。国家根据宏观经济的发展调整货币政策，这在一定程度上也增加了货币政策的变动频率（陈栋等，2012），货币政策的变更是微观主体企业不可控的外部影响因素，企业只能依据货币政策的变化调整自己的投融资战略。相对于宽松的货币政策，货币政策紧缩时资本市场融资成本节节攀升，具有融资约束的公司更是表现出对资金的强烈需求，此时上市公司发放的委托贷款成为缓解资本市场融资困难的重要渠道之一。那么，在"高利贷"的驱动下，货币政策与委托贷款之间是否存在因果关系？国家货币政策对委托贷款会产生什么样的影响呢？

本章主要研究货币政策对公司委托贷款的影响，共分为五部分，第一部分是引言；第二部分是货币政策影响委托贷款的研究现状；第三部分是货币政策影响上市公司委托贷款的理论分析和假设提出；第四部分是货币政策影响上市公司委托贷款的实证分析；第五部分是本章小结。

5.2 国家货币政策影响委托贷款的研究现状

5.2.1 国外相关研究

国外文献中尚未找到关于上市公司变更募集资金投向进行委托贷款的文章，分析其原因可能是国外资本市场比较发达，监管政策相对完善，变更募集资金用途须遵守相关规定给予充分披露，另外，国外上市公司非常重视公司声誉不会轻易改变募集资金用途，因此，委托贷款在国外并未形成一种社会现象，也未引发学术界的讨论。

5.2.2 国内相关研究

改革开放以来，我国企业投资与货币政策的联系越来越密切（周正庆，1993），关于货币政策对投资的影响方面的研究也逐渐增多。目前这方面的研究包括货币政策对企业投资决策（张西征，2010）、投资规模（叶兵，2007）、投资效率（隋姗姗等，2010）、投资水平（赵晓男和刘宵，2007）等的影响，既有实证研究也有规范研究，但都是针对企业投资总体进行研究。区分投资项目进行研究的，一般都是研究固定资产投资（姜维俊，1996）、房地产投资（周梅，2007；杨兆廷等，2009；姜丽丽，2009）等。现有文献大多研究国家货币政策对上市公司投资的影响，那么国家货币政策究竟是怎样影响上市公司委托贷款的呢？虽然委托贷款是上市公司对外进行投资的一种形式，但却没有单纯研究国家货币政策对上市公司委托贷款的影响的文献。

从20世纪80年代初开始，我国学术界一直就有对委托贷款问题的研究和讨论。但金融学和法律学的研究角度居多，经济学的研究角度较少。其中大部分文献是关于住房公积金委托贷款、商业银行对委托贷款的管理和风险控制、个人委托贷款或委托贷款的法律问题等，与本书所要研究的内容不符。也有几篇关于企业委托贷款的会计处理（王永安，2009）、会计披露（张秀梅，2001）或审计方法（李晓慧，2004）的文章，但专门研究上市公司委托贷款问题的文献只有董萌筱和于鹏飞（2011）、王本哲和邵志桑（2008）、熊燕（2008）等。

目前对上市公司委托贷款问题的关注更多见诸各种媒体报道。在学术界，国内外关于国家货币政策对上市公司委托贷款的影响的直接研究并不多见。总体研究特点表现为：一是数量很少；二是研究方法单一，仅有规范研究（董萌筱和于鹏飞，2011；王本哲和邵志桑，2008；熊燕，2008），并无实证研究；三是研究深度不足，不够深入细致。

5.3　国家货币政策对上市公司委托贷款的影响

第 4 章的研究结论表明，无论货币政策如何，企业信贷融资总是存在非对称效应。当存在企业信贷融资非对称效应时，委托贷款作为企业间除银行信贷融资之外的融资方式之一，可以缓解这种非对称效应。然而，委托贷款既是一种金融工具也是货币政策传导机制中的一个经济变量，货币政策从操作目标到最终目标的实现必然通过委托贷款的传导，也就是说，货币政策会影响企业的委托贷款，那么，货币政策是如何影响委托贷款的呢？将是本章研究的主要内容。

5.3.1　货币政策影响委托贷款的理论分析

1. 货币政策影响委托贷款的路径

货币政策影响委托贷款的路径与货币政策的传导机制相关。首先，由中国人民银行增加（或减少）货币发行量给商业银行等金融机构和金融市场；其次，商业银行等金融机构和金融市场增加（或减少）贷款给企业、居民等非金融部门的各类经济行为主体；最后，非金融部门经济行为主体根据自己的融资约束决定是否从银行借款以及借款金额。由于银行信贷配给制度，形成企业的银行信贷融资的非对称效应①，在信贷配给中占优势的企业将获得相对充裕的资金，可能会投资于委托贷款，成为委托贷款的委托方；在信贷配给中占劣势的企业获得银行信贷资金的数量将相对不足，导致资金紧张，可能会借助委托贷款融资以满足需要，成为委托贷款借方。

所以，货币政策影响委托贷款的路径为：货币政策变化会引起银行信贷的变化进而影响委托贷款。

2. 货币政策对银行信贷的影响

中国的金融配置依然是政府主导的信贷配给模式，银行信用的供给仍然是中国货币政策作用于经济运行主体的主要传导机制②。中国人民银行是货币政策的制定者和商业银行的最终贷款人。商业银行从中国人民银行获得贷款，然后，又将贷款借给最终借款人——企业或居民，此时，商业银行成为中国人民银行—最终贷款人和企业或居民—最终借款人之间的第三方，是贷款人中国人民银行和借款人企业或居民之间融能资金的桥梁。

银行体系在货币传导机制中的作用，根源于其资产、负债经营活动中产生的信用供给增加和减少。银行作用的本质是作为资金供给者和需求者之间的金融中介，通过资产组合转换和期限转换，从个体投资者手中获得资金，再贷款给需要依赖银行融资的借款人。假如中国人民银行的货币政策提高了银行体系的准备金率，则即使在存款来源不减少的情况下，可利用的负债资金来源也将减少，除非银行可以转而寻求其他没有准备要求或受准备要求影响小的资金来源，如资产变现、外部借款、商业票据、股权等。一般而言，中国人民银行的货币政策会引导约束商业银行的信贷行为，使商业银行的信贷行为与中国人民银行的政策保持方向上的一致性：当中国人民银行实行扩张性货币政策时，商业银行也会放松信贷，增加信贷资产在银行总资产中的比重；当中国人民银行实行货币紧缩时，商业银行也会收紧信贷规模，减少信贷资产在其总资产中的

---

① 中国人民银行货币发生规模的增减对企业银行信贷融资的非对称效应没有直接关系，这一点在第5章中已经得到检验。

② 蒋冠. 金融摩擦条件下货币传导机制的微观基础研究 [M]. 中国金融出版社，2006.

比重。所以提出如下假设。

假设 1 货币政策越宽松,银行的信贷规模会越大。

3. 货币政策、银行信贷对委托贷款的影响

委托贷款是以银行为"过桥"的企业与企业之间的借贷关系,它在银行资产负债表之外。从企业融资的角度来看,当企业从其他资本市场和银行渠道的融资受到约束时,委托贷款就变成了银行贷款资金的一种替代,所以银行信贷对委托贷款会产生一定的影响。

银行信贷对委托贷款的影响与银行信贷配给制度相关,特别是银行信贷中的"信贷歧视"。"信贷歧视"将银行贷款对象按可获得贷款的能力与成本进行细化,这决定了不同禀赋的企业从银行获得资金的规模与成本,进而影响了企业可用于委托贷款的资金的规模与成本。按企业信贷融资非对称效应的分析,国有企业和大企业更容易以较低的成本获得较多的银行信贷资金,而且银行有时也愿意主动地把信贷额度配置给他们。此时,这些企业资金会变得比民营企业和小企业相对充裕,就会有较多的资金用于委托贷款。民营企业和小企业由于其他资本市场和银行信贷受到约束时,可能会选择委托贷款获得所需资金。

假设 2 银行信贷规模越大,企业的委托贷款规模应越大;国有企业比民营企业的委托贷款规模更大;大企业比小企业的委托贷款规模更大。

货币政策会影响银行贷款的规模和成本。当货币政策宽松时,银行信贷规模随之扩大,成本也会有所降低,逆向选择和道德风险相对会减轻。银行信贷配给对企业的约束会放松,"信贷歧视"相对缓解,国有企业和民营企业,大企业和小企业从银行获得信贷资金的难易程度和成本的差异会缩小。反之,当货币政策收缩时,会强化国有企业和民营企业、大企业和小企业之间的这种差异。这种差异的变化对委托贷款的影响是:当货币政策宽松时,由于国有企业和民营企业获得资金的规模与成本的差异缩小,资金的宽裕和不足差异也会缩小,所以,对委托贷款的需要变得并不强烈;反之,当货币政策收缩时,国有企业与民营企业、大企业与小企业的资金充裕程度差异被放大,国有企业和大企业资金更加充裕,民营企业和小企业资金更为短缺,所以,委托贷款的需求量更大。

假设 3 货币政策通过银行信贷影响企业委托贷款的小企业比大企业更加明显；货币政策通过银行信贷影响企业委托贷款的民营企业比国有企业更加明显。

5.3.2 货币政策影响委托贷款的路径检验：格兰杰因果关系检验

本章将用格兰杰因果关系检验货币政策委托贷款的路径。

1. 变量的选择与样本数据来源

本部分的数据是 2005～2014 年共 10 年间的年度数据。以 MP 作为我国货币政策替代变量，能更好地反映货币政策的宽松度。该变量的设计借鉴了陆正飞和杨德明基于货币供应量应满足经济总量增长和物价水平增长的假设[①]，引用了程小可等[②]的计算公式：$MP = \frac{\Delta M2}{M2} - \frac{\Delta GDP}{GDP} - \frac{\Delta CPI}{CPI}$，其中，等式右边第一至三项分别代表了广义货币供应增长率、经济增长率和物价水平增长率。货币政策以实际货币增长率衡量，出于量级考虑，本书将其乘以 100，如均值为 5.1，表明我国货币供应量的年平均增长率为 5.1%。MP 越大，货币政策越宽松，MP 越小，表明货币政策越紧缩。与单纯地以 M2 或中国人民银行的准备金率作为货币政策的变量相比，该变量更能反映货币政策与产出的匹配度，更符合本书提出假设的经济本质。

银行信贷（LOAN）以人民币国内贷款余额作为代表变量；委托贷款（E - loan）以上市公司委托贷款期末余额为代表变量。M2、GDP、CPI 和 LOAN 的数据来自中国人民银行官方网站和中华人民共和国国家统计局官方网站。E - loan 来自国泰安 CSMAR 数据库，并根据上市公司公开资料进行了整理（具体标准见 5.3.1）。

2. 格兰杰因果关系检验

（1）稳定性检验。在具体应用协整等理论进行分析时，必须首先分别检

---

① 陆正飞，杨德明. 商业信用：替代性融资，还是买方市场？[J]. 管理世界，2011（4）：6-14.
② 程小可，李浩举，郑立东. 税收规避能够提升企业价值吗？[J]. 审计与经济研究，2016（3）：66-68.

验被分析序列变量是否为 I(1) 的，即是否具有单位根（unit root）。常用的增
广迪基－富勒（augmented dicky-fuller，ADF）检验模型为：

$$\Delta y_t = \beta_1 + \beta_2 t + (\rho - 1)y_{t-1} + \sum_{i=1}^{m} \delta_i \Delta y_{t-i} + \varepsilon_t \qquad (5.1)$$

其中，ε_t 为白噪声，Δ 为差分算子。原假设 H0 是 $\rho = 1$，即 y_t 有一个单位
根，即是非平稳的。t 为趋势因素。本书采用麦金农（Mackinnon）临界值，
Δy_{t-i} 的最优滞后期 m 由 AIC 准则确定。对变量 M2、LOAN 和 E－loan 的单位
根检验结果如表 5.1 所示。

表 5.1　　　　　　　　　　对变量单位根的 ADF 检验结果

变量	ADF－t 值	水平检验结果 检验形式 （C，T，L）	AIC	ADF－t 值	一阶差分检验 结果检验形式 （C，T，L）	AIC
MP	－1.89	（C，T，1）	－7.54	－2.83**	（C，0，1）	－7.48
LOAN	－2.48	（C，T，1）	－5.79	－3.65*	（C，0，0）	－5.84
E－loan	－2.37	（C，T，2）	－6.98	－4.37*	（C，T，1）	－6.80

注：1. 检验形式（C，T，L）中 C、T、L 分别表示模型（1）中的常数项、时间趋势和滞后阶数。
2. ** 、* 分别表示在 1% 和 5% 显著水平下拒绝原假设，即在相应的显著水平下认为变量是稳
定的。

由表 5.1 可知，变量 MP、LOAN 和 E－loan 的水平值在 5% 的显著性水平
上接受原假设 H0，而其一阶差分则拒绝原假设 H0，因此，它们均是 I(1) 的
单位根过程。因此，不能用传统的计量分析方法检验它们之间的关系，应该采
用处理非平稳变量的协整等分析方法。

（2）协整检验。协整检验有助于分析变量之间的长期均衡关系。其基本
思想是，如果两个（或两个以上）的时间序列变量是非平稳的，但它们的某
种线性组合却表现出平稳性，则这些变量之间存在长期稳定关系，即协整关系
（Engle R. F. & Granger C. W. J.，1987）。目前关于协整关系的检验与估计有许
多具体的技术模型，本章采用 Johansen 极大似然估计法，对 MP、LOAN 和
E－loan 之间的协整关系分成三组进行检验，具体检验结果如表 5.2 所示。

表 5.2   MP、LOAN 和 E – loan 协整关系检验

协整变量	最大特征值	似然比	5% 临界值	1% 临界值	假设协整方程数
（E – loan、LOAN、M2）	0. 620412	37. 34389	29. 68	35. 65	None **
	0. 133529	5. 377788	15. 41	20. 04	At most 1
	0. 019445	0. 648021	3. 76	6. 65	At most 2
（E – loan、LOAN）	0. 462993	21. 06538	15. 41	20. 04	None **
	0. 016464	0. 547835	3. 76	6. 65	At most 1
（E – loan、M2）	0. 578528	30. 15513	15. 41	20. 04	None **
	0. 048570	1. 643046	3. 76	6. 65	At most 1

注：1. ** 、* 分别表示在 1% 和 5% 的显著性水平下拒绝原假设。

2. 协整关系的滞后阶数为 2。

3. 原变量序列包含非零均值和线性趋势，但协整方程中仅含截距项。

表 5.2 中，第一组变量协整检验结果表明，E – loan、LOAN 和 MP 之间在 1% 的显著性水平下存在 1 个协整方程。即 E – loan、LOAN 和 MP 之间存在长期稳定关系，具有共同的随机趋势，揭示货币政策和商业银行信贷共同对委托贷款产生影响。第二组和第三组的协整检验表明，E – loan 与 LOAN 之间及与 MP 之间都分别存在着协整关系，揭示出货币政策和商业银行贷款能够分别影响委托贷款。因此，货币政策通过商业银行贷款是影响委托贷款的一个途径。

（3）VAR 模型的格兰杰因果检验。协整检验表明了货币政策通过商业银行贷款影响委托贷款的途径，但是，银行贷款、货币政策和委托贷款之间是否存在因果关系呢？本章采用基于向量自回归（VAR）模型的格兰杰因果关系检验法及方差分解技术检验三者之间的因果关系。使用 VAR 模型的优点在于，它不需要对模型中各变量的内生性和外生性事先作出假定，并且 VAR 模型可以很方便地检验变量间的格兰杰因果关系，对有关变量的外生性进行检验。本书采用的 VAR 动态模型具有以下形式：

$$\Delta E - loan_t = r_1 + \sum \alpha_{1i}\Delta E - loan_{t-i} + \sum b_{1j}\Delta LOAN_{t-j} + \sum c_{1k}\Delta MP_{t-k} + \varepsilon_{1t}$$

$$\Delta LOAN_t = r_2 + \sum \alpha_{2l}\Delta E - loan_{t-l} + \sum b_{2m}\Delta LOAN_{t-m} + \sum c_{2n}\Delta MP_{t-n} + \varepsilon_{2t}$$

$$\Delta MP_t = r_3 + \sum \alpha_{3q}\Delta E - loan_{t-q} + \sum b_{3r}\Delta LOAN_{t-r} + \sum c_{3s}\Delta MP_{t-s} + \varepsilon_{3t}$$

其中，Δ 为差分算子。$V_t = (\varepsilon_{1t}，\varepsilon_{2t}，\varepsilon_{3t})$ 为向量白噪声过程。运用 VAR

模型的关键是滞后长度的选取，而格兰杰因果检验和预测方差分解的结果对滞后长度的敏感性程度又是很大的，因此，本章根据肖（Hsiao，1981）的最终预测误差（Final Predication Error，FPE）准则确定滞后阶数。格兰杰因果关系的检验结果如表 5.3 所示。

表 5.3　　　　　　　　　　　格兰杰因果关系检验结果

	检验项目原假设 H0	F 值	P 值	检验结果
1	LOAN 不是 MP 的原因	0.26008	0.07290	拒绝原假设
	MP 不是 LOAN 的原因	0.28505	0.00421	拒绝原假设
2	E – loan 不是 LOAN 的原因	2.18306	0.34843	不拒绝原假设
	LOAN 不是 E – loan 的原因	1.09659	0.0351	拒绝原假设
3	E – loan 不是 MP 的原因	2.04672	0.14872	不拒绝原假设
	MP 不是 E – loan 的原因	2.24195	0.11866	不拒绝原假设

表 5.3 中的显著性水平表示接受零假设的概率，数字越小，说明自变量预测因变量的能力越强。第一组检验表明 LOAN 与 MP 之间存在互为因果关系，说明我国货币政策与银行信贷之间相互影响，也说明中国人民银行与商业银行之间存在动态博弈的基础，这使货币政策变得非常复杂；第二组表明银行信贷规模是委托贷款产生变化的原因，而委托贷款不会引起银行信贷政策的变化；第三组检验结果表明，在 10% 以下的显著性水平上，货币政策与委托贷款之间并不存在直接的因果关系。但是，货币政策在 11.866% 的显著性水平是委托贷款的原因，因此，货币政策与银行信贷相比，在对委托贷款的影响上具有相对重要性。

（4）预测方差分解。预测方差分解实质上是一个新生计算（innovation accounting）过程，它是将系统的预测均方误差（mean square error，MSE）分解为系统中各变量冲击所作的贡献。在本书中，也就是将实际 E – loan 的增长率 $\Delta E – loan$ 的 h 步预测误差的方差分解为由它自身的新生、信贷变量 $\Delta LOAN$ 的新生和货币政策变量 ΔMP 的新生三者所构成的贡献率，估算系统中各变量的随机新生所作的贡献占总贡献比例随时间变化而变化的特征。具体的分解过程可参考有关文献（乔治·G. 贾奇等，1993）。$\Delta E – loan$ 方差分解结果分别如图 5.1 和表 5.4 所示。

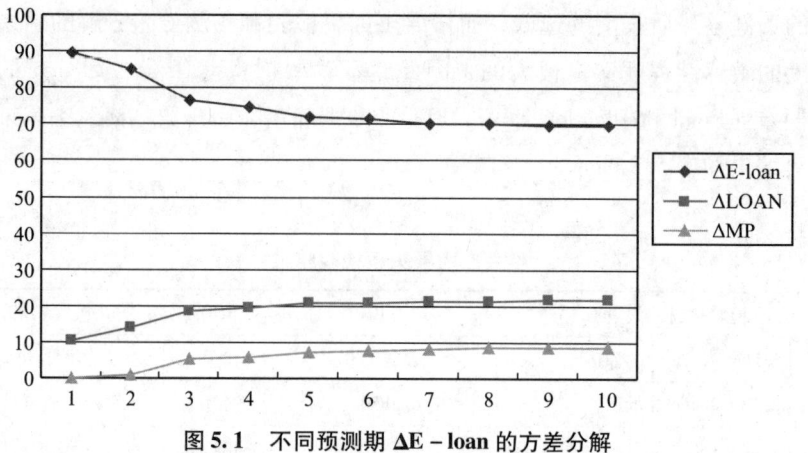

图 5.1   不同预测期 ΔE – loan 的方差分解

表 5.4   不同预测期 ΔE – loan 的方差分解

预测期	预测误差方差的贡献率		
	ΔE – loan	ΔLOAN	ΔMP
1	89. 70383	10. 27685	0. 019322
2	85. 13434	13. 88289	0. 982771
3	76. 26606	18. 36692	5. 367021
4	74. 82300	19. 45011	5. 726891
5	71. 98103	20. 61397	7. 40499
6	71. 27505	20. 99106	7. 733896
7	70. 35822	21. 31360	8. 328180
8	70. 09835	21. 43202	8. 469634
9	69. 81717	21. 52583	8. 65699
10	69. 72999	21. 56229	8. 707723

图 5.1 和表 5.4 表明，在 1～10 的预测期内，委托贷款 E – loan 的增长大部分可由它自己的新生解释，其比例从 89. 70% ～69. 73%。而信贷变量 LOAN 可分别解释从 10. 28% ～21. 56% 的新生，货币政策 MP 可分别解释从 0. 019% ～8. 71% 的新生。因此，我们可以得出这样的结论：在我国，银行信贷和货币政

策都对委托贷款发挥了一定的作用，但相对来说，银行信贷在对委托贷款的影响中占有更重要的地位。这也是与前面格兰杰因果检验的结论相一致的。因此，货币政策对委托贷款的影响途径主要是通过银行信贷政策实现的，但是，也不能忽视货币政策自身对委托贷款的间接影响。

5.3.3　货币政策影响委托贷款的回归分析

1. 模型设计与数据来源

本部分将通过两阶段回归模型检验货币政策对委托贷款的影响。按照前面货币政策对委托贷款影响的理论分析逻辑，第一阶段对货币政策影响银行信贷进行回归；第二阶段对银行信贷对委托贷款的影响进行回归。在此基础上，引进一个带有交叉项的面板回归模型，通过对货币政策和银行信贷的交叉考察货币政策对委托贷款的影响。

为控制变量之间潜在的内生性问题，本章构建了商业信贷规模（LOAN）与委托贷款（E-loan）的联立方程（SEM），并选用三阶段最小二乘法（3SLS）进行估计：

$$LOAN_t = \alpha_0 + \alpha_1 E-loan_{i,t} + \alpha_2 MP_t + \alpha_3 E-loan_{i,t} \times MP_t + \alpha_4 INTERSTR_{i,t}$$
$$+ \alpha_5 LEV_{i,t} + \alpha_6 NPL_{it} + \alpha_7 LNTA_{i,t} + \varepsilon_t \qquad (5.2)$$

$$E-loan_{i,t} = \beta_0 + \beta_1 LOAN_t + \beta_2 MP_t + \beta_3 LOAN_t \times MP_t + \beta_4 SOE_{i,t}$$
$$+ \beta_5 SIZE_{i,t} + \beta_6 CFR_{i,t} + \beta_7 LEV_{i,t} + \beta_8 TAG_{i,t}$$
$$+ \beta_9 ERR_{i,t} + \beta_{10} MBR_{i,t} + \varepsilon_t \qquad (5.3)$$

方程（5.2）是货币政策影响银行信贷的方程。该方程以商业银行信贷规模（LOAN）为被解释变量，以上市公司的委托贷款（E-loan）、货币政策（MP）为解释变量，以商业银行净息差的增长率（INTERESTR）、商业银行不良贷款率（NPL）和商业银行的资产规模的对数（LNTA）等为控制变量。商业银行净息差增长率 =（银行期末净息差 - 期初净息差）/期初净息差，其中，净息差 =（银行全部利息收入 - 银行全部利息支出）/全部生息资产。商业银行净息差增长率、不良贷款率和资产规模来自商业银行的年报数据。货币政策和商业银行的资产规模数据来源于相关各期《中国统计》《中国金融》和《中国人民银行统计季报》。

方程（5.3）是货币政策、银行信贷对委托贷款的影响方程。以 2005～2014 年沪深两市发生过委托贷款的上市公司为研究对象（包括主板和中小板）。以上市公司的委托贷款余额（E－loan）为变量，找出这期间发生委托贷款的上市公司作为观察样本，并按照下列标准进行筛选：（1）剔除金融类的上市公司；（2）剔除 ST 和 PT 的上市公司；（3）剔除财务资料不全的上市公司。经过筛选整理后，最终得到 160 家上市公司的数据，其中，委托贷款相关数据全部手工摘自巨潮资讯网①、新浪财经网的上市公司年报及公告，其他财务数据来源于国泰安 CSMAR 数据库。方程（5.2）和方程（5.3）中的变量数据都为 2005～2014 年的年度数据。

方程（5.3）的被解释变量是上市公司的委托贷款，以上市公司期末委托贷款余额/期末资产总额表示。解释变量是货币政策、银行信贷规模、上市公司性质和规模。借鉴李梅、孙彦娜（2013）等研究成果，将上市公司的委托贷款利率（ERR）、自由现金流量（CFR）、资产负债率（LEV）、主营业务回报率（MBR）、总资产增长率（TAG）等因素加入委托贷款影响模型中，作为控制变量。以上变量，除了货币政策和银行信贷规模之外，均来自国泰安 CSMAR 数据库提供的 160 家有委托贷款业务的上市公司的财务报告和公告。各变量符号及详细定义如表 5.5 所示。

表 5.5 模型中的变量定义

变量类型	变量名	变量	变量定义
被解释变量	委托贷款	E－loan	期末委托贷款余额/期末总资产
解释变量	商业银行信贷规模	LOAN	商业银行年度贷款余额/总资产
	货币政策	MP	$MP = \dfrac{\Delta M2}{M2} - \dfrac{\Delta GDP}{GDP} - \dfrac{\Delta CPI}{CPI}$
	上市公司产权性质	SOE	虚拟变量，国有企业为 1，民营企业为 0
	上市公司的资产规模	SIZE	年初、年末总资产平均数的自然对数

---

① 新浪财经网址：http://finance.sina.com.cn/；巨潮资讯网址：http://www.cninfo.com.cn/。

变量类型	变量名	变量	变量定义
控制变量	委托贷款利率	ERR	委托贷款公告中的利率
	自由现金流量	CFR	上期自由现金流/主营业务收入
	资产负债率	LEV	期初负债总额/总资产
	主营业务回报率	MBR	上期（主营业务收入 – 主营业务成本 – 主营业务税金及附加)/权益
	总资产增长率	TAG	(期末总资产 – 期初总资产)/期初总资产

2. 描述性统计与回归分析

（1）描述性统计。

表 5.6 报告了主要变量描述性统计的结果。我们发现，上市公司的委托贷款的均值（中位数）为 0.198（0.173)，标准差为 2.115，由此可以看出样本公司的委托贷款分布较为分散，不同公司的委托贷款规模存在较大差异。LOAN 的均值（中位数）为 5.110（2.620)，标准差为 5.630，说明商业银行之间的贷款规模差异非常大，可能预示着商业银行的信贷政策存在着较大差异。MP 的均值（中位数）为 1.882（1.508)，标准差为 1.425，表示 2005 ~ 2014 年我国的货币政策相对宽松，但是波动较大。

表 5.6　　　　　　　　　　主要变量的描述性统计

变量	25%分数位	75%分位数	均值	中位数	标准差
E – loan	0.134	0.249	0.198	0.173	2.115
LOAN	2.290	5.250	5.110	2.620	5.630
MP	1.205	2.089	1.882	1.508	2.425

（2）基本回归分析。

表 5.7 中，模型一是根据方程（5.3）演化而来，检验货币政策对银行信贷的影响。从回归结果来看，模型一的拟合优度 Adj – R^2 为 0.432，说明模型对银行信贷有一定的解释力。货币政策（MP）与银行信贷（LOAN）正相关，且在 1% 的统计水平显著，说明国家货币政策越宽松，银行越有可能扩大信贷

规模。假设 1 成立。从委托贷款（E-loan）对银行信贷的影响来看，委托贷款对银行信贷的影响不显著，且影响系数只有 0.001。说明上市公司的委托贷款不会对商业银行的信贷行为产生本质影响。

表5.7 方程（5.2）和方程（5.3）的回归结果

变量	模型一 货币政策对 LOAN		模型二 货币政策对 E-loan		模型三 银行信贷对 E-loan		模型四 货币政策、银行信贷对 E-loan	
	系数	t 值	系数	t 值	系数	t 值	系数	t 值
截距	6.309 ***	15.001	8.494 *	18.736	7.860 ***	20.019	5.443 ***	21.564
E-loan	0.001	4.837						
LOAN					0.499 **	2.676	0.502 ***	1.643
MP	0.160 ***	2.080	0.083	7.483			0.059 ***	3.991
E-loan × MP	0.003	3.332						
LOAN × MP							0.429 ***	5.807
SOE			0.192 *	7.838	0.243 **	6.235	0.198 **	2.000
SIZE			0.273 **	20.827	0.312 ***	24.950	0..587 ***	18.099
CFR			0.303 ***	19.384	0.339 ***	23.290	0.784 **	25.566
LEV	0.322 **	7.811	0.484 ***	5.639	0.426 ***	6.697	0.439 ***	7.655
TAG			0.021	9.944	0.096	17.164	0.056	10.222
ERR			0.605 ***	18.474	0.587 ***	20.190	0.769 **	12.876
MBR			-0.434 ***	11.229	-0.348 *	12.743	-0.298 **	14.212
E-loan								
INTERSTR	0.298 **	2.978						
NPL	-0.234 ***	9.870						
LNTA	0.099 **	8.777						
Adj - R²	0.432	0.335	0.594	0.773				

注：*** 表示显著性水平为 0.001，** 表示显著性水平为 0.01，* 表示显著性水平为 0.05。

模型二是根据方程（5.3）得到，检验货币政策对上市公司委托贷款的影响。该模型的拟合优度 Adj-R² 为 0.335，说明该模型对上市公司委托贷款有一定的解释力。从回归结果来看，货币政策（MP）与委托贷款正相关，但是不具有统计上的显著性。说明货币政策对上市公司委托贷款的影响并不重要。这与前面的因果检验结论相一致。上市公司的性质与委托贷款正相关，且在10%的统计水平上显著，说明国有上市公司的产权性质对委托贷款的影响具有重要性，国有上市公司比民营企业有更多的委托贷款行为。上市公司规模与上市公司委托贷款正相关，且在5%的统计水平上显著，说明上市公司的规模越大，其委托贷款规模越大，这一结论支持假设2。

模型三即为方程（5.2），检验银行信贷（不考虑货币政策）对上市公司委托贷款的影响。该模型的拟合优度 $Adj - R^2$ 为 0.594，对委托贷款具有较好的解释力。从回归结果来看，银行信贷规模（LOAN）与上市公司委托贷款（E-loan）正相关，且在5%的统计水平上显著。说明商业银行的信贷规模越大，上市公司的委托贷款规模越大；上市公司的性质（SEO）和规模（SIZE）与其委托贷款（E-loan）正相关，且分别在10%和5%的水平上显著，说明国有、大型上市公司比非国有、小型公司的委托贷款规模小。结论支持假设2。

模型四是根据方程（5.3）得到的，用以检验货币政策和银行信贷共同对上市公司委托贷款的影响。该模型的拟合优度为 0.773，具有较强的解释力。从回归结果来看，银行信贷（LOAN）和货币政策（MP）都与上市公司委托贷款（E-loan）正相关，且在1%的统计水平上显著。说明宽松的货币政策和银行信贷的扩张都会引起上市公司委托贷款规模的扩大。从银行信贷与货币政策的交乘项（LOAN×MP）的回归结果来看，交乘项与上市公司委托贷款正相关，且在1%的统计水平上显著相关。说明货币政策与银行信贷两者共同对上市公司具有重要影响。从模型一至模型四的拟合优度来看，当货币政策与银行信贷交乘项加入回归模型后，比模型二和模型三对上市公司委托贷款影响的拟合优度有所提高，说明货币政策是通过银行信贷对上市公司委托贷款产生影响，让我们清楚地看到了货币政策对上市公司委托贷款影响的路径：货币政策对上市公司并没有显著影响，货币政策影响商业银行信贷，银行信贷影响上市公司委托贷款，最终，货币政策通过银行信贷影响上市公司的委托贷款。由此可以看出，货币政策与上市公司之间存在着复杂的因果关系，存在内生性可能，使得采用 OLS 进行回归估计出的系数有偏且不一致。而这也正是本文构建联立方程，采用三阶段最小二乘法（3SLS）进行回归得到货币政策影响上市公司委托贷款路径的原因。

（3）进一步研究。

前文的研究表明，不同货币政策通过银行信贷对企业融资约束的非对称效应影响，从而使得货币政策通过商业银行的信贷行为对上市公司的委托贷款产生影响。如果上市公司委托贷款是商业银行信贷的一种替代性外源融资方式，则在企业面临不同的融资约束程度时，其相对边际效应是不同的，由此对上市公司委托贷款的影响也是不同的，即由制度环境或企业自身特征导致的融资约束的不同会对货币政策、银行信贷和上市公司委托贷款的关系产生差异性影响。

①区分规模。为了检验货币政策对不同规模企业委托贷款的影响路径，我们根据公司的资产总额，取前30%的上市公司作为大规模企业，取后30%的上市公司作为小规模的企业，然后，分别进行回归。从回归结果来看，其基本结论与前面研究的结果相同，货币政策对不同规模企业的委托贷款的影响并不显著，而银行信贷对不同规模的企业有着显著的影响。一般来说，规模越大的企业越容易从银行中获得贷款，而规模小的企业可能受到信贷歧视，而更容易产生融资约束，更倾向于企业之间的委托贷款。从货币政策与银行信贷的交乘项来看，货币政策通过银行信贷影响企业委托贷款的路径大企业比小企业更加明显，结论支持假设3。

②区分产权性质。已有研究证明，在我国特殊的制度环境下，国有企业与民营企业面临着不同的融资约束和金融环境。对此，我们区分产权性质进行了拓展性检验，结果如表5.8所示。在国有企业样本中，货币政策（MP）与银行信贷（LOAN）交乘项的系数在1%的水平上显著为正，说明银行信贷与国有上市公司的委托贷款间的关系随货币政策的不同而不同。而在非国有样本中，银行信贷（LOAN）与上市公司委托贷款价值显著相关，而货币政策、货币政策与交乘项的系数并不显著，说明非国有上市公司中货币政策与其委托贷款的关系并不受货币政策的影响。因产权性质而产生上述差异性结果的原因可能是在我国以银行信贷为主导的特殊金融体制下，银行对民营企业存在明显的"信贷歧视"，导致民营企业在发展过程中普遍遭遇严重的"融资饥渴"问题，而这种资金紧张的状况即使在货币政策宽松时期也并没有完全缓解。由此看来，在国有企业中，货币政策通过银行信贷影响上市公司的委托贷款的路径，比民营企业的影响更加明显，结论支持假设3。

表 5.8　货币政策、银行信贷与委托贷款：区分规模、产权性质和地区金融发展程度

	大型上市公司（30%）		小型上市公司（30%）		国有上市公司		非国有上市公司		金融市场化程度高		金融市场化程度低	
	系数	T 值	系数	T 值	系数	T 值	系数	T 值	系数	T 值	系数	T 值
截距	5.847***	4.193	3.996***	7.043	7.946***	24.029	11.677***	17.043	7.468***	20.242	10.496***	17.140
LOAN	0.244***	3.239	0.120**	2.097	0.311***	4.578	0.200**	2.179	0.376***	2.226	0.217***	0.748
MP	0.074	5.839	0.003	1.080	0.092**	7.745	0.002	0.080	0.088	-6.341	0.068	3.819
LOAN×MP	0.029*	8.473	0.088**	2.321	0.529*	9.538	0.168**	1.612	0.145*	8.137	0.210**	-2.389
控制变量	控制		控制		控制		控制		控制		控制	
Adj - R^2	0.398		0.292		0.219		0.180		0.190		0.312	

注：1. *** 表示显著性水平为 0.001，** 表示显著性水平为 0.01，* 表示显著性水平为 0.05。
2. 扩展检验部分不再报告方程回归结果。

③区分地区金融发展程度。在前面的研究中，我们并没有考虑金融发展程度对货币政策、银行信贷和委托贷款的影响。从理论上讲，金融发展较好的地区，货币传导机制比较畅通，上市公司面临的融资约束较低，"信贷歧视"较弱，则企业间的委托贷款可能会减少。为进一步检验这一问题，我们按照樊纲等披露的各地区"金融市场化指数"，采用两分法，把样本公司分为"市场程度化高"和"市场程度化低"两组，考察不同制度环境下货币政策与上市公司委托贷款的关系，结果如表5.8所示。无论在金融市场化程度较高还是较低的样本组里，银行信贷都是影响上市公司委托贷款的一个重要因素，而货币政策对上市公司的影响并不显著。且金融市场化程度低的样本组比金融市场程度化高的样本组的显著性高，并且前者的拟合优度优于后者。这说明，在金融市场程度化低的情况下，货币政策通过银行信贷影响委托贷款的路径更为明显。

5.4 本章小结

本章从理论上分析了货币政策影响上市公司委托贷款的路径，以及货币政策是如何影响上市公司委托贷款的。研究结果表明，货币政策通过商业银行信贷影响上市公司的委托贷款。银行信贷对委托贷款的影响是直接且显著的，货币政策对委托贷款的影响并不显著，但是，当加入银行信贷后，这一影响变得显著，说明货币政策是通过银行信贷发挥作用影响委托贷款的。

货币政策影响委托贷款的路径因企业的产权性质、规模和金融发展程度不同而异。一般来说，货币政策通过银行信贷影响委托贷款，规模小的企业比规模大的企业显著；民营企业比国有企业显著；金融市场化程度低的比金融市场化程度高的显著。

第6章 上市公司委托贷款对其
实体投资效率的影响

第5章的研究结论表明，从宏观上看，货币政策的松紧会影响企业委托贷款的数量与操作方向。其实这种影响是企业以其利益最大化为目的运用委托贷款的一种经济后果的表现。即当企业带有特定目的，把委托贷款作为一种金融工具运用时，会产生一定的经济后果。第6章至第8章将研究委托贷款产生的经济后果。企业的委托贷款可分为对企业集团外部委托贷款（称为对外委托贷款）和企业集团内部委托贷款（称为对内委托贷款），两者委托贷款的目的不同，产生的经济后果也可能不同。在研究上市公司对外委托贷款的经济后果时，我们主要关注它对公司实体投资和实体经营的影响。本章研究的是上市公司对外委托贷款产生的经济后果。主要研究上市公司委托贷款对其实体投资是否有效率。这种效率将会影响社会实体经济运行的效果。

6.1 引　言

由于商业银行的信贷歧视、公司资信低等原因，一些企业既不能从商业银行获得足够的贷款，也不能通过资本市场发行股票筹集资金，出现了"资金饥渴症"，这些企业面临较大的资金短缺压力，而又缺乏有效的融资渠道，它们只能把目光转向企业之间的资金借贷。但是，在我国禁止企业间直接资金借贷。如果企业间存在资金供求关系，必须通过银行委托贷款，以满足企业间资金的流动性需求。毕竟通过银行委托贷款受到的监管、对委托人和借款的限制性条款又不像从商业银行发放贷款那样严格，所以，资金短缺的企业开始寻求向资金盈余企业筹资的渠道，其中，委托贷款便是不错的渠道之一。

相对于中小企业等非上市公司而言，上市公司可以从银行获得较多的信用额度，可以通过股票市场发行股票筹集大量资金，也能够通过自我经营创造较多的现金流，因此，无论是从筹资渠道的广度上，还是从自我资金的创造能力上，整体上都优于非上市公司，资金相对来讲要充裕一些，可以为资金短缺的企业提供借贷资金，尤其是面对高息诱惑时，这种动机会变得强烈，甚至形成委托贷款"依赖症"，变得"不务正业"，忽视其主业经营，决策也变得短视。如李梅和孙彦娜（2013）所认为的那样，很多上市公司在从事委托贷款业务时存在短期行为，未能充分考虑公司的长远发展，在追逐高额利润的过程中存在一定的盲目性。在高额利润的驱动下，上市公司较多地利用资金发放委托贷款，这种行为是否会影响上市公司的实体经济投资效率从而导致非效率投资？相对于无发放委托贷款业务的公司，有委托贷款业务的上市公司实体投资效率会更低吗？本章将对这些问题作出回答。

本章首先在回顾委托贷款对公司投资效率的研究文献基础上，运用现金流量假设等理论分析了委托贷款对公司投资效率的影响，并提出待检验的假设；其次以 2001~2013 年沪深上市公司为样本数据来源，运用统计回归的方法检验了这些假设；最后根据实证结论提出了相关的政策性建议。

6.2　上市公司委托贷款对其投资效率的影响文献综述

如第 4 章所述，由于国家货币政策的传导机制导致了企业融资的非对称效应，而这种非对称效应又推动和加剧了委托贷款业务的发展，第 5 章的研究进一步证实了货币政策对委托贷款的这种影响。根据此前学者的研究，货币政策的非对称效应主要表现为企业投资的非对称效应。于是，问题的逻辑可能是：货币政策—企业筹资—委托贷款—企业投资。因此，如果委托贷款业务影响企业投资效率，其起点是国家货币政策，所以我们要梳理一下国家货币政策对企业投资效率的影响研究。

6.2.1　货币政策影响上市公司投资效率的文献综述

我国学者李广众（2000）、尚煌和王慧（2008）在研究货币政策与投资两者之间的关系时，使用利率衡量货币政策，研究均发现实际利率的降低有利于促进投资增长。刘金全（2002）研究发现，实际产出随着货币政策从紧显著降低，作用效果明显于扩张性货币政策对产出的影响。陈建斌（2006）的研究则发现，中国扩张性的货币政策对产出没有影响，而紧缩性货币政策能有效影响产出。张亦春和李晚春（2015）以 2008～2012 年中国 A 股上市公司的数据为样本进行的研究发现宽松的货币政策能够抑制投资过度并缓解投资不足，紧缩的货币政策却加剧了投资过度和投资不足；货币政策紧缩时，未预期的风险投资者能够有效抑制企业的非效率投资，而在货币政策宽松时，这一作用并不显著；货币政策宽松时，未预期的风险投资者与机构投资者相互作用，共同抑制上市企业的过度投资行为。王义中和宋敏（2014）的研究表明，宏观经济不确定性对公司投资行为产生影响，且通过外部需求、流动性资金需求和长期资金需求起作用，且这种作用会受预期因素影响，在不同经济周期、股东性质、行业性质和融资约束公司中表现有差异。季伟伟、陈志斌和赵燕（2014）研究发现，宏观货币政策存在非对称性效应，并且提供了企业微观层面的证据。从中央政府政策的角度来看，当试图采用宽松货币政策增加银行信贷规模，从而使企业扩大投资时，在某种程度上这样的政策反而增加了企业陷入财务困境的可能性。而在宽松货币政策结束时，基于投资滞后性和不可逆性，更是加剧了货币政策紧缩的负面冲击，所以有些情况下过度宽松的货币政策对企业是不公的。

刘星、张超和郝颖（2014）的研究指出，货币政策对企业投资既存在供给效应又存在需求效应，具体表现为：货币供给量越大，企业投资对现金流的敏感性越低；货币价格越低，企业投资对现金流的敏感性反而越高。货币供给量对融资约束较强的企业具有更强的影响，而货币价格对融资约束较弱的企业具有更强的影响。目前我国货币政策市场化程度不高，信贷渠道仍然是主要的政策传导渠道，因此，在根据经济环境的变化及时、正确地制定利率政策和充分发挥信贷渠道作用的同时，应进一步完善我国金融市场体系，增强货币政传导机制的市场化程度，以提高货币政策决策的灵敏性和有效性。

还有一些学者从融资约束视角出发研究货币政策对投资效率的影响。龚光明和孟渐（2012）从融资约束视角出发剖析货币政策如何改变微观企业投资行为。研究发现，融资约束越强，货币政策对企业投资行为影响越大；货币政策越紧，融资约束越强，公司的投资行为受到的抑制越大；宽松的货币政策促进投资，紧缩的货币政策抑制投资。申慧慧等（2012）、孔祥等（2012）、柳瞳（2013）以民营企业融资约束为对象研究货币政策对投资效率的影响，得出宽松的货币政策缓解了民营企业融资约束；环境不确定性会影响民营企业投资；投资机会干扰了宽松的货币政策对民营企业投资效率的影响。

公司投资受经济周期变化和国家宏观经济政策等宏观环境因素的影响，所以，许多学者把宏观货币政策作为既定的制度框架，研究在这一特定框架内公司微观因素对投资效率的影响。姜国华和饶品贵（2011）认为，投资效率不仅受经济周期变化和货币政策等宏观因素的影响，还会受到公司内部微观因素的影响。投资决策对于上市公司的生存和发展至关重要，微观上的公司投资效率，不仅决定了公司的价值，还构成了整个宏观经济的微观基础。应惟伟（2008）研究了不同的经济周期对投资现金流的敏感性影响，通过对比不同经济周期的投资现金流敏感性差异，探索了从宏观经济环境出发研究企业投资行为。陈艳（2013）实证研究了宏观经济环境如何影响公司的投资机会和投资效率，将宏观经济政策与微观企业投资效率相结合。研究发现，在经济周期紧缩阶段，公司投资机会和投资支出明显降低，公司投资支出和投资机会的敏感性显著降低，进而降低了投资效率；经济周期紧缩阶段加剧了公司的融资约束。罗琦等（2007）认为，融资约束与过度投资会引起企业投资支出与内部现金流两者密切相关。马国臣等（2008）从现金流高敏感性出发研究制造业上市公司投资，认为上市公司投资与现金流之间显著正相关，共分为低成长机会—高现金流以及高成长机会—低现金流量两大样本组，均表现出灵敏的投资—现金流敏感度。以上学者均从投资现金流敏感性角度出发，集中研究微观经济层面企业的投资行为，认为企业投资支出与内部现金流密切相关。邱静（2014）研究发现，投资机会作为企业投资行为及效率的重要影响因素之一，在货币政策宏微观传导过程中起着至关重要的作用。在经济紧缩时期，由于消费者对收入的预期下降，从而需求下降，市场走向萎缩，企业面临的投资机会减少；相反，在经济扩张时期，企业投资机会明显增加，宏观经济环境直接冲击着企业投资行为。杨俊杰（2015）认为，影响投资价值的因素，既包括公司净资产、盈利水平等内部因素，也包括宏观经济、行业发展、市场情况等各种外部因素。

随着经济环境和业务的日趋复杂，往往是宏观因素和微观因素叠加到一起对企业投资效率产生影响，而不是一方面单独产生影响，所以越来越多的学者把宏观和微观两个因素纳入统一的研究框架内去研究影响企业投资效率的因素。林朝颖和黄志刚（2015）研究发现，货币政策制定者在决策过程中应纳入微观企业风险感知及响应的考量，将宏观审慎政策框架由金融系统拓展至实体经济领域，对企业实施逆周期的动态监管，从防范系统性风险角度指导企业构建与货币政策相协调的风险管理体系，使企业在宽松货币政策环境下能更加主动地控制风险，在紧缩货币政策时期不过于保守，以维护宏观经济的长期稳定运行。

宣扬和杨中军（2012）从现金股利分配视角出发，检验了货币政策、现金股利分配和投资水平之间的关系，发现股利分配降低了上市公司的投资水平，且这一效应在货币宽松期更为强烈与显著，货币紧缩期间内的股利分配与投资水平并无显著相关关系。

总体而言，基于宏观经济层面分析，多数学者研究表明宽松的货币政策会增加投资支出，紧缩的货币政策会减少投资支出；基于微观经济层面分析，多数学者研究表明投资支出与内部现金流密切相关；基于宏观经济环境与微观企业投资行为结合分析，还有一些学者从融资约束出发研究货币政策与民营企业投资效率两者之间的关系，研究表明宽松的货币政策会改善民营企业外部融资环境、促进投资，紧缩的货币政策会加重公司面临的融资约束、抑制公司投资。

6.2.2 委托贷款的相关研究现状

委托贷款是我国经济发展的特定产物，通过第 2 章中关于委托贷款的法律演变可以看出，它是通过《贷款通则》规定产生的一项法定业务，因此，在国内，从经济学角度研究委托贷款主要从动因和风险管理两个方面进行。

1. 委托贷款的动因分析

委托贷款的动因可以分为两类：一是由于资本市场的需求量大，许多中小企业为了得到资金进行生产和运营，不惜花费高额的利率获取资金；二是由于上市公司融资便利，能够迅速、持续地聚拢资金，再加上资本市场利率飙升，上市公司通过委托贷款，能够轻松、便捷地获得高额的回报。

2. 委托贷款的风险分析

上市公司委托贷款风险指的是上市公司通过开展委托贷款业务，导致企业收益以及损失的不确定性（范晓晨和金燕华，2014）。贺强（2011）指出，上市公司发放委托贷款的利率的确很高，但是其潜藏的风险也非常大，主要表现是发放委托贷款带来良好业绩的不可持续性。张晓彬（2014）也指出，由于资金需求方均是面临正常信贷困难且资金链较紧张的企业，虽然委托贷款在短期内延缓了其资金问题，但其资金链脆弱的问题并没有彻底性的转变，潜在的到期偿还风险仍很高。周长青（2012）[①] 认为，上市公司委托贷款的逾期现象、被迫频繁展期，甚至涉讼事件，都揭示出委托贷款的高风险性。公司不应片面地追求委托贷款的高利息收益而不顾其中的风险。张继德（2012）表示，如果接受委托贷款的企业未能用借来的委托贷款获得高于委托贷款利率的收益，甚至出现了亏损等可能导致委托贷款逾期、展期等不利后果，这对放贷上市公司、借贷人和银行这三方而言，意味着利益、信用及声誉等的多重风险，甚至会影响中国整个社会的安定、诚信与和谐。董萌筱和于鹏飞（2011）认为，上市公司大量发放委托贷款放大了出借方的回款风险，更重要的是干扰了国家宏观调控政策的执行，例如，一方面国家实行紧缩货币政策，但另一方面上市公司可能将从投资者募集来的资金通过发放委托贷款给一些急需资金的民营或中小企业，这样会使国家的宏观调控政策化为无形，干预其政策效果。洪银玉（2014）分别从委托贷款资金流向难以控制、利率水平难以管控、存在资金链断裂风险以及委托贷款异常增长潜藏实体经济空心化风险等四个方面概

---

① 《沪市上市公司 2011 年委托理财和委托贷款情况分析》，上海证券交易所资本市场研究所年报专题小组，周长青执笔。

括了委托贷款的潜在风险。

从委托贷款产生的法律渊源来看，它的产生有利于企业间直接贷款风险的防范。时波（2015）研究发现委托贷款具有双重属性即金融属性与法律属性，从金融属性来看委托贷款起到了保护资金安全以及资金合理运用监督的作用，为资金合法借贷提供了保障。目前市面上的委托贷款利率远远高于银行同期贷款利率，借款企业面临巨额的利息负担，增加了财务风险。一旦借款企业无力偿还，发放委托贷款的企业将很难收回利息，甚至丢失本金、导致资金链断裂、影响企业可持续经营（黄龙瑞，2006；王本哲和邵志桑，2008）。发放委托贷款的上市公司并非金融类企业，缺乏专业放款能力，不仅委托贷款经营不善影响实体经济发展，同时还抬高社会融资成本（董荫筱和于鹏飞，2011）。对于委托贷款产生风险的原因，杨正辉（2014）认为，首先是法律关系复杂，优先受偿权分配不合理，受托的银行获得了抵押权而提供贷款资金的委托企业却没有；其次是权责不一致，资金安全隐患严重，委托企业与受托银行之间权责不一致，对于委托方来说，面临着巨大的借贷风险。

6.2.3　文献述评

国外学者主要基于宏观经济层面研究货币政策对投资效率的影响，国内研究货币政策对投资效率的影响，开始主要集中在宏观经济领域，并逐渐实现宏观经济与微观企业投资行为的结合。对于货币政策如何影响投资效率以及两者之间的关系，学者们普遍赞同宽松的货币政策降低了企业的融资约束，紧缩的货币政策加重了企业的融资困境。学者们在研究货币政策与投资效率之间的关系时，更多的是从融资约束角度出发，但值得思考的是，我国实行信贷从紧的货币政策，这让不少企业陷入融资困境；相反，具有大量存款的企业又面临投资理财的困惑。供求双方为逐利求得双赢，很有可能不约而同地选择委托贷款。因此，在宏观货币政策的大背景下，从委托贷款的角度出发思考发放委托贷款企业的投资效率具有很强的现实意义。

国内已有的文献主要用规范研究方法围绕委托贷款的形式与实质、动因及风险方面进行了初步探索。基于提高企业"闲置资金"使用效率的目的，委托贷款应运而生，但是越来越多的上市公司开始偏离主业，成为传说中的"高利贷倒爷"。然而针对上市公司本身，巨额资金流出企业流入"放贷"市场，在短期获利的同时也带来了巨大的风险：一方面是在"侵蚀"国家的产业政策；另一方面是上市公司偏废主营业务。为了追逐高额利润，非金融类公司发放委托贷款会扰乱市场、动摇产业根基，而且这种资源错配已经不仅仅是上市公司本身的问题，而是处于转型中整个中国经济需要面对的问题（尚秀琳，2008）。董萌筱和于鹏飞等学者虽然提出上市公司热衷委托贷款影响实体经济，但是并未进行深入探讨委托贷款对上市公司实体经济投资效率的影响。然而目前为止未见有学者实证分析上市公司发放委托贷款对其实体经济投资效率的影响，因此，本书采用实证与理论相结合的研究方法，全方面分析两者之间的关系很有理论意义和现实意义。

6.3 上市公司委托贷款影响其投资效率的理论分析和研究假设

6.3.1 自由现金流假说理论

代理成本理论起源于 20 世纪 70 年代，基于信息不对称和理性人假设，迈克尔·詹森和克利福德·史密斯（Miehael C. Jensen and Clifford W. Smith，1973）融合了产权理论、代理理论和财务理论，深入剖析企业资本结构以及组织结构问题，奠定了代理成本理论在现代公司财务理论中的基础地位。其代表作《企业理论：管理行为、代理成本与所有权结构》在《财务经济学刊》上的发表标志着代理成本学说的创立。

基于现实情况，詹森借鉴施蒂格利茨（1972）、约瑟夫（Rozeff，1982）、伊斯特布鲁克（Easterbrook，1984）、格罗斯曼和哈特（Grossman and Hart，1980）的研究成果，将代理成本学说扩展到公司理财和组织设计中，产生了自由现金流量理论（即 FCF 理论），其主要论述了在股东与管理者之间的代理成本问题。20 世纪 80 年代詹森发表的《自由现金流量的代理成本、公司财务与收购》一文中提出自由现金流量的含义。即企业在满足了净现值大于零的所有项目所需资金后的那部分现金流量。理论上，出于股东利益、公司价值最大化的考虑，当企业存在自由现金流时，应分发红利或者进行股份回购。换而言之，应杜绝股东以低于资本成本的收益率将闲置资金进行投资，或者在低效率的组织中耗费，一旦出现这种情况应"促使管理者吐出这些现金"。

6.3.2　自由现金流假说的发展

20 世纪 80 年代中后期至 90 年代中期更多学者投入 FCF 理论①的研究，研究文献日益丰富，研究内容主要概括为：FCF 概念的辨析；FCF 代理成本存在性论证；詹森的负债控制效应及并购观点检验等。

20 世纪末自由现金理论得到了广泛的研究，使得研究成果得以完善。首先，从研究视角上全面考虑了内外部环境带来的影响；其次，在研究方法上丰富了信息不对称理论；最后，在研究地域上，无论是发达国家还是发展中国家的学者都开始了自由现金流问题的研究，对这一问题从理论和实践出发作了深入探讨。尽管詹森深入研究了公司治理结构，但未曾对其进行深入剖析。自由现金流代理问题要想从本质上得以解决，必须从内部视角出发，在实践中完善公司治理结构和各层次的契约合同。因此，众多学者纷纷开始探讨公司内部制衡问题，研究代理成本如何受其影响。此外，很多学者也开始考察外部因素，如资本市场发展情况、法律制度等，把研究拓展到公司的新领域——最佳现金持有量。

6.3.3　研究假设

根据詹森的自由现金流假说，企业在产生大量自由现金流量时，管理者会更倾向于浪费现金行为和不明智地使用自由现金流，进而导致投资的边际效率降低。由于委托贷款具有高收益性和缺乏监管的便利性，成为现金流充裕企业的一种投资产品，因此，在追逐高额利润的驱动下，上市公司会增加委托贷款

---

① FCF 是 Free Cash Flow 的简称，中文译为自由现金流。

的发放量，导致公司在一定时间大量自由现金流出。然而上市公司的资源在一定范围内是有限的，委托贷款发放量的增加会挤占实体经营资金的数量，其经济后果可能是，公司为追求短期高收益，荒废实体经营，使公司决策不再具有战略高度，损害公司长期可持续发展能力，进而降低公司价值。相对于没有发放委托贷款的上市公司，发放委托贷款的上市公司更多地表现为对实体经济的投资不足，而投资不足只是非效率投资的一种。上市公司发放委托贷款会影响公司的投资效率，引发非效率投资，因此，相对于无委托贷款业务的公司，有委托贷款的上市公司投资效率会更低。我国学者周文娟（2013）研究证券投资对实体经济投资效率的影响，其研究结果表明，证券投资会减少对实体经济的投资，造成投资不足。证券投资与委托贷款同属于虚拟经济的投资，由此，我们提出如下假设。

假设 1　相对于无委托贷款业务的上市公司，有委托贷款业务的上市公司投资非效率更为严重。

假设 2　上市公司委托贷款与其投资效率负相关。

6.4　上市公司委托贷款影响其投资效率的实证分析

6.4.1　样本选取与数据来源

本章以 2001～2013 年沪深两市上市公司为研究对象（包括主板、创业板和中小板），以该期间发生委托贷款业务的上市公司为研究样本。从一直未发生委托贷款业务的上市公司中找出其配对样本，并按照下列标准进行筛选：(1) 剔除金融类的上市公司；(2) 剔除 ST 和 PT 的上市公司；(3) 剔除财务资料不全的上市公司。经过筛选整理后，最终得到 160 家上市公司的数据，其中委托贷款相关数据全部手工摘自巨潮资讯网、新浪财经网的上市公司年报及公告，其他财务数据来源于国泰安 CSMAR 数据库。

6.4.2　模型构建与变量设计

1. 模型构建

首先，本章根据理查森（Richardson，2006）模型，构建模型（6.1），检验上市公司是否存在非效率投资行为。残差如果大于 0，表示过度投资；如果小于 0，表示投资不足。

$$\frac{I}{K_{t-1}} = \partial_0 + \partial_1 Growth_{t-1} + \partial_2 (\Delta S)_{t-1} + \partial_3 Size_{t-1} + \partial_4 Ret_{t-1}$$

$$+ \partial_5 \frac{I}{K_{t-2}} + \sum Industry + \sum Year + \varepsilon \tag{6.1}$$

其次，根据杨清香等（2010）的研究，以公司成长性（SG）、资产负债率（Lev）、现金流量（CF）、国有与否（SOE）、大股东持股数作为控制变量，以是否发生委托贷款（EL）作为自变量，INV 作为因变量，构建模型（6.2）对上市公司非效率投资进行回归分析，观察委托贷款是否对投资效率具有影响以此检验本书假设。

最后，用委托贷款金额（ELM）、委托贷款利率（ELI）作为是否委托贷款（EL）的替代变量作了稳健性检验，检验委托贷款金额、委托贷款利率对非效率投资的影响。同时置前、滞后一期对比委托贷款前后投资非效率是否明显变化做进一步稳健性检验。

$$UnderINV_t (overINV_t) = \beta_0 + \beta_1 EL + \beta_2 SOE_t + \beta_3 CS_t + \beta_4 CS_t^2 + \beta_5 MS_t$$

$$+ \beta_6 CRS_t + \beta_7 IS_t + \beta_8 SR + \beta_9 DAP_{t-1} + \beta_{10} DLDQ$$

$$+ \beta_{11} (\Delta S)_{t-1} + \beta_{12} Q_{t-1} + \beta_{13} (CF/K)_{t-1}$$

$$+ \sum Industry + \sum Year + \varepsilon \tag{6.2}$$

2. 变量设计

本章的目的是研究上市公司委托贷款对其实体经济投资效率的影响，因此，因变量是上市公司实体经济投资效率，自变量是上市公司是否委托贷款。因变量用当年固定资产原值、工程物资和在建工程的增加值与当年年初固定资产原值之比来衡量上市公司的投资支出，公司实际投资水平与估算的预期投资水平之差大于零的部分表示过度投资，小于零的部分代表投资不足。关于上市公司是否发放委托贷款，本章设置了虚拟变量，上市公司当年发放委托贷款取1，否则取0。为进一步研究是否发放委托贷款对上市公司投资效率的影响，本章进一步选取了委托贷款金额和委托贷款利率进行回归检验。在控制变量选取上借鉴了杨清香（2010）等采用的投资效率影响因素研究模型，以公司成长性、现金流量、公司规模、股票收益、产权性质等作为控制变量。具体变量定义如表6.1所示。

表6.1 变量定义

变量类型	变量符号	变量名称	变量解释
因变量	I_t/K_{t-1}	投资支出	当年固定资产原值、工程物资和在建工程的增加值与当年年初固定资产原值之比
	$UnderINV_t$	投资不足	当年的投资不足，等于模型（1）中小于0的回归残差的绝对值
	$OverINV_t$	投资过度	当年的过度投资，等于模型（1）中大于0的回归残差
自变量	EL	委托贷款	发生委托贷款为1，否则为0
	ELI	委托贷款利率	当年发生委托贷款的年平均利率
	ELM	委托贷款金额	当年发生委托贷款的金额
控制变量	$(\Delta S)_{t-1}$	当前成长性	当前成长性，用前一年度的销售收入增长率来表示
	Q_{t-1}	未来成长性	未来成长性，即当年初TobinQ值，计算公式为：Q=（公司权益市场价值+公司负债面值）/公司总资产的账面价值=（全年平均股价×流通股数量+非流通股数量×每股净资产+有偿负债的账面价值）/总资产的账面价值
	$(CF/K)_{t-1}$	现金流量	当年初现金持有量与固定资产原值之比
	$Size_{t-1}$	公司规模	当年初总资产的自然对数
	Ret_{t-1}	股票收益	前一年度的股票年度回报率
	SOE_t	国有与否	虚拟变量：第一大股东为国有，则为1，否则为0
	CS_t	第一大股东持股	当年第一大股东持股比例

续表

变量类型	变量符号	变量名称	变量解释
控制变量	MS_t	董事会与总经理持股比例之和	当年董事会持股比例和总经理持股比例之和，是从股东代表人的角度来考虑的，剔除了公司实际控制人既是股东又是董事长或总经理的持股比例
	CRS_t	第二到第五大股东持股	当年第二到第五大股东持股比例，即 CR-5 指数
	IS_t	机构投资者持股	当年机构投资者持股比例
	SR_t	控制权与现金流权分离度	当年终极控股股东的控制权与现金流量权的比率
	DAP_{t-1}	资产负债率	当年初资产负债率
	$DLDQ_{t-1}$	领导权结构	总经理兼董事长（或副董事长）时取 1，否则取 0
	Industry	行业虚拟变量	按照证监会的行业分类标准，共 11 大类行业虚拟变量
	Year	年度虚拟变量	样本公司年度虚拟变量

6.4.3　描述性统计与回归分析

1. 描述性统计分析

模型（6.2）中全样本公司主要变量的描述性统计如表6.2所示。

表 6.2　　　　　　　模型（6.2）的描述性统计分析

变量	Mean	Median	Max	Min	Std. Deviation
	全样本	全样本	全样本	全样本	全样本
$UnderINV_t$（$OverINV_t$）	0.000	-0.059	8.400	-3.250	0.597
EL	0.500	0.500	1.000	0.000	0.500
SOE_t	0.404	0.000	1.000	0.000	0.491
CS_t	0.366	0.345	0.818	0.022	0.161
CS_t^2	0.160	0.119	0.660	0.040	0.132

变量	Mean	Median	Max	Min	Std. Deviation
	全样本	全样本	全样本	全样本	全样本
MS_t	0.061	0.000	1.000	0.000	0.155
CRS_t	0.157	0.134	70.300	0.540	0.116
IS_t	0.074	0.042	83.530	0.080	0.108
SR_t	0.059	0.000	45.490	0.000	0.081
DAP_{t-1}	0.473	0.477	2.130	0.010	0.228
$DLDQ_{t-1}$	0.018	0.020	1.000	0.000	0.407
$(\Delta S)_{t-1}$	0.023	0.008	26.000	-3.780	2.068
Q_{t-1}	0.018	0.014	23.240	0.410	1.400
$(CF/K)_{t-1}$	-0.011	0.129	13.260	-18.830	2.101

全样本的投资支出均值为 $1.235E-9$，中位数为 -0.059，标准差较小为 0.597，说明全样本的投资支出分布较为集中，上市公司更多地表现为投资不足。全样本中，国有控股的变量均值为 0.404，中位数为 0，说明全样本中，非国有控股的上市公司占大多数。全样本的第一大股东持股比例均值与中位数基本一致，在 0.36 左右，说明第一大股东持股比例分布相对比较集中。全样本的经营者持股比例均值为 0.061，中位数为 0，两者相差比较大。标准差为 0.155，标准差较小说明经营者持股比例分布较为集中。外部大股东持股比例均值与中位数基本一致，在 0.157 左右，说明外部大股东持股比例分布较为集中。机构投资者持股比例均值为 0.074，中位数为 0.042，标准差为 0.081，机构投资者持股比例分布较为集中。终极控股股东的两权分离度均值为 0.059，中位数为 0.000，两者差距比较大，说明全样本的终极控股股东的两权分离度受极值数据的影响，最小值为 0.000，最大值为 45.490，说明终极控股股东的两权分离度分布较为分散。资产负债率的均值和中位数基本一致，在 0.473 左右，标准差为 0.228，说明样本的资产负债率分布较为集中。领导权结构均值与中位数相差不大，在 0.018 左右徘徊，标准差为 0.407，说明样本的领导权结构分布较集中。全样本的销售收入增长率均值为 0.023，中位数为 0.008。两者相差较大，说明受极端数据的影响。销售收入增长率最小的是 -3.780，

最大的是 26.000。销售收入增长率的标准差达 2.068，说明销售收入增长率分布比较分散。全样本的 TobinQ 值在 0.018 左右，均值与标准差相差不大，证明上市公司的 TobinQ 值比较稳定。自由现金流比率均值为 -0.011，中位数为 0.129。两者相差较大，说明受极端数据的影响。现金流最小的是 -18.830，最大的是 13.260。自由现金流标准差达 2.101，说明现金流比率分布比较分散，发放委托贷款的上市公司自由现金流情况复杂。从整体上来看，样本的分布相对是比较集中的。

2. 投资效率差异检验

为了度量样本公司的非效率投资，对模型一进行了回归，回归结果如表 6.3 所示。委托贷款发生 0 年、后 1 年和后 2 年的回归方程是显著的，说明研究样本的上市公司确实存在非效率投资。

表 6.3　　　　　　　　　　模型 (6.1) 投资水平的回归结果

变量	委托贷款第 0 年		委托贷款后 1 年		委托贷款后 2 年	
	Coefficients	Std. Error	Coefficients	Std. Error	Coefficients	Std. Error
(Constant)	-0.999	1.364	-0.620	0.748	0.606	0.725
Q_{t-1}	-0.009	0.034	0.024	0.031	0.012	0.021
$(\Delta S)_{t-1}$	0.186 ***	0.035	-0.007	0.015	0.047 ***	0.012
$Size_{t-1}$	0.054	0.061	0.039	0.033	-0.021	0.032
Ret_{t-1}	-0.004	0.079	-0.025	0.023	0.009	0.065
I_{t-1}/K_{t-2}	-0.051 *	0.030	0.076 ***	0.019	0.068 ***	0.024
Industry	Control		Control		Control	
Year	Control		Control		Control	
F	1.821 **		1.524 *		2.188 ***	

注：*、**、*** 分别表示10%、5%和1%的显著性水平；在委托贷款后 1 年中，2008 年显著正相关（0.671 **）；在委托贷款后 2 年，2011 年显著负相关（-0.335 **）。房地产业行业（-0.291 ***）显著负相关。模型中将年份和行业作为控制变量，此处披露和标注了对因变量影响显著的年份和行业，影响不显著的年份和行业未标注。

为了进一步比较发生委托贷款和未发生委托贷款的上市公司投资效率差

别，将有、无委托贷款业务的上市公司进行配对样本 T 检验分析，结果如表 6.4 所示。

表 6.4 有、无委托贷款业务的上市公司配对样本 T 检验

变量	Mean		差异	T 值
	发生委托贷款	无委托贷款		
UnderINV$_t$（OverINV$_t$）	−0.044	0.046	−0.089 *	−1.801
SOE$_t$	0.447	0.349	0.098 ***	3.270
CS$_t$	0.378	0.356	2.163 **	2.265
CS$_t^2$	0.168	0.153	0.015 *	1.909
MS$_t$	0.064	0.064	−0.001	−0.064
CRS$_t$	0.158	0.156	0.232	0.311
IS$_t$	0.075	0.076	−0.118	−0.145
SR$_t$	0.055	0.061	−0.597	−1.062
DAP$_{t-1}$	0.438	0.511	−0.073 ***	−5.568
DLDQ$_{t-1}$	0.180	0.182	−0.023	−0.738
（ΔS）$_{t-1}$	0.028	0.020	0.723	0.282
Q$_{t-1}$	0.017	0.018	−0.125	−1.574
（CF/K）$_{t-1}$	−2.348	−0.006	−2.354	−1.218

注：*、**、*** 分别表示 10%、5% 和 1% 的显著性水平。

表 6.4 表明，发生委托贷款业务的上市公司比没有发生委托贷款业务的上市公司投资效率存在显著差异（10% 水平），前者投资效率低于后者，从而验证了本书的假设 1。在发生委托贷款业务的上市公司中，国有制企业所占比例明显比没有发生委托贷款业务的上市公司高，这可能是因为国有制企业资金雄厚，在银行贷款中也较有优势，因此，自有资金比较充足、更容易对外发放委托贷款。发生委托贷款业务的上市公司控股股东持股比例明显高于没有发生委托贷款业务的上市公司，可能是由于控股股东的持股比例越高，在经营管理中越缺少制衡，控股股东为了提高回报率，进行集权型管理加大虚拟经济的投

资，所以容易引起委托贷款的投资过度。发生委托贷款业务的上市公司的资产负债率显著低于没有发生委托贷款业务的上市公司，可能是由于发生委托贷款业务的上市公司大多拥有较多的闲置资金，负债总额占资产总额的比率较低，偿债能力较好，因此，有委托贷款业务的上市公司的资产负债率小于没有发生委托贷款业务的上市公司。

为了检验上市公司委托贷款是否会挤占其实体经济的投资、影响其投资效率，本章对比了上市公司委托贷款前后的非效率投资情况。

如表6.5描述性统计分析结果所示，上市公司发生委托贷款后的非效率投资绝对值1.437大于委托贷款前的非效率投资绝对值1.104，说明发生委托贷款业务后，上市公司的实体经济投资效率降低了。上市公司委托贷款前非效率投资均值为正，发生委托贷款业务后非效率投资均值为负，上市公司委托贷款后相对于委托贷款前，更多地表现为投资不足。说明上市公司发放委托贷款挤占了实体经济投资，上市公司更多地将资金用于委托贷款后压缩了实体经济投资，导致投资不足。

表6.5　　　　委托贷款前后上市公司非效率投资的描述性统计分析

	Mean	Median	Max	Min	Std. Deviation
委托贷款前	1.104	-0.085	8.300	-1.961	0.881
委托贷款后	-1.437	-0.085	8.304	-1.957	0.881

当然，前文简单用数字的大小进行对比还是远远不够的。因此，本章选择采用独立样本T检验的方法，对上市公司委托贷款前后进行分组对比检验。独立样本T检验就是用来检测两组数据均值是否存在显著性差异的一种检验方法。通过对两组数据进行独立样本T检验，结果如表6.6所示。

表6.6中的检验结果表明，独立样本T检验的P值小于0.05，说明上市公司发生委托贷款前后的非效率投资均值存在差异，进一步说明上市公司发放委托贷款后挤占了其实体经济的投资，相对于发放委托贷款前更多地导致了投资不足。

表6.6　　　　非效率投资的独立样本 T 检验——按委托贷款前后对比

	方差方程的 Levene 检验		均值方程的 T 检验						
	F	Sig.	t	df	Sig.（双侧）	均值差值	标准误差值	差分的95%置信区间	
								下限	上限
假设方差相等	0.17	0.09	2.35	442	0.013	−2.540	0.836	−0.16	0.16
假设方差不等			2.35	442	0.013	−2.540	0.836	−0.16	0.16

　　总之，无论是回归分析还是配对检验，结果都表明，相对于无委托贷款的公司，有委托贷款的公司，其投资非效率性更为严重，从而假设 1 成立。

3. 委托贷款对投资影响的多元回归分析

　　为了检验委托贷款行为对上市公司非效率投资的影响，提高回归分析结果的准确性，本章在回归之前，对模型（6.2）各解释变量、控制变量进行相关性分析。各变量之间的相关系数绝对值最大的是 0.375，没有超过 0.5，表明各变量之间共线性的概率很小。理论上讲，如果模型不存在明显的多重共线性问题，是可以进行回归检验的（见表 6.7）。

　　本章采用 SPSS16.0 统计软件对模型（6.2）进行多元线性回归，回归结果如表 6.8 所示。委托贷款变量与非效率投资显著负相关，说明发生委托贷款的上市公司比没有发生委托贷款的公司更容易出现非效率投资，委托贷款越多，越可能出现实体投资效率低下。这可能是由于发生委托贷款的上市公司追逐"高利贷"的结果，将企业资金较多用于发放委托贷款忽略实体经济的投资，企业资金量在一定情况下是有限的，将资金更多地用于发放委托贷款从而减少了对实体经济的投资，造成实体经济投资的不足，从而证实了假设 2。外部大股东持股比例与非效率投资显著正相关，说明外部大股东更容易造成投资过度，可能是由于外部大股东在投资上比较冒进，更容易导致企业投资过度。机构投资者与非效率投资也显著正相关，可能是由于机构投资者获得的信号传递较强比较了解企业的信息，看好企业未来的发展，认为企业发展前途较大，从而更容易造成投资过度。现金流量与非效率投资显著负相关，这也进一步验

表 6.7　全样本模型二的相关系数

	Y	X_1	X_2	X_3	X_4	X_5	X_6	X_7	X_8	X_9	X_{10}	X_{11}	X_{12}	X_{13}
Y	1													
X_1	-0.067*	1												
X_2	0.004	-0.111	1											
X_3	0.009	-0.055	0.073**	1										
X_4	0.012	-0.045	0.070**	0.375***	1									
X_5	0.069	0.002	-0.291***	-0.096**	-0.117***	1								
X_6	0.095***	-0.011	-0.077***	-0.277***	-0.292***	0.347***	1							
X_7	0.099**	-0.022	0.161***	0.034	0.048	-0.051	-0.030	1						
X_8	0.040	0.034	-0.146***	0.094***	0.084**	-0.167***	-0.059	0.201***	1					
X_9	-0.081**	0.163***	0.126***	-0.041	-0.029	-0.209***	-0.129***	-0.040	0.012	1				
X_{10}	-0.057	0.001	0.214***	-0.010	-0.008	-0.244***	-0.042	-0.079	0.033	0.116***	1			
X_{11}	0.000	-0.009	0.000	-0.011	-0.010	-0.016	-0.007	-0.010	-0.033	0.000	-0.019	1		
X_{12}	0.000	0.041	-0.054	-0.180***	-0.160***	0.001	0.016	0.065	-0.055	-0.122***	-0.039	0.019	1	
X_{13}	-0.288***	0.040	0.028	0.029	0.026	0.012	-0.049	0.020	0.036	0.013	0.087**	0.001	0.001	1

注：*，**，***分别表示在 10%，5%，1% 的显著性水平下显著；由于格式限制，表格中变量 $X_1 \sim X_{13}$ 代表模型（6.2）中依次出现的变量。

表 6.8 委托贷款影响投资效率的回归结果

变量	Unstandardized B	Coefficients Std. Error	standardized Coefficients Beta	T 值	Sig.
（Constant）	0.078	0.287		0.272	0.786
EL	−0.187***	0.072	−0.140	−2.611	0.009
SOE$_t$	−0.078	0.084	−0.059	−0.931	0.352
CS$_t$	−0.003	0.010	−0.062	−0.258	0.796
CS$_t^2$	0.000	0.000	0.098	0.415	0.678
MS$_t$	0.155	0.320	0.029	0.483	0.630
CRS$_t$	0.005**	0.004	0.076	1.305	0.043
IS$_t$	0.004*	0.004	0.065	1.163	0.052
SR$_t$	0.010	0.005	0.108	1.952	0.246
DAP$_{t-1}$	−0.143	0.191	−0.043	−0.750	0.454
DLDQ$_{t-1}$	−0.184	0.103	−0.050	−0.811	0.418
（ΔS）$_{t-1}$	0.001	0.018	0.003	0.042	0.967
Q$_{t-1}$	0.006	0.022	0.016	0.280	0.779
（CF/K）$_{t-1}$	−0.007***	0.001	−0.395	−7.091	0.000
Industry	Control				
Year	Control				
F − statistic	2.298***				
R − square	0.227				
Adj − R	0.149				

注：1. *、**、***分别表示10%、5%和1%的显著性水平。

2. 模型二回归结果中2007年在10%水平下显著负相关（−0.124*）模型中将年份和行业作为控制变量，此处披露和标注了对因变量影响显著的年份和行业，影响不显著的年份和行业未标注。

证了詹森的道德风险理论，当上市公司存在大量自由现金流时，管理者可能倾向于浪费行为和不明智的使用自由现金流，管理者在投资方面有冒进倾向，更容易引起企业的投资过度。总之，委托贷款会影响上市公司的投资效率，相对于没有发生委托贷款的上市公司，有委托贷款的上市公司更多地表现为投资的非效率性。

6.4.4　稳健性检验

为了进一步衡量委托贷款对上市公司非效率投资的影响，本章将委托贷款金额（ELM）替代模型（6.2）中委托贷款变量（EL），进一步作多元线性回归分析。

本章采用 SPSS16.0 统计软件进行多元线性回归分析，委托贷款金额对上市公司非效率影响的分析结果如表 6.9 所示。

上市公司委托贷款金额对非效率投资的影响在 10% 的水平上是显著的。除受货币政策对委托贷款的显著性影响外，资产规模（Size）对委托贷款金额有显著的正相关影响（如第 5 章表 5.4 所示系数为 0.015***），自由现金流（CFR）对委托贷款也有显著的正相关影响（如第 5 章表 5.4 所示系数为 0.034**）。

表 6.9　　　委托贷款金额对上市公司非效率投资影响的回归结果

变量	Unstandardized B	Coefficients Std. Error	standardized Coefficients Beta	T 值	Sig.
（Constant）	0.206	0.239	—	0.860	0.392
ELM	3.962E－7	0.000	0.047	0.461	0.0646
SOE_t	0.155**	0.078	0.235	1.985	0.050
CS_t	－0.015	0.010	－0.696	－1.550	0.125
CS_t^2	0.000	0.000	0.622	1.412	0.161
MS_t	0.510	0.318	0.191	1.606	0.112
CRS_t	0.005	0.004	0.153	1.322	0.190
IS_t	－0.002	0.004	－0.56	－0.517	0.607
SR_t	0.008*	0.004	0.185	1.760	0.082
DAP_{t-1}	0.031	0.196	0.020	0.158	0.875
$DLDQ_{t-1}$	－0.055	0.105	－0.052	－0.522	0.603
$(\Delta S)_{t-1}$	－0.046*	0.027	－0.187	－1.668	0.099
Q_{t-1}	－0.034	0.033	－0.112	－1.021	0.310
$(CF/K)_{t-1}$	0.012	0.017	0.074	0.706	0.482

变量	Unstandardized B	Coefficients Std. Error	standardized Coefficients Beta	T 值	Sig.
Industry	Control				
Year	Control				
F – statistic	1.481 *				
R – square	0.333				
Adj – R	0.108				

注：*、**、*** 分别表示 10%、5% 和 1% 的显著性水平下显著。

我们接着用委托贷款利率（ELI）替代模型（6.2）中委托贷款变量（EL），进一步作多元线性回归分析。委托贷款利率的高低直接影响上市公司委托贷款的发放，由此，将委托贷款利率作为是否委托贷款的替代变量，进一步检验委托贷款业务对上市公司非效率投资的影响。采用 SPSS16.0 统计软件进行多元线性回归分析委托贷款利率对上市公司非效率投资影响的回归结果如表 6.10 所示。

表 6.10　　　　委托贷款利率对上市公司非效率投资影响的回归结果

变量	Unstandardized B	Coefficients Std. Error	standardized Coefficients Beta	T 值	Sig.
（Constant）	0.660 **	0.270	—	2.446	0.017
ELI	− 0.020 **	0.010	− 0.258	− 2.118	0.037
SOE_t	0.028	0.072	0.050	0.391	0.697
CS_t	− 0.015	0.009	− 0.790	− 1.655	0.102
CS_t^2	0.000 *	0.000	0.775	1.692	0.094
MS_t	0.270	0.273	0.120	0.990	0.325
CRS_t	0.002	0.003	0.092	0.757	0.452
IS_t	0.008 *	0.004	0.224	1.980	0.051
SR_t	0.000	0.004	− 0.013	− 0.117	0.907
DAP_{t-1}	− 0.301	0.182	− 0.229	− 1.649	0.103

续表

变量	Unstandardized B	Coefficients Std. Error	standardized Coefficients Beta	T 值	Sig.
$DLDQ_{t-1}$	0.023	0.089	0.027	0.257	0.798
$(\Delta S)_{t-1}$	-0.032	0.024	-0.157	-1.327	0.188
Q_{t-1}	-0.081	0.030	-0.324	-2.761	0.007
$(CF/K)_{t-1}$	0.012	0.015	0.087	0.797	0.427
Industry	Control				
Year	Control				
F - statistic	1.455*				
R - square	0.347				
Adj - R	0.109				

注：＊、＊＊、＊＊＊分别表示10%、5%和1%的显著性水平下显著。

委托贷款利率与非效率投资显著负相关，进一步说明，委托贷款利率高时，上市公司为追求高利率更热衷于委托贷款的发放。委托贷款利率越高，上市公司发放委托贷款的收益越高，越有动力对外发放委托贷款。这可能是由于委托贷款利率高，资金收益高，相对于经营实体经济上市公司可以获取更高的资金回报，在高收益的驱动下，上市公司将资金更多地用于委托贷款的发放，从而减少实体经济的投资，造成实体经济的投资不足，从而进一步验证了本章的假设。

社会公众、业界人士对上市公司委托贷款给予了很高的关注度。上市公司委托贷款是否对实体经济的投资效率产生影响同样备受关注。模型（6.2）的回归结果已经证实上市公司委托贷款会影响实体经济的投资效率，但出于稳健性考虑，对模型（6.2）的样本进一步细分，分别置前一期、滞后一期，进行多元线性回归分析以检验委托贷款0年对委托贷款前一年和委托贷款后一年上市公司的非效率投资的影响。

由表6.11可见，委托贷款对置前一期非效率投资的回归系数为 -0.082，在10%的水平呈显著负相关关系。委托贷款对滞后一期非效率投资的回归系数为 -0.096，在10%的水平呈显著负相关关系。说明委托贷款的发放影响了下一年公司的投资效率，上市公司将资金用于发放委托贷款，将会减少实体经济投入资金，影响企业下一年的投资效率。即当年发生委托贷款的上市公司相对于没有发生委托贷款的上市公司更容易引起下一期公司的非效率投资行为，更多地表现出投资不足。回归结果与前文的研究结论没有实质性差异，据此我们认为前文的研究结论是比较稳健的。

表 6.11　　　　　　　　　　稳健性检验（置前、滞后一期）

变量	置前一期		滞后一期	
	Coefficients	Std. Error	Coefficients	Std. Error
（Constant）	-0.533	0.421	0.332	0.205
EL	-0.082	0.093	-0.096 **	0.049
SOE_t	-0.076	0.098	0.057	0.055
CS_t	0.002	0.012	0.001	0.007
CS_{t2}	-0.000	0.000	-0.000	0.000
MS_t	0.355	0.469	-0.080	0.218
CRS_t	0.000	0.004	0.002	0.003
IS_t	-0.002	0.004	-0.003	0.002
SR_t	0.002	0.006	0.001	0.003
DAP_{t-1}	0.163	0.256	-0.171	0.131
$DLDQ_{t-1}$	0.236 *	0.137	-0.187 ***	0.069
$(\Delta S)_{t-1}$	-0.010	0.020	0.005	0.009
Q_{t-1}	0.041	0.036	0.052 *	0.028
$(CF/K)_{t-1}$	-0.089 ***	0.025	0.005	0.011
Industry	Control		Control	
Year	Control		Control	
F – statistic	2.171 **		1.603 *	
R – square	0.217		0.181	
Adj – R	0.117		0.068	

注：1. *、**、*** 分别表示10%、5%和1%的显著性水平。
2. 置前一期中 K 行业在5%的水平下显著正相关（0.270 **）。
3. 滞后一期中 D 行业在1%的水平下显著正相关（0.250 ***），K 行业在10%的水平下显著正相关（0.195 *）模型中将年份和行业作为控制变量，此处披露和标注了对因变量影响显著的年份和行业，影响不显著的年份和行业未标注。

总之，稳健性检验的结果更进一步说明委托贷款会对企业投资的效率性产生影响，上市公司应理性地发放委托贷款，重视实体经济的投资效率；上市公司发放委托贷款具有高收益的同时也伴有高的信贷风险，上市公司如果忽视实体经济的经营盲目追求高收益，一旦发生信用危机，将对上市公司的长远发展产生不利影响。

6.5 本章小结

本章以2001～2013年发放委托贷款的上市公司为样本，在理论分析的基础上，运用了统计回归分析和配对检验方法，研究了上市公司委托贷款对其投资效率的影响。研究结果表明，上市公司更多地表现为投资不足。将有委托贷款上市公司与无委托贷款上市公司进行配对检验，结果表明，无委托贷款上市公司和有委托贷款上市公司的投资效率存在显著差异，前者投资效率低于后者上市公司委托贷款的发放会影响其实体经济的投资效率。以发生委托贷款为时间节点，检验发生委托贷款上市公司前后两期的投资效率，发现发生委托贷款业务后，上市公司的实体经济投资效率降低了。委托贷款与非效率投资之间的回归分析表明，委托贷款变量与非效率投资显著负相关，说明发生委托贷款的上市公司比没有发生委托贷款的更容易出现非效率性投资，委托贷款越多，越可能出现投资效率低下。

第7章 上市公司委托贷款对其
实体经营的影响研究

本章研究的仍然是上市公司委托贷款产生的经济后果问题。第6章的研究结果表明，上市公司的委托贷款对公司的投资效率产生影响，这种影响是消极的，即委托贷款导致公司投资的非效率性。而现实中上市公司为了追逐利润又大量发放委托贷款，对于以实体经营为主的公司来说，如果委托贷款产生的投资非效率性影响了公司的主营业务的发展，从长期来看会损害公司价值。从理论上推理，在公司资金一定的情况下，过多地发放委托贷款必然会影响公司对其实体经营资金的投放，削弱其可持续发展的能力。从这个意义上来讲，研究委托贷款对公司实体经营的影响具有现实意义。本章将以公司财务业绩为切入点，研究委托贷款对公司实体经营的影响。

7.1 引　　言

上市公司委托贷款业务发展速度之快，受到了社会各界的高度关注，然而委托贷款的风险也日益显现，其中之一就是委托贷款展期繁发。比如，2001 ~ 2007 年共有 4 家上市公司的委托贷款发生展期，涉及金额为 6.65 亿元，2008 年以后委托贷款展期现象频发，至 2013 年已有 33 家上市公司委托贷款办理了展期，涉及金额高达 56.7 亿元。在这样的现实背景下，不少学者对委托贷款潜藏的风险给企业带来的危害表示担忧。监管层也注意到了这个问题。2015 年 1 月 16 日，银监会针对委托贷款制定了《商业银行委托贷款管理办法（征求意见稿）》，目的是促进委托贷款业务健康发展，可见监管部门对委托贷款这一现象给予了足够的重视。那么，上市公司如此热衷的委托贷款业务到底会对其自身的财务业绩产生何种影响？应如何正确认识上市公司委托贷款现象？这是我们应予以探讨和解决的首要问题，对于今后委托贷款的进一步研究和丰富财务业绩理论框架都有重要意义。

本章内容共分为五个部分，第一部分是引言；第二部分是相关文献综述；第三部分是理论分析和研究假设；第四部分是实证检验；第五部分是本章小结。

7.2　上市公司委托贷款对其实体经营影响的文献综述

本章通过对委托贷款已有相关文献的阅读和梳理，主要从三个方面对文献进行述评，以了解委托贷款的研究现状，并在此基础上展开研究。

7.2.1　委托贷款对业绩质量的影响

部分上市公司过分依赖委托贷款收益造成其整体业绩的下滑。崔善玉、魏学薛和丁洪涛（2014）指出部分上市公司的盈利过度依赖委托贷款收益，有的企业委托贷款收益甚至占当期净利润的比重已接近或超过 90%。从理财的角度来看，委托贷款作为公司的对外投资对公司财务业绩会产生直接影响。这种影响的性质源于 2008 年 11 月 17 日证监会发布的《公开发行证券的公司信息披露解释性公告第 1 号——非经常性损益（2008）》。在这个公告中，把公司委托贷款产生的损益列为非经常性损益，而非核心收益，由此可以看出，实务界并没有把委托贷款收益看作能提高公司业绩质量的收益。目前，在我国被视为企业核心收益的经常性收益具备持续性的特点，而非经常性损益则表现为一次性、偶发性且短期可操作性的特点。因此，投资者若要预测企业的发展前景，不能根据非经常性损益来判断（许文静，2009）。根据我国证券发行的有关法规规定，不管是 IPO 还是再融资，在计算净资产收益率时，分子是以"净利润与扣除非经常性损益后的净利润孰低"的原则来确定的，证监会希望以此制度引导上市公司更好地集中精力发展主业，提高自身的核心竞争力（樊行健和郑珺，2009）。可见，对外委托贷款损益作为一项非经常性损益一定是影响了企业的主业发展和核心竞争力的提高，即对企业业绩质量产生了影响。周勤业和周长青（2005）指出，非经常性损益对净利润的贡献率与公司业绩水平具有较大的相关性。但是，许文静（2009）对2007年度沪市上市公司整体进行实证研究表明，通过主要经营业务获取收益仍然是上市公司财务业绩的主要来源（占93.49%），非经常性损益的存在，并没有使上市公司的整体业绩质量降低。邱书明、冯建民和凌海怡（2011）的实证研究表明企业在利用闲置资金进行长期投资时，其对绩效的贡献并不明显，说明企业应该依赖主业创造财富。而委托贷款作为企业的一项非主业投资，它对企业业绩在短期内可能会有一定贡献，但是这样的业绩是不可持续的。覃士珍（2014）以2011~2012年沪深两市A股公司为样本，对委托贷款引起的市场反应进行实证研究，结果显示，委托贷款所带来的收益具有短暂性，所以上市公司应从其长远利益出发，谨慎开展委托贷款业务。

7.2.2 委托贷款发放对主营业务的影响

委托贷款使部分资金盈余企业盘活闲置资金的同时又使资金匮乏企业获得了补充资金，委托贷款对提高资金配置效率和支持实体经济都起到了一定的作用（张锐，2014）。但是，在高利益驱动下，委托贷款业务很容易演变成一种变相发放高利贷的行为，容易造成经济实体的空心化和虚拟化（周长青，2005）。史晋川（2011）指出，上市公司如若频繁参与高利贷活动，可能会削弱主业甚至荒废主业，还会使得整个社会的融资成本大幅度提高。过度的委托贷款也会恶化融资结构，不利于整体经济的发展（时波，2015）。王家辉（2013）表示，近年来由于市场资金较紧张，一些资金充裕的上市公司扮演起了"小银行"，非常热衷开展委托贷款业务，而且委托贷款业务所得利息收益竟超过企业主业所获收入。宋淑琴（2012）对香溢融通的案例研究表明，委托贷款的高额利润会诱使公司荒废了主业，并同时带来贷款风险。可见，大多数学者认为，上市公司委托贷款业务会威胁到主业的地位，使主业削弱。

7.2.3　文献评价

就目前来说，上市公司日益突出的委托贷款现象已成为我国越来越多的学者关注的焦点，国内关于委托贷款的研究尚少，重要研究成果不多，大多数学者主要针对委托贷款的动因、可能的危害、法律性质等方面进行研究，鲜有学者研究委托贷款对企业财务业绩的影响，且目前基本没有文献对此展开实证研究。诚然，上市公司若按规定将闲置资金用于发放委托贷款，既可以有效利用闲置资金赚取收益，也可以给资金需求者提供方便。但是，由前文综述可见，上市公司发放委托贷款的负面影响越来越明显、越来越严重，如果上市公司只看到委托贷款的高收益而不审视其自身是否适合发放委托贷款，甚至是为了高额收益违规发放委托贷款，那么企业也就不可避免地面临委托贷款给企业带来的各种负面影响。如果企业没有意识到这些负面影响或是风险防范机制不健全，那么这种负面影响将会延伸至企业的方方面面，甚至危及企业的生存。

7.3　上市公司委托贷款影响其实体经营的理论分析和假设提出

7.3.1　实体经营是上市公司可持续发展的基石

自金融危机以来，我国货币政策始终保持着较为稳健的步调，由于整个社会资金短缺，加之发展中国家普遍存在的金融抑制，导致银行信贷配给压力加大，企业资金需求得不到满足，从而引发民间地下资本市场的形成，出现"金融脱媒"现象。在金融抑制和宏观经济环境的大背景下，很多非上市公司、非国有企业、中小企业以及受国家政策限制行业的融资环境更是急剧恶化，资金链紧张，民间融资越来越普遍，即便融资成本较高，融资需求仍然得不到满足。在资金如此紧缺的环境下，相对于民营企业和中小企业，上市公司因其规模大、声誉高等特点能够较容易地从银行融到资金。同时，由于近几年后金融危机效应的影响，全球经济普遍萎靡，国外购买力下降导致我国出口量减少，实体经济受到一定的冲击，企业的主业投资回报率下降（陈春华和杨天，2013）。根据资本逐利规律，这无疑会促使上市公司将资金投向回报率更高的领域。在这种情况下，委托贷款业务因其具有利率高、收益快、盘活闲置资金、调剂资金余缺等优点而倍受上市公司青睐。

然而，委托贷款在给上市公司带来高利息收益的同时是否潜藏着什么不良影响？根据企业生命周期理论，企业在不同的成长阶段都有不同的特点，应该抓住每一个有利于企业成长进步的机会，也应该果断放弃不利于企业长远持续发展的事项。如若企业处在成长阶段，这本应是抓住发展时机集中精力发展主业、将企业做大的良好契机，但是，如果上市公司将资金大量用于发放委托贷款而放弃发展主业的机会，那么企业可能会因为这一短视行为而影响其长远发展，甚至停滞不前。根据资源基础理论，企业若想在激烈的竞争环境中保持竞争优势，就必须要结合自身特点培育核心竞争力，为企业的长远持续发展奠定坚实的基础。若上市公司盲目地将大部分资金和精力都用于发放委托贷款，那么上市公司不仅可能会错过良好的成长机会，更可能无法顾及自身核心竞争力的培育，这对于企业的长期发展都是非常不利的。因此，对于实体经营企业需要通过主业的可持续发展培育核心竞争力，其业绩增长不能过分依赖于委托贷款带来的非经常性收益。

7.3.2　委托贷款对企业实体经营资金的影响

通常，企业的资金主要用于维持生产经营、扩大再生产以及研究开发等活动。而按照资本逐利的规律（Biddle et al. , 2001），一个公司未来的投资活动取决于其当前的盈利能力，或是说取决于公司投资机会的好坏，即公司面临好的投资机会时，应扩大规模、增加投资，而当面临较差的投资机会时，应减少投资、缩减规模。然而，在我国存在金融抑制的客观背景下，尤其是近几年金融危机和货币政策紧缩导致整个社会资金严重短缺，"金融脱媒"现象显现，"影子银行"和"地下钱庄"业务发展迅速，信贷配给也随着经济环境和货币政策的改变而变得更加严重。受信贷歧视的民营、中小企业以及受政策限制的行业资金需求无法从金融机构获得贷款，他们便把资金诉求转向"影子银行"

等非金融机构，并且愿意支付较高的利率。在这样的背景下，委托贷款因其利率高、收益快的特点往往被上市公司视为不错的投资机会。但衡量投资机会的好坏不应只关注投资带来的短期收益，应该判断进行哪项投资进而形成什么样的资产才能给企业带来持续、良好的业绩，权衡此项投资的风险以及对企业长期发展的影响。

周济（2013）指出，2008 年国际金融危机后，我国经济也在一定程度上受到冲击，加之我国本就存在的经济问题，经济系统中便出现了实体经济发展遇冷和虚拟经济发展过热的现象，主要表现为利润和资本大量流入虚拟经济部门，而实体经济部门的资本流入量下降，一部分资本甚至从实体经济部门流出而进入虚拟经济部门中，这种经济现象简称为"实冷虚热"。其中，上市公司发放委托贷款便是"实冷虚热"的一个微观表现。目前，上市公司将发放委托贷款的利息收入作为一项"非经常性损益"计入企业的利润总额，当拥有融资优势的上市公司将低息取得的资金用作发放更高利率的委托贷款赚取利差时，会形成是一种资金的空转：从宏观来看，是资金在虚拟经济部门之间的资金空转，对整个社会并没有实物资产的增加和社会财富的增值；对企业而言，企业集团内部的委托贷款也不会增加集团整体的资产和价值提升。从长期来看，委托贷款对社会实体经济和企业实体经营的发展只会起到短期调节作用，而不会形成长期支撑作用。过度的委托贷款对企业的实体经营（和社会的实体经济）产生消极作用。消极作用之一就是，委托贷款可能会挤占企业的实体经营资金，尤其是当企业面临整体利润压力而实体经营业绩又很难改善时，可能会更热衷于通过发放高息委托贷款提高利润水平。周萃（2015）认为，自2013 年以来，由于宏观经济增速放缓和企业经营成本上升等因素的影响，上市公司经营困难有所增加，主业业绩下滑，一些上市企业利用委托贷款将资金"脱实向虚"以获取高利。因此，提出以下假设。

假设1 上市公司发生委托贷款业务，会挤占实体经营活动资金。

在面临融资约束的情况下，企业的现金持有价值会较高（竺印，2012），即越是在资金稀缺的时候资金对未来业绩的贡献越大（饶品贵和姜国华，2011），所以合理调度使用资金显得尤为重要。祝继高和陆正飞（2009）使用人民银行发布的"货币政策指数"研究了货币政策和企业现金持有水平的关系，其发现当货币政策趋于紧缩时，企业会因外部融资约束增大而提高现金持有水平；当货币政策宽松时，企业外部融资约束会降低，企业也会降低现金持有水平。这是因为，在紧缩货币政策下，企业的融资约束会更大，而现金流作为企业的"血液"，对企业的正常运营起着至关重要的作用，因此，在这种情况下，企业的现金持有水平也会提高。但是，哈福德、米切尔森和帕奇（Harford, Michelson and Partch, 2003）研究发现，持有大量现金的企业仍可能在行业低谷时对其获利机会进行投资，而且奥普勒（Opler, 1999）研究发现，拥有更多融资渠道的公司，如规模大或信用评级高的公司，持有的现金较少。在国家货币政策紧缩时，虽然上市公司的融资会受到一定影响，但由于信贷配给的存在其仍然处于融资优势地位，自由现金流相对充足。而对于民营企业和中小企业及受政策限制的行业而言，融资困难加剧，资金严重不足。当上市公司面对如此巨大的外部资金需求时，尤其是在实体投资利润率低、见效慢而委托贷款利率高、收益快的情况下，即使此时的现金持有价值高，上市公司仍不会轻易放弃委托贷款这一获利机会，甚至不惜举债也会积极开展委托贷款业务以获取高额利润、维持其良好的业绩数据。然而，毕竟企业可供投资的现金流是有限的，当企业将资金用于开展委托贷款业务时，实体投资活动支出就会相应的减少。因此，与前面的理论推导相反，我们预期当企业有委托贷款投资时，企业持有的现金流水平就会下降。因此，我们提出以下假设。

假设1a 上市公司发放委托贷款后，实体经营投资支出减少。

假设1b 上市公司发放委托贷款后，经营活动现金流减少。

7.3.3 委托贷款对企业实体经营发展能力的影响

当国家货币政策紧缩时，面对外部巨大的资金需求，企业往往抵不住诱惑而进行委托贷款。然而，核心竞争力是一个企业在市场竞争中得以生存和持续发展的保证，但核心竞争力不是一朝一夕形成的，企业需要通过其自身素质及内部资源的培育和积累长期经营而获取（C. K. Prahalad and Gary Hamel, 1990）。资源基础理论强调企业的长期竞争优势主要来自企业所拥有或控制的具有难以交易、难以模仿等特征的特殊资源和战略性资产（Dierickx and Prahalad. C. K, 1989；陈轶娜，2008）。然而企业的资源是有限的，如果企业将大量资金都用于发放委托贷款的话，就可能减少必要的培育长期竞争优势的实体经营支出，就可能没有剩余资金吸收信息和技术、整合资源和开发新产品以及优化资源配置等一系列有助于形成异质性战略资源资产的活动，从而降低其核心竞争力，影响其长期发展能力。由此，我们可以预期，企业委托贷款的发放可能会削弱公司的核心竞争力。基于以上分析，我们提出以下假设。

假设 2　上市公司发放委托贷款业务会削弱其核心竞争力。

企业将资金过多地配置给委托贷款，其生产经营和固定资产投资支出无法得到有效满足，经营杠杆就会降低，而这些经营性支出是企业从事自身经营活动获取收益的主要物质基础，对企业经营成败与否至关重要（钱爱民和张新民，2009），所以企业大量的委托贷款将会直接影响企业的盈利能力和发展前景。企业的资产质量（包括经营性与非经营性资产质量）与其盈利能力呈现出一定的正相关关系（贺武，2006）。同时，当委托贷款金额过大时，还可能动摇其经营主业的地位，具体表现为主营业务收入相对于其他收入来源会有所减少。必要的投资支出，是企业生存和成长的基础，是企业创造价值的驱动力（Modigliani and Miller，1958）。而委托贷款这一新型的投资形式并非上市公司主营业务，容易受到货币政策、资本市场资金供求关系等因素的影响，且尚存在合法与否的争议，具有不可持续性。根据拉马克里希南和托马斯（Ramakrishnan and Thomas）提出的持续性观念，净收益的不同组成部分具有不同的持续性（包括长期持续性、短期持续性和零持续性）。如果上市公司对委托贷款这种"副业"投入太多精力，企业利润过多地依赖委托贷款取得的收益，而委托贷款取得的损益属于非经常性损益，具有短暂性，那么企业盈利能力的持续性就较差，势必会影响主业的发展，使主业获利能力下降。所以我们提出以下假设。

假设 2a　上市公司委托贷款业务会降低主营业务的获利能力。

企业在一定时点上的资产存量，是企业取得利润或收益的基础（王婷，2007）。然而，当企业大量持有委托贷款这种长期资产时，就会形成资金积压，以至营运资金不足，从而不仅使企业的短期投资人对企业财务状况产生不良的印象，长此以往，还会影响企业资金周转，再加上委托贷款本身就有很大的信贷风险（张继德，2012），一旦大量委托贷款到期收不回来，导致企业的资金紧张甚至经营活动无法正常运行，企业的营运能力便会下降。所以我们提出以下假设。

假设2b 上市公司委托贷款业务会降低其营运能力。

企业的发展与成长要经历发展、成长、成熟和衰退等阶段，这一企业生命的动态轨迹被称为企业生命周期。根据企业生命周期理论，企业应该从资源配置、组织结构的设计等方面为处于不同生命周期阶段的企业找到未来发展的支撑点，通过创造企业的成长性保持企业未来可持续发展能力，以延长其生命周期。奥普勒等（1999）指出，成长性较高的企业未来的投资机会可能会更多，于是需要储存更多的现金来实现未来的良好投资机会。如果企业只顾眼前利益，把大量资金用于发放委托贷款来赚取高额利息收入，由于委托贷款一般期限都比较长，也就意味着企业很可能会因此而错失发展良机，这无疑会减慢企业的成长。而且，成长性既体现在反映经营成果的财务指标上，又体现在反映财务状况增长的财务指标上（陆正飞、施瑜，2002），如果上市公司多次开展委托贷款业务，那么从长期发展角度来分析，将会影响企业的经营成果和财务状况，削弱其核心竞争力，从而表现为成长性减慢。所以我们提出以下假设。

假设2c 上市公司发放委托贷款，会削弱其成长性。

7.4 上市公司委托贷款影响其实体经营的实证检验

7.4.1 样本选择和数据来源

本章以2001~2013年（均为年末数据）沪、深两市的全部上市公司为研究对象，选择这段时间至少发生过一次委托贷款的上市公司，以最后一次发生委托贷款的年份（定义为0年）及其后3年作为研究窗口期，然后从一直未发生委托贷款的上市公司中按照同年度、同行业、资产总额最相近的标准寻找其配对样本。

在样本选择的过程中，首先，为了确保后3年的数据完整，我们选取的作为0年的上市公司是2004~2010年的，但是全样本所研究的数据是2004~

2013 年的，此外，由于本部分研究进行配对检验时还要用到前 3 年的数据，所以配对检验时所涉及的样本数据区间就是 2001～2013 年；其次，因为本章研究委托贷款对公司实体经营的影响，所以选择的样本是以实体经营为主业，同时开展委托贷款业务的上市公司，剔除了金融类上市公司；最后，剔除数据缺失的样本。通过上述处理，最终得到 320 组（640 个）观测样本，共涉及 80 对上市公司，其中委托贷款相关数据全部手工摘自新浪财经网①、巨潮资讯网②上市公司年报及公告，其他财务数据来源于国泰安 CSMAR 数据库。

7.4.2　变量定义和模型设计

本章的研究目的是探究委托贷款对企业的实体经营会产生什么样的影响，因此，解释变量为"是否发放委托贷款（EL）"，设为虚拟变量，1 表示发放委托贷款，0 表示未发放委托贷款。被解释变量共有五个，分别是投资支出、每股经营活动现金净流量、销售净利率、总资产周转率和主营业务收入增长率，相应地衡量企业的实体投资水平、经营现金流情况、主业获利能力、营运能力和成长性。具体来说，投资支出（IE）引用的是杨清香等③衡量投资效率模型中的变量——"投资支出"的计算方法，用当年固定资产原值、工程物资、在建工程和研发支出的增加值与当年年初固定资产原值之比表示。为更全面地包含所有对企业持续发展有影响的投资项目，本章在分子中加入了"研发支出"，对指标进行了修正；每股经营活动现金净流量（ONCF）是用经营活动现金净流量与总股数的比值表示，以消除上市公司规模的影响；销售净利率（MS）是以净利润除以主营业务收入表示，因本章研究的上市公司均是以实体经营为主业的企业，故以销售净利率衡量企业的主业获利能力；总资产周转率（TTC）是指营业收入与平均资产总额的比值，用于衡量企业的营运能力；主营业务收入增长率（IBR）用主营业务收入的增加额与年初主营业务收入的比

---

① http://finance.sina.com.cn/。

② http://www.cninfo.com.cn/。

③ 杨清香，俞麟，胡向丽. 不同产权性质下股权结构对投资效率的影响——来自中国上市公司的经验证据 [J]. 中国软科学，2010（7）：142-150.

值表示，衡量企业的成长性。此外，控制变量有五个：公司规模（LNA）用平均资产总额的自然对数表示；第一大股东持股比例（SH1）用第一大股东持股数量与公司总股数的比例表示；产权性质（OS）用虚拟变量表示，按终极控制人的股权性质确定，1 表示国有产权，0 表示非国有产权；行业（IND）按大类控制行业因素的影响；年度（YEAR）控制年份的影响。各变量定义和符号如表 7.1 所示。

表 7.1　　　　　　　　　　　　主要变量定义

变量类型	变量名称	变量符号	变量含义及计算公式
被解释变量	投资支出	IE	当年固定资产原值、工程物资、在建工程和研发支出的增加值与当年年初固定资产原值之比
	每股经营活动现金净流量	ONCF	经营活动现金净流量/总股数
	销售净利率	MS	净利润/主营业务收入，衡量主业获利能力
	总资产周转率	TTC	营业收入/（平均资产总额）衡量营运能力
	主营业务收入增长率	IBR	（本年主营业务收入 - 年初主营业务收入）/年初主营业务收入，衡量成长性
解释变量	是否发生委托贷款	EL	发生委托贷款为1，否则为0
控制变量	公司规模	LNA	资产平均总额减去委托贷款金额后的自然对数
	第一大股东持股比例	SH1	控制该因素对市场反应的影响
	是否国有	OS	有国有股为1，否则为0
	行业	IND	按大类控制行业因素的影响
	年度	YEAR	控制年份的影响

根据研究假设和设计的变量，本章构建如下多元回归模型：

$$IE = \partial_0 + \partial_1 EL + \partial_2 LNA + \partial_3 SH1 + \partial_4 OS + \partial_5 IND + \partial_6 YEAR + \varepsilon \quad (7.1)$$

$$ONCF = \beta_0 + \beta_1 EL + \beta_2 LNA + \beta_3 SH1 + \beta_4 OS + \beta_5 IND + \beta_6 YEAR + \varepsilon \quad (7.2)$$

$$MS = \chi_0 + \chi_1 EL + \chi_2 LNA + \chi_3 SH1 + \chi_4 OS + \chi_5 IND + \chi_6 YEAR + \varepsilon \quad (7.3)$$

$$TTC = \delta_0 + \delta_1 EL + \delta_2 LNA + \delta_3 SH1 + \delta_4 OS + \delta_5 IND + \delta_6 YEAR + \varepsilon \quad (7.4)$$

$$IBR = \phi_0 + \phi_1 EL + \phi_2 LNA + \phi_3 SH1 + \phi_4 OS + \phi_5 IND + \phi_6 YEAR + \varepsilon \quad (7.5)$$

7.4.3　实证检验结果分析

1. 描述性统计

表7.2 是主要变量的描述性统计结果。由表 7.2 可知，全样本中投资支出（IE）的均值是 1.2713，中值是 1.1067，最小值是 −2.7024，最大值是 8.6376，说明不同上市公司的实体投资支出是有差异的，有的甚至是负投资，是何原因挤占其实体投资仍需进一步考察；每股经营活动现金净流量（ONCF）的均值是 0.3855，中值是 0.2941，说明上市公司的每股经营活动现金流大部分都能达到大概 0.3 的水平，但是有的公司每股经营活动现金净流量甚至低至 −11.2025；销售净利率（MS）的均值为 0.1189，中值为 0.0528，说明不同上市公司的销售净利率不同，主业获利能力不一样，有的公司最高达到 35.98%，其主业经营较好；总资产周转率（TTC）的均值是 0.7581，中值是 0.5789，样本数据较平稳，而总资产周转率（TTC）最大值为 8.5009，说明有些上市公司的总资产周转率较高，比大多数上市公司的营运能力好；主营业务收入增长率（IBR）的均值为 0.6522，中值为 0.0786，均值大于中值且差异不小，说明大多数上市公司的主营业务增长率都不高，而 IBR 最大值为 32.9894，说明有个别公司的主营业务增长远远超过总体平均水平；LNA 是资产规模的自然对数，本章所选样本公司的平均规模水平为 21.9463；SH1 的最小值 3.89 与最大值 73.65 相差很大，说明不同上市公司的第一大股东持股比例差异很大，股权集中度有很大不同；OS 均值为 0.32，中值为 0，说明样本公司中大多数属于非国有企业。

表7.2　　　　　　　　　　　主要变量的描述性统计分析

	IE	ONCF	MS	TTC	IBR	LNA	SH1	OS
均值	1.2713	0.3855	0.1189	0.7581	0.6522	21.9463	33.7683	0.32
中值	1.1067	0.2941	0.0528	0.5789	0.0786	21.9421	30.6000	0.00
标准差	0.6900	1.2338	1.4968	0.7553	2.9528	1.0870	15.1576	0.466
最小值	−2.7024	−11.2025	−3.2723	0.0014	−2.4255	19.4857	3.89	0
最大值	8.6376	8.5695	35.9791	8.5009	32.9894	24.8568	73.65	1

2. 相关性分析

表7.3变量间的相关系数。由表7.3可知，是否发生委托贷款（EL）与投资支出（IE）、销售净利率（MS）在10%的水平上显著负相关，表明发放委托贷款的上市公司的实体投资支出和销售净利率显著低于未发放委托贷款的公司；是否发生委托贷款（EL）与每股经营活动现金流量（ONCF）、总资产周转率（TTC）负相关但是不显著，即发放委托贷款的上市公司的每股经营活动现金流量、总资产周转率均低于未发放委托贷款的公司，与假设一致；是否发生委托贷款（EL）与营业收入增长率（IBR）在1%的水平上显著负相关，说明发放委托贷款的上市公司的主营业务增长率显著低于未发放委托贷款的公司；是否发生委托贷款（EL）与公司规模（LNA）正相关，说明发放委托贷款的公司规模比未发放的公司规模大；是否发生委托贷款（EL）与第一大股东持股比例（SH1）负相关但不显著，即发放委托贷款的上市公司的第一大股东持股比例比未发放的公司低；是否发生委托贷款（EL）与产权性质（OS）正相关但不显著，说明跟未发放委托贷款的上市公司比，发放委托贷款的上市公司更多是国有性质的企业。

表7.3 变量间的相关系数

	EL	IE	ONCF	MS	TTC	IBR	LNA	SH1	OS
EL	1								
IE	-0.080 *	1							
ONCF	-0.007	-0.024	1						
MS	-0.035 *	-0.012	-0.021	1					
TTC	-0.002	-0.005	0.005	0.113 ***	1				
IBR	-0.094 ***	0.129 ***	0.057 *	0.041	-0.090 *	1			
LNA	0.051	-0.004	-0.11 ***	-0.084 ***	0.041	0.005	1		
SH1	-0.018	-0.053	-0.017	-0.061	0.016	0.113 ***	0.152 ***	1	
OS	0.004	0.050	0.164 ***	0.057	-0.019	-0.032	0.162 ***	0.068	1

注：*** 表示显著性水平为0.001，** 表示显著性水平为0.01，* 表示显著性水平为0.05。

3. 回归分析

表 7.4 是全样本的回归结果，具体分析如下。

模型（7.1）的结果是相关变量影响被解释变量——投资支出（IE）的回归结果。

模型（7.1）的 R^2 是一个衡量回归直线与样本观测值拟合优度的相对指标，反映了被解释变量的波动中可以用解释变量解释的比例。模型（7.1）的拟合优度 R^2 为 0.414，说明被解释变量的 41.4% 能由解释变量解释，拟合度较好。方程 F 统计量的 Sig 值表明该模型对样本数据的整体拟合效果较好，对被解释变量有一定的解释力；模型（7.1）的被解释变量投资支出（IE）与是否发生委托贷款（EL）在 5% 的水平上显著负相关，说明越是发放委托贷款的公司其实体投资支出越少，即发放委托贷款挤占了企业的实体投资支出，验证了假设 1a；公司规模（LNA）与投资支出（IE）在 10% 水平上显著正相关，说明企业的规模越大，实体投资支出才可能越多，而第一大股东持股比例（SH1）、产权性质（OS）与投资支出（IE）负相关但不显著，说明第一大股东持股比例、产权性质对企业的实体投资支出产生负面影响，但是这种影响并不具有显著意义。

模型（7.2）的结果是相关变量对被解释变量——每股经营活动现金净流量（ONCF）影响的回归结果。

模型（7.2）的 R^2 是 0.251，说明此模型中解释变量对被解释变量有一定的解释力；F 统计量的 Sig 值表明该模型对样本数据的整体拟合效果较好；每股经营活动现金净流量（ONCF）与是否发生委托贷款（EL）负相关但不显著，说明上市公司发放委托贷款与否不会对其每股经营活动现金净流量产生显著影响，假设 1b 未得到验证。这可能是因为上市公司频繁开展委托贷款业务，虽然委托贷款金额增加，但是由于开展委托贷款业务本身就涉及大量资金的流入和流出，那么就不会对企业的现金流产生显著的影响；公司规模（LNA）与每股经营活动现金净流量（ONCF）在 1% 水平上显著，说明企业的每股经营活动现金净流量与企业规模关系显著，且企业规模越大，其每股经营活动现金净流量越多；第一大股东持股比例（SH1）与每股经营活动现金净流量（ONCF）负相关但不显著，说明企业的每股经营活动现金净流量与企业的第一大股东持股比例之间无显著关系，企业的股权集中度的高低并不能影响企业的经营活动现金流；产权性质（OS）与每股经营活动现金净流量（ONCF）在1%水平上显著正相关，说明企业的每股经营活动现金净流量与其产权性质有显著关系，即国有股占比越大的上市公司，其经营活动现金流越多，这可以由信贷配给理论解释，即国有企业比民营企业获取资金更容易，从金融机构融资更加便利，相对民营企业来讲，国有企业的现金流当然较为充足。

模型（7.3）的结果是相关变量影响被解释变量——销售净利率（MS）的回归结果。

模型（7.3）的 R^2 是0.316，表示被解释变量的31.6%能够由解释变量解释，拟合优度较好；F统计量的值Sig为0.057，说明模型能够较好地反映样本数据的整体情况，对被解释变量有一定的解释力；销售净利率（MS）与是否发生委托贷款（EL）在10%的水平上显著负相关，说明越是发放委托贷款的上市公司，其销售净利率越低，即上市公司开展委托贷款业务会使得其销售净利率显著下降，其主业获利能力受到显著影响，验证了假设2a；公司规模LNA与销售净利率（MS）在5%的水平上显著负相关，表示企业的销售净利率随企业规模的增大而显著降低，这可能是因为规模越大的企业，管理制度、声誉等各方面发展越成熟，越容易融到资金，发放委托贷款的可能性越高，对主业经营的影响越大，导致企业主业获利能力降低；第一大股东持股比例（SH1）与销售净利率（MS）负相关但不显著，说明企业的销售净利率与第一大股东持股比例没有显著的关系；产权性质（OS）与销售净利率MS在10%水平上显著负相关，说明企业的销售净利率与企业是否国有的关系显著，越是国有性质的企业，其销售净利率越低，这可能是因为国有性质的企业在信贷配给中处于优势地位，更容易融到资金，也就更便于发放委托贷款，最终导致委托贷款挤占实体投资支出，企业的主业获利能力下降。

模型（7.4）的结果是相关变量影响被解释变量——总资产周转率（TTC）的回归结果。

模型（7.4）的 R^2 是0.304，拟合优度较好，F统计量的Sig值为0.073，说明方程在10%的水平上显著，总体上解释变量能够较好地解释被解释变量；总资产周转率（TTC）与是否发生委托贷款（EL）负相关但不显著，说明上市公司发放委托贷款与否并不会对企业的总资产周转率产生显著影响，也即企业营运能力的高低与是否发放委托贷款没有明显的相关关系，假设 2b 未得到验证，这可能是因为上市公司发放委托贷款虽然占用了企业一部分资金，理论上来说会降低企业资产周转率，但同时委托贷款业务本身也伴随着资金的流入和流出，这又会提高企业资产周转率，所以企业是否发放委托贷款对企业的总资产周转率无显著影响；公司规模（LNA）、第一大股东持股比例（SH1）与总资产周转率（TTC）正相关但不显著，说明企业的总资产收益率与企业规模、第一大股东持股比例的关系不明显，不能依据企业的规模和股权集中度来判断一个企业的营运能力的高低；产权性质（OS）与总资产周转率（TTC）负相关但不显著，说明企业的总资产周转率与其是否是国有性质的关系不显著，企业的营运能力不会因产权性质的不同而有明显差异。

模型（7.5）的结果是相关变量影响被解释变量——主营业务收入增长率（IBR）的回归结果。

模型（7.5）的 R^2 是 0.525，表明该模型拟合优度很好，解释变量对被解释变量有很好的解释力；主营业务收入增长率（IBR）与是否发生委托贷款（EL）在 5% 水平上显著负相关，说明越是发放委托贷款的上市公司，其主营业务收入增长率越低，也即上市公司发放委托贷款会影响企业的长期发展，减慢企业的成长性，验证了假设 2c；公司规模（LNA）与主营业务收入增长率（IBR）正相关但不显著，说明企业扩大投资规模未必带来主营业务收入增长率的显著提升，也就是投资规模的扩大未必使企业成长性增强。这可以由企业的生命周期理论解释，企业的成长性很大程度上取决于企业在其所处的各个生命周期阶段是否作了有利于企业未来成长的正确决策；第一大股东持股比例（SH1）与主营业务收入增长率（IBR）在 1% 水平上显著正相关，说明上市公司的第一大股东持股比例越高，企业的主营业务收入增长率越高，也即企业的股权越集中，其成长得越快。但是，需要注意的是，股权过于集中造成的"一股独大"，很可能会损害中小股东的利益；产权性质（OS）与主营业务收入增长率（IBR）负相关但不显著，说明主营业务收入增长率与是否国有关系不大，即并不是国有企业其成长就一定快，即使其在融资方面比民营企业有明显的优势，但仍不能保证其资金得到合理有效的使用和优化配置信贷资源。

由以上的回归结果可知（见表 7.4），上市公司发放委托贷款显著减少了企业的实体投资支出（IE）、降低了其主业获利能力（MS）并减慢了企业的成长性（IBR），但是对企业经营活动现金流（ONCF）和总资产周转率（TTC）没有显著的相关关系。进一步地分析，实体投资支出（IE）、主业获利能力（MS）和企业的成长性（IBR）正好是侧重衡量企业实体和主业的财务业绩指标，经营活动现金流（ONCF）和总资产周转率（TTC）则并非侧重实体，而是对企业整体业绩情况的度量。据此，我们可以得出上市公司发放委托贷款会降低其实体和主业业绩的结论，同时，也可以初步预测到委托贷款的发放并不会如预期那样给企业带来整体业绩（如利润总额、总资产净利润率等）的提高。

表 7.4　　　　　　　　　　　　全样本回归结果

变量	模型（1）	模型（2）	模型（3）	模型（4）	模型（5）
常量	0.279	−3.471 ***	3.045 **	−0.087	−0.647
EL	−0.128 **	−0.026	−0.101 *	−0.023	−0.610 **
LNA	0.004 *	0.177 ***	−0.126 **	0.039	0.045
SH1	−0.003	−0.004	−0.005	0.000	0.022 ***
OS	0.082	0.390 ***	−0.248 *	−0.047	−0.278
IND			Controlled		
YEAR			Controlled		
R Square	0.414	0.251	0.316	0.304	0.525
Adjusted R Square	0.107	0.244	0.209	0.303	0.418
方程显著性（P 值）	0.097	0.000	0.057	0.073	0.007

注：1. 行业显著的有采掘业、房地产业和批发零售业；年度显著的有 2004 年、2006 年、2008 年。
2. *** 表示显著性水平为 0.001，** 表示显著性水平为 0.01，* 表示显著性水平为 0.05。

4. 配对检验

为了进一步检验委托贷款对上市公司财务业绩的影响，本章将发放委托贷款前三年的情况加入样本中，总共得到 1120 个样本，然后对此样本分别进行了有、无发放委托贷款的对比（横向比较）和发放委托贷款前后三年的对比（纵向比较），结果如表 7.5 所示。

表 7.5   配对样本 T 检验

变量	时间	均值		差异性检验 （P 值）
		有委托贷款	无委托贷款	
IE	发生委托贷款当年及后三年	1.1958	1.3416	0.052 *
	发生委托贷款前三年	1.3302	1.2656	0.048 **
	发生委托贷款前后增幅	− 0.1344	0.0760	0.006 ***
ONCF	发生委托贷款当年及后三年	0.3750	0.3947	0.833
	发生委托贷款前三年	0.4486	0.4451	0.960
	发生委托贷款前后增幅	− 0.0736	− 0.0504	0.198
MS	发生委托贷款当年及后三年	0.0662	0.0308	0.388
	发生委托贷款前三年	0.3250	0.1745	0.078 *
	发生委托贷款前后增幅	− 0.2588	− 0.1437	0.008 ***
TTC	发生委托贷款当年及后三年	0.7423	0.7619	0.966
	发生委托贷款前三年	0.7592	0.6655	0.255
	发生委托贷款前后增幅	− 0.0169	0.0964	0.133
IBR	发生委托贷款当年及后三年	0.3757	0.5415	0.036 **
	发生委托贷款前三年	0.7295	0.8216	0.671
	发生委托贷款前后增幅	− 0.3538	− 0.2801	0.017 **
LNA	发生委托贷款当年及后三年	22.0002	21.8904	0.017 **
	发生委托贷款前三年	21.5042	21.5624	0.106
	发生委托贷款前后增幅	0.4960	0.3280	0.598
SH1	发生委托贷款当年及后三年	33.4198	34.0487	0.613
	发生委托贷款前三年	33.9873	32.6610	0.441
	发生委托贷款前后增幅	− 0.5675	1.3877	0.566
OS	发生委托贷款当年及后三年	0.52	0.32	1.000
	发生委托贷款前三年	0.50	0.32	0.528
	发生委托贷款前后增幅	0.02	0	0.723

注：*** 表示显著性水平为 0.001，** 表示显著性水平为 0.01，* 表示显著性水平为 0.05。

　　首先，在发放委托贷款前三年，有委托贷款业务的上市公司的投资支出（IE）均值大于无委托贷款业务的上市公司，且差异较显著，然而在发放委托贷款的后三年，有委托贷款业务的上市公司的投资支出（IE）却显著低于无委托贷款业务的上市公司，这充分证明了企业在开展了委托贷款业务之后，实体投资支出明显减少，验证了假设1a；经营活动现金流（ONCF）、总资产周转率（TTC）与投资支出（IE）类似，在前三年发放委托贷款的上市公司，其经营活动现金流（ONCF）和总资产周转率（TTC）大于无委托贷款的上市公司，但是发放委托贷款后却低于未发放委托贷款的上市公司，虽然前、后三年差异均不显著，但能表明委托贷款业务的发生导致了企业经营活动现金流的减少和营运能力的降低，验证了假设1b和假设2b；不管是在发放委托贷款的前三年还是后三年，有委托贷款业务的上市公司销售净利率（MS）均值均高于无委托贷款业务的上市公司，且前三年有、无委托贷款业务的上市公司的销售净利率（MS）差异显著而后三年销售净利率（MS）的差异不再显著，说明委托贷款的发生使得有、无委托贷款公司的主业获利能力的差异在逐渐减小；无论是在委托贷款前三年还是后三年，有委托贷款的公司成长性（IBR）都低于无委托贷款公司的成长性（IBR），但这种差异不显著。可见，无委托贷款业务的公司虽然之前与有委托贷款业务公司的企业的成长性（IBR）差不多，但是由于其坚持集中精力投资主业和实体，最终使得其主营业务的增长远超过发放委托贷款的公司，可见委托贷款业务在一定程度上阻碍了企业主营业务的增长，导致其成长性减慢，验证了假设2c。

其次，就发生委托贷款前后即纵向来看，有委托贷款公司的投资支出（IE）在发生委托贷款后三年比前三年减少，而无委托贷款公司的投资支出（IE）是增加的，且有无委托贷款的前后增幅差异显著，显然说明有委托贷款业务的公司将一部分资金用于发放委托贷款导致实体投资支出在逐渐减少，而无委托贷款业务的公司集中精力发展主业，其实体投资支出逐年增加；无论是否发放委托贷款，后三年的销售净利率（MS）、成长性（IBR）均低于前三年，也就是说，上市公司的销售净利率、主营业务收入增长率均在下降，可以理解为近些年我国整个宏观经济环境就是主业投资回报率在下降，但是从前后增幅来看，有委托贷款公司的销售净利率（MS）、成长性（IBR）下降的幅度大于无委托贷款的公司且差异显著，说明虽然上市公司面临着主业回报率不高的外部环境，但是有委托贷款业务的公司主业下滑幅度更大，即委托贷款业务降低了上市公司的主业获利能力和成长性，验证了假设2a和2c；无委托贷款业务的公司总资产周转率（TTC）前后三年的增幅为正，而有委托贷款的公司总资产周转率（TTC）前后三年的增幅为负，虽然差异不显著，但也可以看出有委托贷款业务的公司的营运能力在发生委托贷款后是下降的，而无委托贷款业务的公司的营运能力是一直在提高的。

最后，从第一大股东持股比例（SH1）来看，有委托贷款业务的上市公司在开展委托贷款业务后第一大股东持股比例（SH1）有所降低，这也显示出上市公司大量发放委托贷款可能导致大股东对企业持续良好发展的信心不足而减少持股，然而无委托贷款公司的第一大股东持股比例（SH1）是上升的，表明多数大股东还是对企业依靠实体经营创造的良好业绩表示认可的。

总的来看，近些年随着时间的推移，无委托贷款业务的公司实体投资支出增加、销售净利率上升、主营业务收入增长率提高，其主业经营不断完善，实体财务业绩越来越好，然而与此同时，有委托贷款业务的上市公司将企业的一部分资金用于发放委托贷款，甚至不惜挤占原本可用于实体投资的资金，结果其实体财务业绩指标在逐渐下降，甚至低于那些原本可能不如自己却凭借集中精力发展主业的无委托贷款业务的上市公司，可见，委托贷款能否维持业绩的可持续性值得考量。

5. 拓展分析

前文已经从有、无委托贷款业务的配对比较和有委托贷款业务的公司发放前后的比较两个层面展开研究，为了对假设进行更深层次的检验，本章将对发生委托贷款业务的上市公司进行指标修正前后的比较，也即对指标中含有委托贷款金额的部分予以剔除，对委托贷款金额从指标中"拿出来"和"放进去"进行比较。本部分研究将不再考虑配对样本，仅以发生委托贷款业务的上市公司作为研究对象，为了使结论更有说服力和普遍性，本章将研究年限拉长，选取 2001～2013 年发生委托贷款的上市公司（共 371 家）数据作为研究样本，并增加委托贷款金额（ELA）和委托贷款年平均利率（ELR）作为解释变量进行拓展性分析。

（1）委托贷款金额包含在指标中的回归分析。表 7.6 为委托贷款金额（ELA）作为解释变量时拓展性分析的结果。可以看出，各个模型的拟合度都较好，F 统计量的 Sig 值都很小，方程对样本数据整体的拟合效果都比较好；

委托贷款金额（ELA）与投资支出（IE）、销售净利率（MS）、成长性（IBR）在 10% 的水平上显著负相关，说明委托贷款金额越大，上市公司的投资支出、销售净利率和主营业务收入增长率都会显著降低，企业的实体投资活动、主业获利能力以及成长性受到显著影响，与表 7.4 回归结果一致；委托贷款金额（ELA）与经营活动现金流（ONCF）、总资产周转率（TTC）呈现负相关关系但不显著，表明企业的每股经营活动现金净流量和总资产周转率与委托贷款的金额没有显著的相关关系，这可能是因为上市公司频繁开展委托贷款业务，虽然委托贷款金额增加，但是由于开展委托贷款业务本身就涉及大量资金的流入和流出，那么就不会对企业的总资产周转率和现金流产生显著的影响。

表 7.6　　　　　　　　　　　拓展性回归结果（1）

变量	模型（1）	模型（2）	模型（3）	模型（4）	模型（5）
常量	− 1.091	− 3.942 **	0.114	1.303	− 0.316
ELA	− 2.076 *	− 5.425	− 1.971 *	− 4.488	− 8.693 *
LNA	0.112 ***	0.203 **	− 0.004	− 0.048	0.018
SH1	0.000	− 0.003	0.001 *	0.006	0.001
OS	− 0.015	− 0.100	0.004	0.216	0.045
IND	Controlled				
YEAR	Controlled				
R Square	0.166	0.187	0.183	0.236	0.185
Adjusted R Square	0.074	0.091	0.090	0.149	0.087
方程显著性（P 值）	0.014	0.006	0.005	0.000	0.007

注：1. 行业显著的有采掘业、房地产业和批发零售业；年度显著的有 2004 年、2006 年、2008 年。
2. *** 表示显著性水平为 0.001，** 表示显著性水平为 0.01，* 表示显著性水平为 0.05。

表 7.7 是委托贷款利率（ELR）作为解释变量的拓展性分析的结果。可以看出，各个模型的拟合度都较好，F 统计量的 Sig 值都较小，方程对样本数据整体的拟合效果也比较好；委托贷款利率（ELR）与投资支出（IE）、销售净

利率（MS）、成长性（IBR）在 10% 的水平显著负相关，说明委托贷款金额越大，上市公司的投资支出、销售净利率和主营业务收入增长率会显著减少，也即委托贷款平均利率的提高会导致企业的实体投资、主业获利能力和成长性受到显著影响，与前文回归结果一致；委托贷款利率（ELR）与经营活动现金流（ONCF）、总资产周转率（TTC）呈现负相关关系但不显著，表明委托贷款平均利率不会对企业的每股经营活动现金净流量和总资产周转率产生显著影响。

表7.7　　　　　　　　　　　　拓展性回归结果（2）

变量	模型（1）	模型（2）	模型（3）	模型（4）	模型（5）
常量	0.462	− 1.429	0.210 *	1.507	0.492
ELR	− 0.013 *	− 0.025	− 0.001 *	− 0.007	− 0.011 *
LNA	0.142 *	0.091 *	− 0.009 *	− 0.056	− 0.016
SH1	0.001	0.006	0.001 **	0.006 *	0.001
OS	− 0.018	− 0.119	0.007	0.206 *	0.036
IND	Controlled				
YEAR	Controlled				
R Square	0.178	0.196	0.178	0.262	0.206
Adjusted R Square	0.087	0.100	0.080	0.173	0.108
方程显著性（P 值）	0.007	0.003	0.012	0.000	0.002

注：1. 行业显著的有采掘业、房地产业和批发零售业；年度显著的有 2004 年、2006 年、2008 年。
2. *** 表示显著性水平为 0.001，** 表示显著性水平为 0.01，* 表示显著性水平为 0.05。

（2）委托贷款金额不包含在指标中的回归分析。为了使本章的研究更贴合研究主题和背景，本章对包含委托贷款金额的指标进行修正。其一，总资产周转率（TTC），计算公式变为：营业收入/（平均资产总额 − 委托贷款金额），记为"修正总资产周转率（TTC）"。其二，公司规模（LNA），计算公式变为：（平均总资产 − 委托贷款金额）的自然对数，记为"修正公司规模（LNA）"。表 7.8 即是对指标修正后的回归结果。

表7.8 拓展性回归结果（3）

变量	模型（4）修正TTC	变量	模型（4）修正TTC
常量	−4.474 ***	常量	26.955 ***
ELA	−2.069	ELR	−0.195
修正LNA	2.177 ***	修正LNA	−0.743 ***
SH1	−47.367	SH1	−0.028 **
OS	−7.127E+3 *	OS	−1.235 ***
IND	Controlled	IND	Controlled
YEAR	Controlled	YEAR	Controlled
R Square	0.317	R Square	0.215
Adjusted R Square	0.309	Adjusted R Square	0.105
方程显著性（P值）	0.000	方程显著性（P值）	0.000

注：1. 行业显著的有制造业、采掘业、和房地产业；年度显著的有2004年、2008年、2011年。
2. *** 表示显著性水平为0.001，** 表示显著性水平为0.01，* 表示显著性水平为0.05。

如表7.8所示，当解释变量为委托贷款金额（ELA）时，R^2为0.317，被解释变量的31.7%能由解释变量解释，F统计量的Sig值为0.000，说明方程在1%水平上显著，样本数据整体的拟合效果比较好。委托贷款金额（ELA）与修正总资产周转率（TTC）负相关但是不显著，与前述结论一致；当解释变量为委托贷款金额（ELR）时，R^2为0.215，拟合度较好，F统计量的Sig值为0.000，说明方程在1%水平上显著，模型能够很好地反映样本数据的整体情况。委托贷款利率（ELR）与修正总资产周转率（TTC）负相关但是不显著，也与前述结论一致。总的来看，将指标进行修正之后仍支持前述研究结论。

7.4.4 稳健性检验

衡量企业财务业绩的指标有很多，前文选取的财务业绩指标侧重于对企业实体投资活动产生的财务业绩的衡量，为了更全面地探究上市公司发放委托贷款对其财务业绩的影响，本章选用"总资产净利润率（ROA）=净利润/总资产平均余额"衡量企业的综合收益，检验委托贷款对企业综合收益的影响。此外，为了更全面地说明问题，也为了进一步验证前述假设，本章从委托贷款对企业综合收益的长期和短期两个方面进行稳健性检验，以期更加准确地探究委托贷款对企业财务业绩的影响。

1. 委托贷款对企业综合收益的短期影响

为了衡量委托贷款对企业综合收益的短期影响，本章界定发生委托贷款业务当年委托贷款对企业财务业绩的影响即为短期影响，为此本章选取 2001 ~ 2013 年每年发生委托贷款的上市公司及其配对样本为研究样本，共得到 371 组观测样本（742 个样本），研究结果如表 7.9 所示。

表 7.9　　　　　　　　　　委托贷款对综合收益影响的回归结果

变量	短期 ROA	长期 ROA
常量	0.037	0.213 ***
EL	0.006 *	− 0.005
LNA	0.001	− 0.008 **
SH1	0.001 ***	0.001
OS	− 0.007	− 0.006
IND	Controlled	Controlled
YEAR	Controlled	Controlled
R Square	0.315	0.312
Adjusted R Square	0.301	0.208
方程显著性（P 值）	0.030	0.071

注：1. 行业显著的有房地产、采掘业；年度显著的有 2008 年、2012 年。
2. *** 表示显著性水平为 0.001，** 表示显著性水平为 0.01，* 表示显著性水平为 0.05。

如表 7.9 中"短期总资产净利润率（ROA）"列所示，首先，短期时模型的 R^2 为 0.315，说明被解释变量的 31.5% 都可以由解释变量解释，拟合度较好；F 统计量 Sig 值为 0.030，即方程在 5% 水平上显著，说明模型能够较好地反映样本数据的整体情况。其次，短期内总资产净利润率（ROA）与是否发生委托贷款（EL）在10%水平上显著正相关，说明越是发放委托贷款，短期内上市公司的总资产净利润率（ROA）越高，也就是说在短期内发放委托贷款会给企业带来较高的综合收益。最后，公司规模（LNA）与短期总资产净利润率（ROA）正相关但不显著，产权性质（OS）与短期总资产净利润率（ROA）负相关但不显著；短期内总资产净利润率（ROA）与第一大股东持股比例（SH1）在1%水平上显著正相关，即第一大股东持股比例越高，企业短期总资产净利润率越高，说明股权集中度越高，可能公司越容易开展委托贷款这种可以使综合收益短期内显著提升的业务，以提高其财务业绩。

2. 委托贷款对企业综合收益的长期影响

表7.9中的"长期总资产净利润率（ROA）"列所示结果即委托贷款对企业长期总资产净利润率（ROA）影响的回归结果。R^2是0.312，说明被解释变量的31.2%能够解释变量解释，拟合优度较好；F统计量的Sig值为0.071，说明方程在10%的水平上显著，模型对样本数据的整体拟合效果较好；总资产净利润率（ROA）与是否发生委托贷款EL负相关但不显著，说明上市公司长期的总资产净利润率并没有因为是否发放委托贷款而产生显著差异，也就是说，上市公司发放委托贷款并未给其带来显著的长期综合收益；公司规模（LNA）与长期总资产净利润率（ROA）在5%水平上显著负相关，说明企业的规模越大，其长期总资产净利润率越低，综合收益越差；第一大股东持股比例（SH1）与长期总资产净利润率（ROA）没有显著的相关关系；产权性质（OS）与长期总资产净利润率（ROA）负相关但不显著，表示企业的长期总资产净利润率与企业是否国有无显著相关性。

综上所述，短期总资产净利润率（ROA）和长期总资产净利润率（ROA）的回归结果可以看出，上市公司发放委托贷款确实在短期内给企业带来了显著的综合收益，提升了财务业绩，但是，长期来看，上市公司发放委托贷款并未给其带来显著的长期综合收益，反而会对企业的长期财务业绩产生负面影响，即委托贷款对业绩的支撑不可持续。由此可见，上市公司要想持续健康发展，还是应该注重委托贷款可能对其长期发展产生的负面影响，企业的长期发展战略还是应该以实体（主业）经营为主，切勿为了追求委托贷款的短期高收益而放弃甚至挤占实体投资活动，但是，如果上市公司在满足主业经营所需资金之后，确实存在闲置资金而当前又没有合适的实体投资项目时，由于存在理性经济人假设和资本逐利规律，企业当然可以适当发放委托贷款赚取一些短期收益以提升其总体业绩水平，但需要注意的是发放过程需要严格按照相关法律规定进行，加强对接受委托贷款方的信用评估和风险预防等工作，慎重开展委托贷款业务。

7.5　本章小结

本章探究了上市公司发放委托贷款究竟会对其实体经营产生何种影响。以2001～2013 年发生委托贷款业务的上市公司作为研究对象，通过运用金融抑制、信贷配给、资本逐利等相关理论，分析了委托贷款对公司实体经营的影响，提出了研究假设，构建了检验模型，通过统计回归分析和配对检验等方法检验了理论假设，并得出如下结论。

上市公司开展委托贷款业务会减少企业的实体投资支出，影响企业的实体投资活动，同时，随着委托贷款业务的开展，上市公司的主业获利能力下降、成长性减慢。其中在配对检验中，有委托贷款业务的上市公司与无委托贷款业务的上市公司的主业获利能力都有所下降，但是有委托贷款业务的上市公司下降幅度更大，这进一步表明，在近几年主业回报率普遍不高的宏观经济环境中，发放委托贷款的上市公司的主业获利能力受到的影响更大，委托贷款业务的开展影响了企业的主业经营。扩展分析的结果表明委托贷款的金额越大、利率越高，企业的实体投资支出越少、主业获利能力越低、成长性越慢，从而进一步验证了这些结论。

稳健性检验的结果表明，上市公司委托贷款与企业的综合收益无显著的相关关系，但是，短期来看，上市公司委托贷款显著影响了其主业经营业绩，从长期来看，却并未显著增加其综合收益，这表明委托贷款对业绩的支撑不可持续。

第8章 上市公司内部资本市场委托贷款投资效果研究

第6章和第7章研究了上市公司集团外部委托贷款产生的经济后果，本章将研究企业集团内部委托贷款产生的经济后果。

委托贷款作为一种金融产品是投资与融资的媒介，既可以发放给企业集团外部的其他企业以获得收益，也可以发放给企业集团内部的子（分）公司，以调节集团内部资金余缺或利益输送。当企业资金以委托贷款的形式流向企业集团外的企业，可能会影响委托企业的投资效率和实体经营，这种影响在第6章和第7章研究中已经论述。如果企业集团把委托贷款作为集团内部调节资金盈余或作为利益输送工具的手段，那么，委托贷款就是企业集团内部资本市场中投融资的一部分，这种行为会给企业带来怎样的影响呢？本章将以内部资本市场的视角，研究上市公司集团内部委托贷款产生的投资效果。

8.1 引　言

当企业外部筹资渠道受到约束时，其目光会转移到企业集团内部的其他企业，通过企业集团统一协调将资金盈余企业的资金调节给资金短缺的企业，于是，企业集团内部资本市场形成了。内部资本市场的存在弥补了外部资本市场运作过程中的不足，满足了企业内部各部门在不同经济时期对资金的需求；委托贷款作为一种资金运作形式，在资金紧张的经济环境下，由资金充裕的贷款方流向具有资金需求的借款方，解决借款方的融资难题，缓解了企业融资的压力。在诸多的委托贷款业务中，上市公司向企业集团内其他子（分）公司发放委托贷款的业务，无论从交易金额还是交易次数方面所占比重都较大。在第3章（3.2.5节）的研究中，2001～2014年的数据统计表明，上市公司关联方之间的委托贷款笔数共2664笔，占总数的74.37%，委托贷款金额为427767百万元，所占比例高达82.34%。因此，研究上市公司在内部资本市场中委托贷款产生的经济后果有其现实意义。

8.2　相关文献综述

8.2.1　内部资本市场的研究现状

内部资本市场具有资本市场的一般特征，如提高资本流动性和优化资源配置等。企业集团内部之间的委托贷款业务使得资金在企业集团内部的不同部门、子（分）公司之间流动，并使得企业闲置资金得到合理运用。季皓（2012）认为，部分集团企业的内部资本运作活跃，有直接的资金划拨调用，有比较间接的资本配置，如委托贷款、贷款担保、关联交易等，形成了天然的内部资本市场。

最早提出"内部资本市场"概念的是阿尔钦（Alchian，1969）、威廉森（Williamson，1975）等，他们认为M型的联合大企业[①]中存在着内部资本市场，并在强化内部资本配置、缓解外部融资约束方面发挥着重要的作用。20世纪90年代中后期，学术界将对内部资本市场的研究拓展到H型的控股企业集团[②]（Khanna and Palepu，1997）。此后，学者们就对其存在性、范围界定、存在条件等方面进行了深入的探讨。随着研究的深入，内部资本市场的研究内

---

① M型的联合大企业：企业集团采用M型组织结构（多部门结构，multidivisional structure），多为拥有多个生产线的企业。企业由若干事业部组成，并且每个事业部负责一个或多个产品线。它是分权与集权相结合，更强调整体效应，母公司是投资、决策、战略发展的中心，对作为利润中心、管理协调中心的事业部进行考核。

② H型的控股企业集团（holding company，H - form）：H型结构是企业集团的组织形式，母公司为控股企业，持有各种单独的、有联系或无联系的子公司或分公司部分或全部股份，下属各子公司具有独立的法人资格，是相对独立的利润中心。极端形态下，控股企业实际上就是一家投资公司。

容也从内部的资金分配扩展到企业集团内部借贷关系、交叉担保、内部产品或服务的购销、资产买卖以及股权转让等其他内部关联交易活动上。

近年来,我国学者从不同的视角对内部资本市场进行研究,例如集团产业战略(叶康涛和曾雪云,2011)、公司业绩(许艳芳和文旷宇,2009)、内部资本市场治理结构(左和平和龚志文,2011)、股东关系(佟岩、王丹虹和孙绪才,2010)、投资者与管理者的非理性(陈菊花,2012)等不同的视角。

不同的视角,使得内部资本市场的相关基础理论不断扩展。目前,对于我国学者来说内部资本市场是一项新的研究内容,焦点集中于内部资本市场的效率上。

1. 内部资本市场的有效性研究

内部资本市场在优化资源配置(Gertner and Stein,1994)、缓解融资约束(斯坦,1997)、信息透明度高(阿尔钦,1969)、改进公司治理、产业调整(Cocco and Smith,2001)等方面存在优势,进而可以从企业内部提高企业财务业绩,实现企业价值的提升(Billett and Mauer,2003),所以在外部资本市场不完善以及会计、审计的技术、行为及规范不成熟的条件下,内、外部资本市场存在互补性。陈远志和彭青(2015)以民营上市公司为例,证实金融危机后内外部资本市场的互补效应显著;潘俊、王亮亮和吕雪晶(2015)发现企业内部资本市场对外部金融市场存在有效的替代性,可用来应对金融生态环境的恶化。

(1)优化企业资源配置。资源是企业生存的根基,资源在集团式企业内部资本市场的优化配置,可以使有限的资源应用于更高投资回报的部门、项目中,整体提升企业业绩,提高企业价值。佟岩、王丹虹、孙绪才(2010)以中大股份为例,从委托贷款角度切入说明了内部资本市场优化企业内部资源配置的部分功能;王峰娟、栗立钟(2013)也通过对上市公司面板数据的研究,证实了上市公司内部资本市场总体有效,说明大部分上市公司能够通过内部资本市场持续有效地配置资源。

(2)缓解融资约束。资本市场的主要目的之一是解决融资难的问题,内部资本市场在缓解融资压力、提高公司效益方面具有明显的作用。邵军、刘志远(2006)的研究表明,企业集团内部资本市场具有放松融资约束的功能,随着成员企业数目的增加，效率也会得到加强；万良勇、魏明海（2009）发现集团内部资本市场可以起到对银行贷款的替代作用，缓解成员公司的融资约束。陈菊花（2012）认为，内部资本市场在投资者理性、管理者非理性时可以缓解企业的投资不足。同时，刘剑民（2012）也肯定了企业集团内部资本市场放松了企业的融资约束，使企业更容易获得资金。谢军、黄志忠（2014）用上市公司数据证实民营企业集团所构建的内部资本市场能够更好地发挥资本配置功能。

即使将研究主体进一步扩大、细化，或将内部资本市场的有效性应用于非集团式企业，其缓解融资约束的功能依然成立。马宏（2009）为此提供了证据，他认为中小企业可以通过构建内部资本市场来解决其融资问题，其能有效降低融资成本、放松外部融资约束、提高资本配置效率。王峰娟、安国俊（2010）也认为，新兴市场国家的内部资本市场具有提升公司绩效的正面效应和金融缓冲器作用。杨柏、彭程、代彬（2011）的研究结果证明内部资本市场运作可能起到放松融资约束的作用，而对于民营企业来说内部资本市场弱化了过度投资的问题。

（3）改进公司治理，提升企业价值。内部资本市场作为企业资金、股份运作管理的一种方式方法，同样影响着企业治理的有效性。因此，左和平、龚志文（2011）论述了作为内部资本市场治理结构之一的业务纽带型 ICM 是有效的，将导致集团整体具有战略决策的能力并取得多元化绩效。林非园（2011）以交易成本理论为理论依据，说明企业集团内部资本市场将有助于降低企业的交易费用，从而提升企业价值。

公司治理优化的最终目的是提升企业业绩、实现企业价值的增加。内部资本市场的存在也将为此服务。吕洪雁、王立明（2012）的实证结果表明集体上市企业集团内部资本市场运作规模与企业集团托宾 Q 值之间具有显著的正向关系，这说明了规范的内部资本市场运作对企业集团整体价值的提升是有积极作用的。陈菊花（2012）指出，当投资者非理性、管理者理性时，内部资本市场被用来在集团内部进行利益输入和输出，其在我国非整体上市企业集团中可以增加企业集团价值。王珊珊、王化成（2009）以雅戈尔集团为例，同时说明内部资本市场缓解融资约束、优化资本配置及增强抵御风险能力的作用能够得到有效发挥，有助于提高企业集团整体的价值。

2. 内部资本市场的无效性研究

目前，也有一些国内外学者认为由于内部资本市场的交叉补贴、过度投资、利益输送、风险扩散、危害社会总体的效益等原因，导致内部资本市场无效。

（1）利益输送。利益输送是大股东利用内部资本市场掏空上市公司的主要手段之一。杨棉之（2006）发现华通天香集团内部资本市场部分地被异化为进行利益输送的渠道。但并未在本例中发现企业进行明显的跨部门交叉补贴证据。许艳芳、文旷宇（2009）以明天科技为例，发现系族企业①内部资本市场的影响使得上市公司投融资行为出现异化：上市公司成为"融资窗口"，产业投资功能被弱化，股权投资成为进行资金转移的平台，企业业绩下滑。王志伟（2011）以华润集团的贷款互换为例，在现有的企业集团组织框架、资金管理模式的背景下，分析内部贷款协议的内容安排，认为贷款换货能降低子公司的资金成本，但有损害部分股东利益，不利于国家调控等负面效应。万良勇、魏明海（2009）研究认为，由于大股东代理问题的存在，内部资本市场可能成为大股东掠夺上市公司信贷资金的渠道。左和平、龚志文（2011）发现内部资本市场治理结构之一的股权纽带型 ICM 被异化为大股东侵占小股东的手段，资本配置表现出种种无效行为。

（2）过度投资。过度投资是资源有效配置的异化。杨柏、彭程、代彬（2011）实证研究表明国有企业内部资本市场运作会加剧上市公司过度投资的问题，而对民营企业来说它会使投资不足变得更加严重。刘剑民（2012）指出，由于治理结构的不合理、股东与管理层之间的代理问题，使得企业出现盲目多元化、过度投资等问题，不利于企业的发展。

尽管有学者论证内部资本市场的无效性，但考虑到内部资本市场的委托贷款业务中委托贷款资金一般是上市公司的母公司利用自身优势从外部资本市场中融入的资金，对资金统一调配，集权度高，加之"平均主义"使下属各部门、各分公司为争取资金所能做的努力有限，现代管家理论论证了双重代理问

---

① 作者在文章中说明"在我国，系族企业是由若干具有独立法人资格的企业联合组建的企业集团"。

题存在的可能性较小，因而在对内委托贷款业务形成的内部资本市场内，内部资本市场的无效问题可能源于资金运作模式、企业战略制定和企业内部控制等方面，并非内部资本市场的无效。

8.2.2 委托贷款研究现状

委托贷款是委托人和借款人以金融机构为中介，明确资金的用途、金额、期限、利率等事项，实现资金由委托方流入借款方。委托方多由产业规模较大、获利能力及抗风险能力较强、闲置资金较多的国有企业、上市公司担任，丰厚的现金流是委托贷款的起点。2008年开始并影响至今的金融危机和应对经济危机而出台的各种宏观调整政策，在加大风险防范的同时使得一些公司，尤其是房地产行业的企业、中小微企业的融资渠道变窄，很难从传统金融机构获得融资支持。李兴华（2012）认为委托贷款具有解决融资难题、提高委托方收益、使银行规避风险、加强社会信用建设的优点。但委托贷款业务也存在风险隐患，许立刚（2014）认为业务风险主要包括：政策性风险及操作性风险，需从制度制定、业务操作、后期管理等方面进行防范。同时，张晓彬（2014）认为委托贷款业务的健康发展关键在于完善信息对称机制。

我国学者对委托贷款的研究分为经济管理类和法律类两种，研究内容多是对委托贷款带来的不利影响进行说明、分析及论证。经济管理类的研究分为两类：一是委托贷款作为研究内容的一部分。刘林川（2013）以委托贷款、信托贷款和未兑现的银行承兑汇票作为反映"影子银行"规模的变量进行实证研究分析，发现"影子银行"对货币政策传导的信贷渠道具有阻滞效果。二是以委托贷款为研究内容，此时的研究主体多为上市公司。宋淑琴（2012）以香溢融通控股集团股份有限公司为例，详细分析该公司热衷于委托贷款的原因，分析了因委托贷款业务而取得的收益及面临的风险。法律类多以法律条文不能有效防范委托贷款弊端及个别诉讼案件为例，希望加强法律的设立、合同的规范。周德洋、陈志军（2010）从一起委托贷款纠纷案中，从商业银行、合同内容、委托人资格等方面寻找减少类似纠纷的途径。梁启星（2013）认为资金来源、权利义务的不确定性使委托贷款背后隐藏着巨大的法律风险，应从合同规范、委托人资格、利率、信用等级等方面防范风险。

近期频发的委托贷款业务中，国有企业、上市公司多为委托方，放款给具有资金需求的借款方。可见委托贷款的动因之一是调节资金余缺，追求高额利润。董萌筱、于鹏飞（2011）发现为追求高额收益，有些上市公司大幅度增加委托贷款的业务量，其投资收益甚至超过主营业务收入，并已影响实体经济。同时，尚秀琳（2011）发现上市公司越来越多地出现将闲置资金甚至募集资金挪作他用的现象，认为资本市场具有配置外部资源的作用，而上市公司将融入资金他用的行为，削弱了外部资本市场配置资源的作用。之后，陈春华、杨天（2013）对上市公司委托贷款的市场反应进行实证研究，发现委托贷款虽然在短期内会带来一定收益，但从长期来看并非如此。覃士珍（2014）的研究结论与其相似，认为委托贷款业务对企业利益的影响，短期内会带来收益，但长期来看会加大经营风险。此外，近期的委托贷款业务中出现大额的诉讼现象，值得监管者重视，冉学东（2014）认为，委托贷款业务的高收益预示着高风险，现有的委托贷款业务的诉讼风险将会影响金融环境的稳定，但目前尚未引起相关监管层的足够重视。动因之二是缓解融资压力、优化资源配置。李梅、孙彦娜（2013）认为"资金饥渴症"和"求钱若渴"是我国上市公司对委托贷款业务偏爱的原因。此外，发现集团企业内部关联方之间的委托贷款，具备优化企业资源配置的作用，但不可避免地存在盈余管理的问题，使得母公司可以调节集团内部利润。佟岩、王丹虹、孙绪才（2010）以中大股份为研究对象，说明委托贷款在优化企业内部资源配置方面，通过内部资本市场发挥了部分功能，但也可能通过内部资本市场掠夺企业利益，但文献中简单以接收方的当年净利润作为考察评价委托贷款业务投资效果的唯一指标，说服力度较弱。同时委托贷款业务在内部资本市场配置资源的过程中，较低的利率可能形成利益输送现象。戴琪骏（2015）的研究认为，存在控制股东时的委托贷款利率较低，使得委托贷款业务作为利益输送工具使用的可能性提高，也会使企业对借款者风险反应不充分，增大放款人风险。

委托贷款业务存在时间较短、发展较快，使得我国学者对委托贷款业务的认知不足。上述文献中，学者们对委托贷款业务的研究多以论述委托贷款的弊端为开始，实施论证后，优化建议。委托贷款业务的相关文献数量少、角度单一。此外，要将企业内部和企业外部的委托贷款分开论述研究，企业内外部委托贷款的目的、风险、实质不同，因而提出对内部资本市场委托贷款效果的研究是有其理论及现实意义的。另外，委托贷款产生于金融危机、国家货币政策紧缩带来的"资金饥渴症"，其目的是缓解宏观经济环境较差及宏观经济调整带来的融资压力，是"上有政策下有对策"的应对之举，因而其研究不能脱离大的宏观环境。

8.2.3　文献述评

内部资本市场的相关研究源于欧美发达国家，是基于发达完善的资本市场运作建立起来的理论研究体系。其先进性、可行性已受到多方检验。但是，在实证研究方面，尽管学者们不断地修正模型、方法，试图靠近中国国情，但逃离不了国外研究套用我国企业数据的本质，并且其修正的模型与方法的适用性得不到证实，变量的多元性也不够。此外，研究人员不易获得上市公司以外的企业集团的相关数据信息，并且集团式企业集体上市的较少，其研究主体必将受到限制；由于市场的不完善，上市公司的信息披露有限，获得的资料有限，限制了研究方法的运用，从而影响了研究结论。

对委托贷款的相关研究更多地关注对外委托贷款业务，有时不区分对内与对外委托贷款业务，少有学者以内部资本市场为主体对委托贷款业务的资金来源、金额、利率、履约情况、资金流向、最终收益等方面的投资效果进行分析研究。从手工收集的数据来看，早期的内部资本市场委托贷款业务在报表中披露得不充分，考虑对内委托贷款业务发生次数较少，达不到大数据分析对数据数量的要求，因而，关于委托贷款的研究有很多个案研究。为避免单一案例研究结论的特殊性，增强本书研究结果的适用性，本书选取多家上市公司进行多案例比较分析。以上市公司及其纳入合并报表的子（分）公司之间的委托贷款业务为研究对象，从企业内部资本市场的角度做多案例比较研究，以期增加此类研究的研究思路，提供更多的数据支持，为经营者及监管者提供决策支持。

8.3 内部资本市场委托贷款
投资效果的理论分析

8.3.1 委托贷款是内部资本市场对外部市场融资约束的缓解

内部资本市场最早出现于兼并联合形成的大型集团企业。子（分）公司及各部门对集团企业内部有限资源的竞争，形成了类似外部资本市场资源竞争的内部资本市场。企业集团内部有限资源的激烈竞争，源于传统资本市场的失效，使得非上市企业的融资渠道变窄，子（分）公司及各部门只能转而依靠内源融资，由此可见，内部资本市场是对外部资本市场的补充。

如图 8.1 所示，内部资本市场对资源的配置分为两个环节：第一，上市公司及其所属子（分）公司能够从外部资本市场融入资金（如果上市公司集团不需要外部融资，这个环节可以省略）或者集团内部的内源性融资不平衡，即有的企业经营活动资金有盈余，有的企业不足，需要在集团内部调剂；第二，上市公司集团为了实现某种目的，需要通过内部资本市场将资金在不同所属子公司之间配置。由内部资本市场配置资源的过程来看，随着经济环境的变化及经济政策的调整，当集团内部个别公司形成融资约束时，集团内部另外一些信贷等级高、营运状况良好的公司会成为企业集团的外部融资平台，将外部资本市场融入资金通过内部资本市场配置给集团内部不能从外部资本市场融资金而又需要资金的公司。或者集团内部某些子公司的经营状况良好，产生的现金流有盈余，通过内部资本市场配置给需要资金的子公司。内部资本市场通过调节集团内部不同子公司之间的资金配置，或者缓解资金短缺子（分）公司的融资压力，或者通过外部资本市场内部化以节约融资成本，或者为实现某种特殊目的而转移资金，或者实现不同单位之间的利益输送等。总之，内部资本市场越来越多地成为企业资本运作的一种工具。

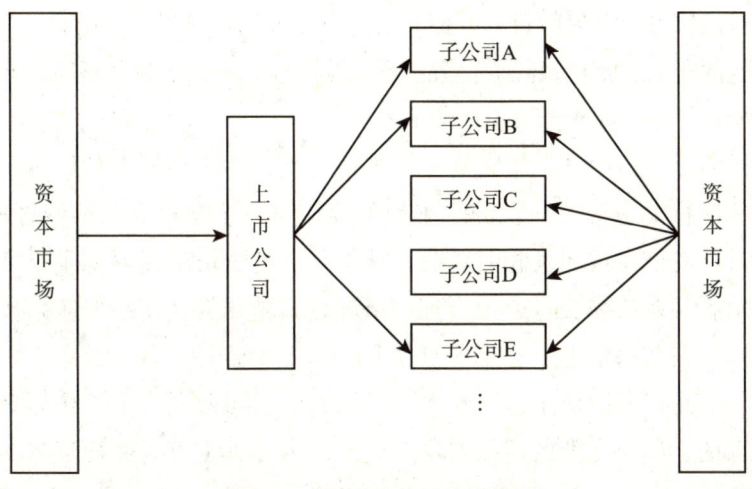

图 8.1　内外资本市场资源配置

委托贷款也可以成为内部资本市场配置资源的一种方式。公司集团通过内部优质融资平台融入外部资金（也可以是集团内经营状况良好的公司的内源性融资），然后，以委托贷款的形式将融入资金放贷给旗下子（分）公司，缓解内部子（分）公司融资压力，这将有利于公司集团战略目标的实现，提升集团整体价值；同时，对内的委托贷款业务以实现资金在企业内部的优化配置为目标，而不是以获取高收益为目标，降低了子（分）公司的融资成本。

8.3.2　内部资本市场的委托贷款可降低资本交易成本

交易成本理论是由罗纳德·哈里·科斯（R. H. Coase）于 1937 年发表的论文《论企业的性质》中提出来的，他认为，交易成本由信息搜寻成本、谈判成本、缔约成本、监督履约情况的成本、可能发生的处理违约行为的成本所构成，即为促成交易而发生的所有成本。

在内部资本市场中，母公司以其资本投入取得对下属公司及部门的控制权，具有一定权威性，可以直接跟进投资项目的进展情况、审查相关文件账目、随时了解投入资金的使用情况。与外部投资者相比，信息透明度大幅提高，母公司可以获取真实度较高的有效信息，即使不能避免舞弊，也增加了辨别信息真假的途径与方法；母公司拥有的剩余索取权和控制权，使其拥有挑选优秀项目及被投资对象的权利，使其投资收益能够得以保障。因此，集团内部公司之间的资金配置可以降低信息搜寻成本、谈判成本、缔约成本、监督履约情况的成本等，从而降低资本交易成本。

同样的道理，内部资本市场中的委托贷款，由于委托人和借款人拥有所有权和控制权上的交叉、紧密的业务关系和同一控制权人的权威性等因素，使委托贷款的信息透明度相对较高，从而可以减少信息搜寻成本；考虑交易双方的从属关系或同受母公司支配的情况，其委托贷款交易的谈判成本大幅下降；母公司获取信息、追踪项目便利，降低了监督、履约成本；发生违约时，由于交易双方归属于同一集团，可以在母公司的允许下，作简单账面处理，无逾期、诉讼之类的违约费用。于是，内部资本市场委托贷款的交易成本大大降低了。

8.3.3 内部资本市场委托贷款可降低借贷风险

从财务风险的角度来看，在对内的委托贷款业务中，委托方较为关注投资风险与流动性风险，借款方则更关注筹资风险与经营风险。财务人员对风险的辨识能力、管理者的投融资决策等因素将会影响企业投资的财务风险。

降低风险的方法不外乎是在事前评估、事中监督、事后处理这三个部分加强管理。在内部资本市场中，企业母公司（出资者）是资产的所有者，拥有极大的权威性与控制权，可以在事前获得准确的相关信息，较高的透明度利于母公司对投资项目进行全面评估，降低委托方前期决策的财务风险。拥有剩余索取权与控制权，保证了其事中监督的权利，以便随时跟进项目、审计查阅文件账目、了解资金使用情况并及时发现问题、处理问题或尽早收回资金，为母公司本金的收回及获取收益提供保障。母公司能够以其所有权对投资损失进行处理，如直接变更委托贷款的投资为母公司对子（分）公司的长期投资，避免了诉讼的发生，降低了委托方后期资金无法收回的投资风险。

在内部资本市场中，对于作为委托方的母公司来讲，子（分）公司的透明度高，并且可以依赖对子公司的控制权，母公司可以较为及时、全面地了解子（分）公司的运营发展情况，降低了母公司的财务风险，继而使得子（分）公司可以很容易地依据自身的资金需求向母公司不定期的借入资金，降低了外部客观因素对自身筹资风险的负面影响。

在内部资本市场，由于母公司控制权与剩余索取权的存在，母公司可以在事前、事中、事后加强对委托贷款资金的监督及管理，降低母公司的投资风险，也便于子（分）公司从母公司及时借入资金，降低了子（分）公司的筹资风险。

8.3.4　内部资本市场委托贷款可优化企业集团资源配置

上市公司以其融资优势可以按照企业集团整体资金需求尽量多的融入资金，以便为子（分）公司提供资金；也可以其高度控制权，将企业集团现有资源重新分配，实现优化资源配置。

从配置效率上来讲，上市公司以投入资本的方式取得子（分）公司的高度控制权，母公司对子（分）公司的所有权，使得母公司能够以集团整体资源与发展情况为出发点制定企业发展战略，规划资本运营、组织资金调配，尽可能地优化资源配置，促进战略目标的实现，配置效率较高。因此，上市公司内部资本市场的委托贷款业务，在实现优化企业资源目标的同时，将会依据企业发展战略，整体规划上市公司融入资金，确定对子（分）公司提供委托贷款资金的情况。高度集权使得母公司能较为充分地了解子（分）公司的经营发展情况，可以从企业战略及长远发展的角度，通过委托贷款业务分配企业资金，为目标子（分）公司提供资金支持，实现资源的优化配置，以保证企业战略的实现。

8.4　案例选择及企业基本情况概要

8.4.1　案例的选择

从统计的 2001～2013 年上市公司内部资本市场委托贷款业务的数据中，选取委托贷款业务发生数量多的年份并且首次委托贷款业务的发生年度为2011 年以前（包括2011 年）、委托贷款业务发生次数多、总金额较大的几家上市公司，排除控股集团对上市公司提供委托贷款业务、企业关联方之间的委托贷款业务、数据披露缺失的情况，最终选取了4家各具特点的上市公司。

晨鸣纸业2006年至今一直都有对内的委托贷款业务发生，具有跨期长、总金额大的特点；复星医药作为4家案例中唯一一家民营企业，因其短短4年内发生73笔委托贷款业务而被选取；ST*天威因其退市警告的"ST*"及对内委托贷款的业务交易次数较多而被选取；开滦股份是国有企业，且所处行业发展一般，其委托贷款业务发生年份可以和复星医药进行对比分析。选取的四家案例企业同属于制造业，但分属于不同小类行业。如表8.1所示。

表8.1 案例企业基本情况介绍

企业简称	代码	企业性质	所属行业	委托贷款金额（亿元）	委托贷款发生时间
晨鸣纸业	000488	国有企业	造纸及纸制品业	82	2006~2010年
复星医药	600196	民营企业	医药制造业	60.5	2010~2013年
ST*天威	600550	国有企业	电器机械及器材制造业	50	2008~2013年
开滦股份	600997	国有企业	石油加工及炼焦业	33	2011~2013年

资料来源：上市公司委托贷款数据来源于巨潮资讯网公司年报和公告，经手工收集并计算获取。

研究数据来源于国泰安（CSMAR）数据库、万德（WIND）数据库、新浪财经（finance. sina. com. cn）、巨潮资讯网（www. cninfo. com. cn），通过手工收集深沪两市所有上市公司2001~2013年的财务报告及委托贷款公告，统计委托贷款业务的基本情况；区分对内、对外委托贷款并依据案例选择的标准，选择符合条件的上市公司；具体分析各企业每笔委托贷款业务的相关数据后，最终确定上述4家企业作为案例。

8.4.2 企业基本情况概要

1. 晨鸣纸业

晨鸣纸业，公司全称为山东晨鸣纸业集团股份有限公司，1997年5月26

日在深圳证券交易所发行 B 种股票，2000 年 11 月 15 日晨鸣 A 股在深圳证券交易所上市，2008 年该公司公开发行境外上市外资股（H 股），至 2013 年底旗下控股子公司 46 家。主要经营内容：机制纸、纸板等纸品和造纸原料、造纸机械的生产、加工、销售，属于造纸及纸制品业。本书对晨鸣纸业研究的时间窗口为 2006～2010 年，该公司从 2006 年开始每年发生多笔大额委托贷款业务，尽管该企业 2011 年后也有内部委托贷款业务的存在，但未在报告中披露，公告中披露的委托贷款业务前后不能续接，且每笔业务发生与否、委托贷款金额、存续期间等问题都无法查证，因而不纳入本书数据统计分析的范围。在窗口期内，上市公司作为母公司为旗下 18 家子公司提供委托贷款资金，总金额达 82 亿元，单笔最大金额为 7.8 亿元，单笔最小金额为 500 万元；委托贷款利率普遍较低，多在银行同期贷款利率上下浮动；委托贷款业务存续期间最长为 10 年；无诉讼、逾期、展期、坏账的情况，但存在多笔委托贷款资金续借的情况。该公司通过开拓低成本融资渠道，优化公司资本结构，降低资金成本，改善财务状况，以便支持新项目建设，不断以其上市公司的融资优势利用多种渠道，融入所需资金。

2. 复星医药

复星医药是上海复星医药（集团）股份有限公司于 1998 年上市后在上海证券交易所的公司简称，是一家民营企业。1998 年 8 月 7 日，经批准该公司向社会公开发行境内上市普通股（A 股）股票，2012 年 10 月 30 日发行 H 股。至 2013 年底，该集团的母公司上海复星高科技（集团）有限公司持有该企业41.08％的股份，最终母公司为复星国际控股有限公司。该公司主要经营范围：生物化学产品、试剂、生物科技服务、生产销售自身开发的产品、仪器仪表、电子产品、计算机、化工原料（除危险品）、咨询服务属于医药制造业。在窗口期（2010～2013 年）内，上市公司作为母公司为旗下 16 家子公司提供委托贷款资金，总金额达 60.5 亿元，单笔最大金额为 6 亿元，单笔最小金额为 500 万元；委托贷款利率普遍较低，多在银行同期贷款利率上下浮动；委托贷款业务存续期间最长为 5 年，最短为 3 个月；无诉讼、逾期、展期、坏账的情况，但存在多笔委托贷款资金续借的情况。该公司从 2010 年开始对集团内部发放委托贷款，依靠银行借款、证券市场与债券市场融入资金。

3. ST* 天威

ST* 天威，即保定天威保变电气股份有限公司，2001 年 1 月 12 日通过上海证券交易所交易系统以上网定价的发行方式向社会公开发行人民币普通股（A 股）。该企业的母公司为中国兵器装备集团公司，持有该企业 51.3% 的股份。2013 年的年度审计净利润为负，并且公司连续两年亏损，公司股票在 2014 年被实施退市风险警示。主要经营变压器、互感器、电抗器等输变电设备、辅助设备及输变电专用制造设备部件的制造与销售，属于电器机械及器材制造业。2002~2004 年该公司发生过几笔小额委托贷款业务，考虑数据的连续性与重要性，不纳入本书数据统计范围。在窗口期（2008~2013 年）内，上市公司作为母公司为旗下 8 家子公司提供委托贷款资金，总金额达 50 亿元，单笔最大金额为 3 亿元，单笔最小金额为 513 万元；委托贷款利率普遍较低，多在银行同期贷款利率上下浮动；委托贷款业务存续期间最长为 7 年，最短为 6 个月；无诉讼、逾期、展期的情况，但存在多笔委托贷款资金续借的情况，并且由于接受委托贷款投资资金的子公司经营不善，上市公司 2013 年底对两家子公司计提减值准备，同时将 4 家子公司的委托贷款资金转为长期股权投资或资本公积。

4. 开滦股份

开滦股份，即开滦能源化工股份有限公司，成立于 2001 年 6 月 30 日，于 2004 年 6 月 2 日在上海证券交易所挂牌上市。母公司开滦（集团）有限责任公司持有其 56.73% 的股份，主营业务范围包括煤炭及伴生资源开采、原煤洗选加工、煤炭产品经营销售，焦炭及相关产品的生产和销售等，属于石油加工及炼焦业。2007~2010 年该公司接受母公司的委托贷款 2 亿元人民币，并已按时归还，无逾期、展期现象，从 2011 年开始该企业对旗下子（分）公司提供委托贷款，具有交易金额大、交易次数多的特征。在窗口期（2011~2013 年）内，上市公司作为母公司为旗下 7 家子公司提供委托贷款资金，总金额达 33 亿元，单笔最大金额为 4.1 亿元，单笔最小金额为 2500 万元；委托贷款利率普遍较小，多在银行同期贷款利率上下浮动；委托贷款业务存续期间最长为 5 年，最短为 1 个月；无诉讼、逾期、展期、坏账的情况，但存在多笔委托贷款资金续借的情况。

上述 4 家企业以上市公司作为母公司，旗下拥有多家子（分）公司，且在以上市公司为母公司形成的企业集团内，集团成员存在大量活跃的内部资本运作，如：贷款担保、关联交易等，各上市公司的各经营单位之间为了争夺上市公司融入的资金展开竞争，在不同的经营单位拥有不同的投资机会时，上市公司为追求公司整体利益的最大化，将从证券市场与信贷市场融入的资金进行重新配置，因而能够以内部资本市场的视角对这 4 家上市公司委托贷款业务的投资效果进行分析。

8.5　上市公司内部资本市场委托贷款投资效果研究

在集团企业的内部资本市场中，上市公司融入资金通过委托贷款将资金放贷给集团内部的其他公司，这样，既可以解决其他公司资金紧张、融资困难等问题，又能促进借款方及企业集团的经营发展。

8.5.1　委托贷款资金来源分析

大部分对内委托贷款业务的发生都是以缓解借款方的资金需求为起点的：部分企业不易从外部资本市场获取资金，产生了融资困难、资金紧张的问题。在内部资本市场中，若是集团内的子（分）公司并无较大项目建设、扩大经营或经营不善，其资金紧张程度一般较低，外部融资环境的变动并不会对融入资金总量产生较大影响；一旦子（分）公司出现较大的资金缺口，并且无法从外部资本市场获取资金，母公司则会依靠上市公司的融资优势及较高的信贷等级，增加融资渠道、扩大融资金额，满足子（分）公司的资金需求，此时，上市公司成为集团企业的融资平台。

1. 委托贷款资金来源与融资成本情况

4 家样本企业从证券市场及债券市场上获取资金的渠道、时间、金额略有不同，导致各家企业从股票市场与债券市场上获取资金的融资成本不同，但从银行借入资金的资金成本是一致的。如表 8.2 所示，我国贷款基准利率随国家货币政策的调控而变动，利率虽然较低，但与 4 家案例企业的债券市场和股票市场的融资成本相比，却略显偏高。这也证明内部资本市场形成的委托贷款融资成本并不高。

表 8.2　　　　　　　　　我国近年来贷款基准利率情况　　　　　　　　单位：%

年份	短期贷款		中长期贷款		
	6 个月以内 （含 6 个月）	1 年以内 （含 1 年）	1～3 年 （含 3 年）	3～5 年 （含 5 年）	5 年以上
2006	5.58	6.12	6.30	6.48	6.84
2007	6.57	7.47	7.56	7.74	7.83
2008	4.86	5.31	5.40	5.76	5.94
2009	4.86	5.31	5.40	5.76	5.94
2010	5.35	5.81	5.85	6.22	6.40
2011	5.60	6.00	6.15	6.40	6.55
2012	5.60	6.00	6.15	6.40	6.55
2013	5.60	6.00	6.15	6.40	6.55

资料来源：中经网产业数据库和笔者整理。

从表 8.3 中我们可以看出，晨鸣纸业从 2006～2010 年发生委托贷款业务期间，上市公司主要的资金来源渠道有三种：人民币贷款、股权融资、债券融资。由该公司财务报告中可以看出，该公司从 2005 年开始不断扩大经营规模，建设实施新项目并对设备进行技术改造，使得未来几年里公司的资金需求大幅增长，为保证企业集团对子公司资金需求的供应，上市公司通过银行借款、股权融资（2008 年发行 H 股）、债券融资融入资金，再以委托贷款的形式借贷给子公司使用。该企业分别在 2006 年、2008 年及 2010 年通过短期融资券的形式分别融通资金 20 亿元（两次发行利率分别为 3.68%、3.82%）、19 亿元（利率为 5.2%）、33 亿元（利率数据缺失），2009 年发行利率为 5.05% 的 12 亿元中期票据，2010 年中期票据利率为 5.9%，低于表 8.2 中的同期贷款基准利率。

表 8.3　　　　　　　　　晨鸣纸业融资渠道及金额　　　　　　　单位：万元

融资渠道	2006 年	2007 年	2008 年	2009 年	2010 年
银行借款	784874.38	624162.43	533225.84	921511.45	323939.74
股权融资			272825.00		
债券融资	200000.00		190000.00	120000.00	440000.00
短期融资券	200000.00		190000.00		330000.00
中期票据				120000.00	110000.00
合计	984874.38	624162.43	996050.84	1041511.45	763939.74
委托贷款增量	193400.00	55500.00	179000.00	182600.00	190002.68

注："银行借款"金额为企业年报现金流量表中"取得借款收到的现金"项目的金额。

2010 起我国为缓解社会整体融资压力，增加了债券发行规模，债券融资在直接融资中的比重增加显著。对于复星医药而言，该上市公司顺应市场环境，利用自身优势以较低成本融入资金，分配资金优化资金配置。通过表 8.4 我们可以看出该企业通过多种融资方式融入资金，复星医药在 2010 ~ 2012 年的 3 年中，发行中期票据、公司债券、短期融资券，共募集 46 亿元，并且该企业每年都向子（分）公司提供金额总量较大的委托贷款资金，保证子（分）公司经营发展的资金需求。就债券市场融资成本来说，2010 年中期票据利率为 4.9%，2011 年的中期票据利率为 5.9%，2012 年公司债券利率为 5.53%、短期融资券利率为 4.75%，均低于同期银行贷款的基准利率。窗口期内，上级控股公司也曾为上市公司提供委托贷款资金以支持上市公司经营发展。

对于 ST* 天威而言，该企业 2012 年、2013 年的年度合并利润表中的净利润为负，年度财务报表中提到因为行业原因企业业绩不断下滑，上市公司的业绩较差，同时接受委托贷款资金的子公司的利润也都为负值，导致子公司到期无法归还委托贷款资金，而做减值准备及转为长期股权投资处理。如表 8.5 所示，该企业 6 年间只在 2011 年增加了融资渠道，分别从股票市场（配股）、债券市场（发行公司债券）融入 40 多亿元的资金，其他年份只能通过银行借款融入资金。从 2011 年起上市公司业绩下滑，但银行贷款量不断增加，说明上市公司有较好的信贷等级，短时的经营不善不会影响从银行借入资金的总量。融资渠道增多的 2011 年，该企业减少了银行借款量，原因可能是公司债券的利率低于同期银行贷款利率，为降低该企业整体融资成本，而选择多渠道融入资金。即便该上市公司业绩较差，也能够以上市公司为融资平台从资本市场融入资金，并通过对内的委托贷款业务实现了上市公司对子（分）公司的资金支持，应对行业的低潮期，保证其持续经营。

表 8.4 　　　　　　　　　**复星医药融资渠道及金额** 　　　　　　单位：万元

融资渠道	2010 年	2011 年	2012 年	2013 年
银行借款	106000.00	162000.00	5900.00	75511.51
股权融资	65549.20		318558.74	
债券融资	100000.00	160000.00	200000.00	
短期融资券			50000.00	
中期票据	100000.00	160000.00		
企业债券			150000.00	
合计	271549.20	322000.00	524458.74	75511.51
委托贷款增量	7433.40	210415.00	291600.00	96625.521

注：2010 年委托贷款资金全部由股票发行的募集资金提供；2013 年发行 H 股股票；"银行借款"金额为企业年报现金流量表中"取得借款收到的现金"项目的金额。

表 8.5 　　　　　　　　　**ST*天威融资渠道及金额** 　　　　　　单位：万元

融资渠道	2008 年	2009 年	2010 年	2011 年	2012 年	2013 年
银行借款	488450.00	325000.00	277900.00	87000.00	227577.00	358581.94
股权融资				244759.14		
债券融资				160000.00		
合计	488450.00	325000.00	277900.00	491759.14	227577.00	358581.94
委托贷款增量	40000.00	72000.00	42000.00	70000.00	205958.00	151941.50

注："银行借款"金额为企业年报的现金流量表中的"取得借款收到的现金"金额，2011 年公司债券利率为 5.57%。

对于开滦股份来说，从银行贷来的资金与以上 3 家企业相比较少。如表 8.6 所示，窗口期内该企业未从证券市场融入资金；2013 年从外部市场融入资金减少，有可能是因为 2012 年通过多种渠道融入的资金较多；在 2011 年及 2012 年发行中期票据、公司债券，共募集资金 36 亿元。其中 2011 年中期票据利率为 6.21%，2012 年中期票据利率为 5.71%，2012 年公司债券利率为 5.4%，低于同期银行贷款利率。研究中未发现 ST* 天威案例中债券融资增加的同时，银行贷款量降低情况。

表 8.6　　　　　　　　　　　　开滦股份融资渠道及金额　　　　　　　　单位：万元

融资渠道	2011 年	2012 年	2013 年
银行借款	28000.00	69683.00	53000.00
债券融资	140000.00	220000.00	
公司债券		150000.00	
中期票据	140000.00	70000.00	
合计	168000.00	289683.00	53000.00
委托贷款增量	50000.00	156200.00	125948.00

注："银行借款"金额为企业年报现金流量表中"取得借款收到的现金"项目的金额。

综上所述，4 家委托贷款资金来源渠道以银行借款为主，适当时企业会从证券市场和债券市场融入资金，晨鸣纸业还曾从上级母公司获取委托贷款资金，而开滦股份未从证券市场融入资金。同时发现，资本市场上融入资金的融资成本低于银行贷款成本。

2. 企业融入资金总量与委托贷款资金发放总量的比较分析

从图 8.2 至图 8.5 中可以直观看到，除个别时点外，4 家案例上市公司外部融入资金的总量与委托贷款业务的放款总量变化趋势相同。尽管这 4 家企业的委托贷款公告中提到的资金来源多为公司自有资金，但报表中没有标明企业债券融资资金、部分银行借款的资金用途，因而我们有理由相信，在资金紧张的情况下，上市公司利用自身融资优势融入资金，并通过内部资本市场以委托贷款的形式向企业集团内不具有融资优势的子（分）公司输送资金，降低了企业集团下属公司的融资压力。

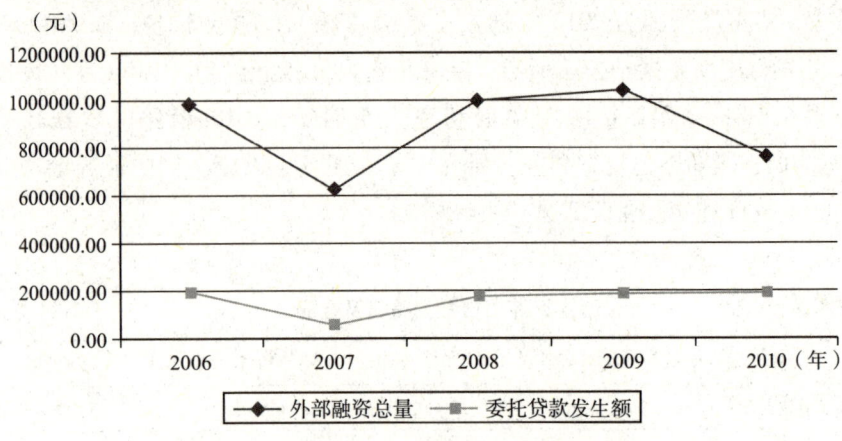

图8.2　晨鸣纸业外部融资和委托贷款对比

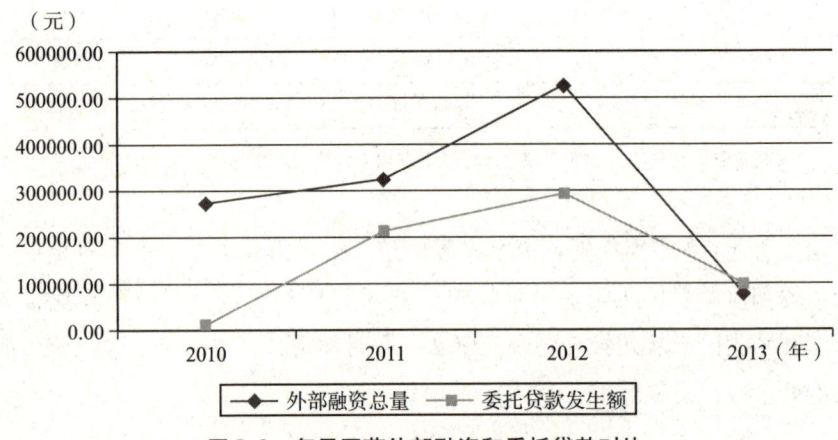

图8.3　复星医药外部融资和委托贷款对比

综上所述，上市公司外部融资量与委托贷款发放量趋势的一致性，体现了上市公司充当集团融资平台的特征，借助上市公司融资优势，以较低成本融入大量资金，并通过委托贷款业务将资金放款给子（分）公司，降低了其融资压力。由此可见，委托贷款业务可以解决子（分）公司资金短缺的问题。

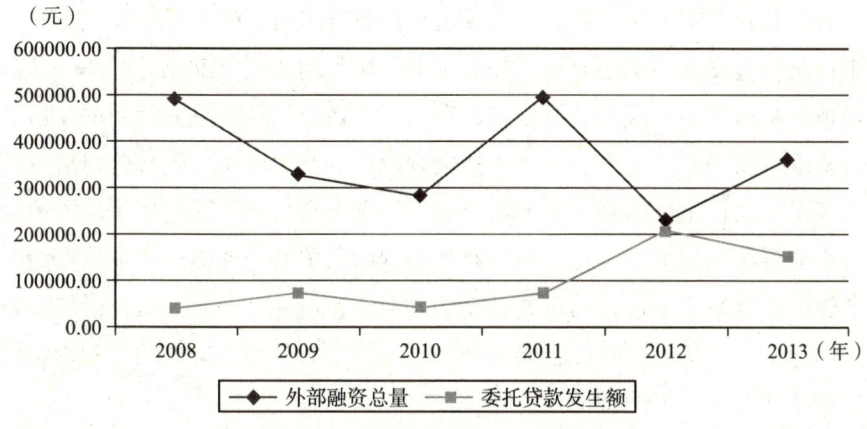

图 8.4　ST*天威外部融资和委托贷款对比

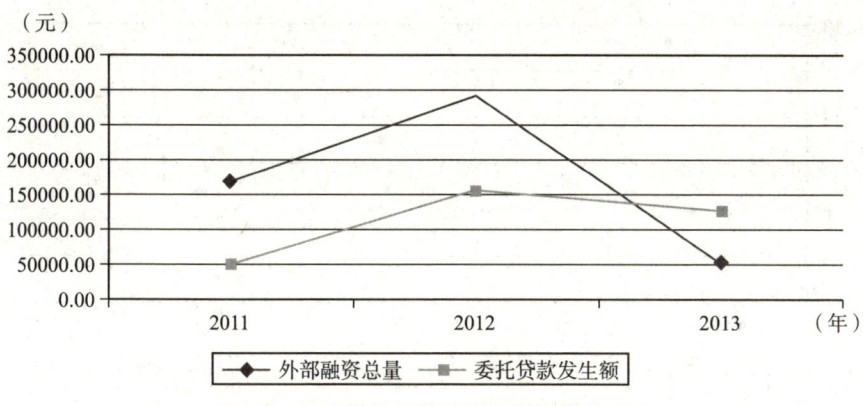

图 8.5　开滦股份外部融资和委托贷款对比

8.5.2　委托贷款业务的融资成本及交易成本分析

与对外的委托贷款业务相比，由于上市公司对子（分）公司具有较高的控制权，可以较为充分地获取分公司的相关信息，提高风险评估的准确度；对内委托贷款的合同签订程序相对简单，合同及借款关系较容易建立，减少了谈判的过程及中介、咨询费用等交易成本；为缓解子（分）公司融资压力，委托贷款的贷款利率较低，降低了子（分）公司的融资成本；母公司获取信息、追踪资金使用情况的便利性，使得监督履约的成本较低。

总之，企业集团内部的委托贷款业务压缩了交易成本，减少了集团内部的损耗，有利于集团层面的价值提升。

从图 8.6 至图 8.9 中我们可以看出，企业集团内部的委托贷款利率围绕同期银行贷款基准利率小幅变动，却大幅低于对外的委托贷款业务利率。从前文中对债券融资的融资成本分析中可以得知，上市公司债券融资的利率一般低于银行基准贷款利率，也低于对内委托贷款业务的利率。考虑到母公司对内部资本市场运作的自主性较高，非上市公司不具备上市公司的融资优势，因而可以认为企业集团利用上市公司，通过委托贷款向其关联企业输送了廉价资金，降低了银行信贷对非上市公司重要程度的同时，减少了子（分）公司财务费用，体现内部资本市场的有效性，同时证实了不同于对外委托贷款的高利率，对内委托贷款具有低利率的特征。

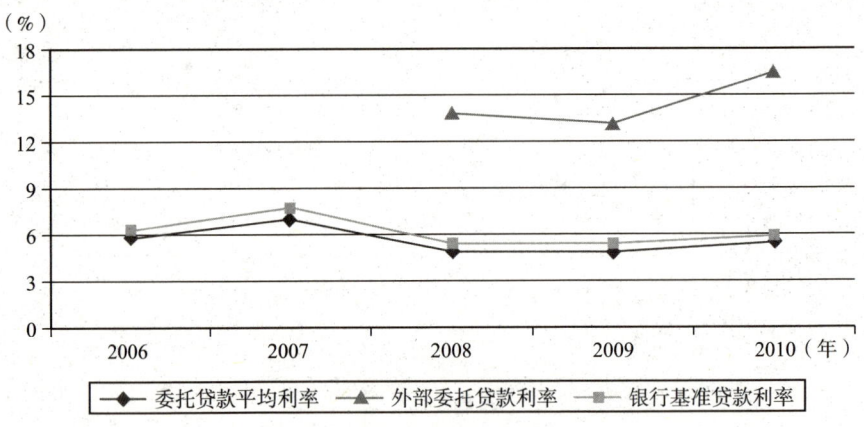

图 8.6　晨鸣纸业融资成本分析

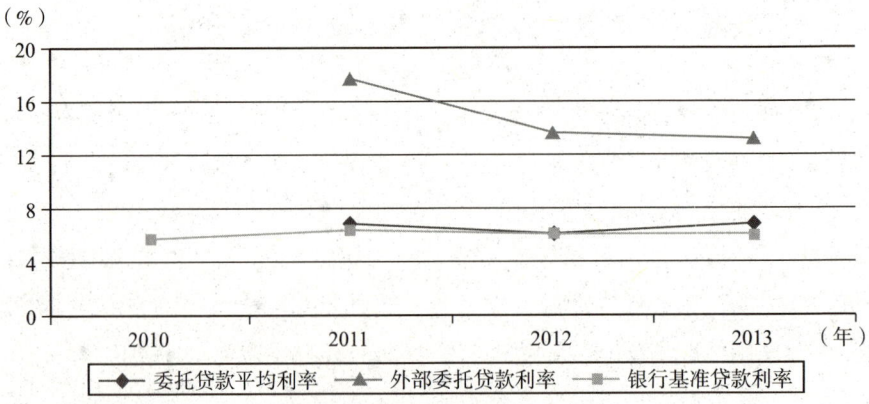

图 8.7　复星医药融资成本分析

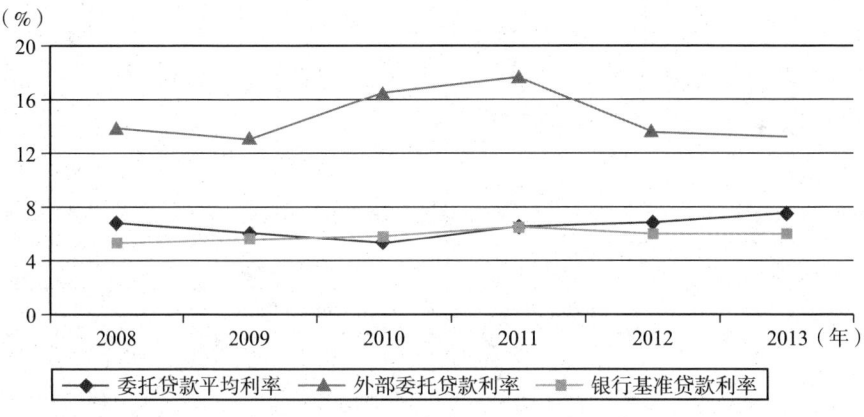

图 8.8 ST*天威融资成本分析

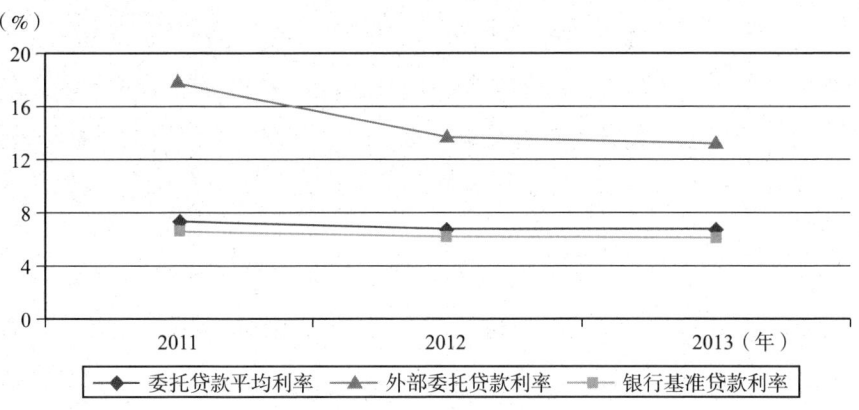

图 8.9 开滦股份融资成本分析

从降低交易成本、融资成本的角度分析,对内委托贷款业务的投资效果较好。

8.5.3 委托贷款资金使用情况分析

1. 委托贷款资金用途分析

从表 8.7 中可以看出,发现 ST*天威 7.2 万元的工程项目款,由 3 笔期限为 3 年共 3 亿元及 4 笔限为 7 年共 4.2 亿元的委托贷款组成。同时发现开滦股份的 3.3 亿元工程项目款是由 1 笔为期 5 年的 3 亿元资金与 1 笔为期 1 年的

0.3 亿元资金组成的委托贷款。对于这 3 家企业来说，其用于补充营运资金与归还银行借款的委托贷款资金多以 1 年为限。由此可见，委托贷款的资金用途一定程度上决定了委托贷款的贷款期限。

表8.7　　　　　　　　　　委托贷款资金用途　　　　　　　　单位：万元

用途	复星医药	ST* 天威	开滦股份
补充营运资金	560865.00	509889.50	279148.00
归还借款	33450.00		20000.00
工程项目用款	10733.40	72000.00	33000.00

注：晨鸣纸业的报表及公告中没有披露委托贷款的用途，所以表中晨鸣纸业数据缺失。

通过分析委托贷款的用途和贷款期限，可以看出，借款人通过委托贷款获得的资金补充了营运资金，归还了贷款和用于工程项目建设，说明委托贷款资金在子（分）公司的效用类似于自有资金，缓解了公司内部资金紧张的问题，弥补了企业日常经营活动出现的资金缺口。该投资活动具有良好的效果。

2. 委托贷款资金去向分析

企业集团资源配置的优化，离不开资本的流动，而对内委托贷款业务实现了企业内部资金的流动。从各家现金流量表中可以看出，4 家企业都具有充足的现金流量为委托贷款的资金流动提供保障。各家企业的母公司以其上市公司的融资优势融入资金，并将部分资金以较低的利率委托贷款给旗下子（分）公司，在减少子（分）公司财务费用，增加母公司收益的同时，通过对目标子（分）公司的资金支持，逐步实现企业战略目标，起到了优化资金配置的作用，上市公司以其权威性与控制权，总揽企业集团内部所有资金的支配，在确保企业战略目标实现的同时，可以将资金用于投资回报率较高的项目。

（1）晨鸣纸业的委托贷款资金投向及效果。晨鸣纸业依据行业及自身现状从原料、生产、销售、发展等方面分别制定了发展目标与战略。在原料方面，试图打造"林浆纸一体化"的产业链，解决制约公司发展的原材料瓶颈，提高产品成本控制能力，摆脱上游资源对公司的制约；生产方面，优化生产流程和提高生产设备质量，进行高端纸品的研发与生产，从而增加产量、改善生产效率及产品品质；环保方面，以"节能减排、和谐发展"为目标，发展新能源，改进工艺，减小污染；同时要实现集团的低成本扩张。以上这些方面，企业通过投资建设新的项目，关闭小规模污染企业来实现。而委托贷款业务的流向也大多是进行项目建造或研发的企业，为实现集团的战略目标提供资金支持。2007～2011 年，晨鸣纸业在原料、技术、规模等方面加强了项目实施，与上市公司对子公司提供委托贷款资金的时间相符。可以认为，母公司将融入的资金借贷给了借款方，对项目建设需要流动资金的企业提供支持。公司的战略是围绕企业主营业务机制纸而展开的，委托贷款业务也大量流向相关企业，并辅助支持新兴产业，如酒店业、树木种植及原材料。从图 8.10 中可以看出几年来该企业委托贷款资金的投放方向，是以企业战略规划为依据，为相关业务的子（分）公司提供流动资金。

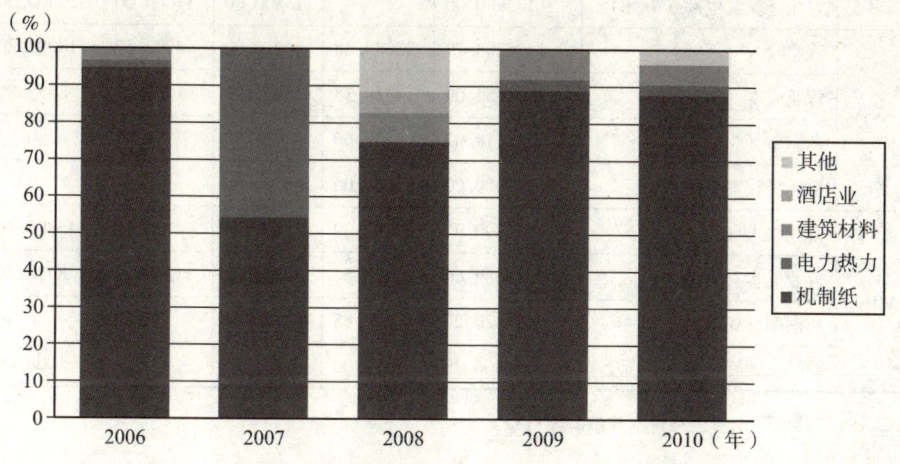

图 8.10　晨鸣纸业委托贷款发放分布

注："其他"主要包括树木种植及原材料。

由表 8.8 中各项目每年获取的委托贷款资金总量，可知该企业的委托贷款资金主要流向企业主营业务及新兴业务，从主营业绩上可以看出，其主营业务的业绩保持较好发展，其新兴业务尽管没有带来较高主营业务收入，但一直保持较高利润率。该企业委托贷款活动带来了较好的投资效果。

表8.8 晨鸣纸业分行业子公司运营与委托贷款发放情况

年份	项目	机制纸	电力热力	建筑材料	酒店业	其他
2006	营业收入（万元）	1078035.82	5988.34	81765.13		15619.95
	营业成本（万元）	875039.08	3028.76	67441.87		12546.88
	利润率（%）	18.83	49.42	17.52		0.20
	委托贷款发生额（万元）	182900.00	4500.00	6000.00		
2007	营业收入（万元）	1385561.05	6899.59	86990.96		37022.65
	营业成本（万元）	1104007.94	5892.48	72736.37		24811.36
	利润率（%）	20.32	14.60	16.39		0.33
	委托贷款发生额（万元）	30000.00	25500.00			
2008	营业收入（万元）	1457392.10	23555.16	51259.42	2414.89	18337.77
	营业成本（万元）	1181495.56	19948.53	44427.32	835.63	8969.19
	利润率（%）	18.93	15.31	13.33	65.40	0.51
	委托贷款发生额（万元）	133900.00		13800.00	11000.00	20300.00
2009	营业收入（万元）	1408388.79	23889.26	34010.00	4092.59	18082.29
	营业成本（万元）	1154554.09	14414.38	26749.99	1167.27	8855.86
	利润率（%）	18.02	39.66	21.35	71.48	0.51
	委托贷款发生额（万元）	162000.00	5500.00	15100.00		
2010	营业收入（万元）	1616390.91	44497.30	38895.78	4719.77	15808.54
	营业成本（万元）	1288689.60	39223.54	30673.02	1235.24	8478.69
	利润率（%）	20.27	11.85	21.14	73.83	0.46
	委托贷款发生额（万元）	166866.39	5500.00	9636.29		8000.00

注："其他"主要包括树木种植及原材料。

（2）复星医药委托贷款资金的投向及效果。由图8.11可知，复星企业集团的委托贷款资金多投资于该企业主营业务：药品制造与研发。通过表8.9中各项目营业收入的增长，可以认为企业集团通过内部资本市场的委托贷款业务，按公司战略目标将资金流向具有与上市公司相似主营业务的子公司，促进了企业集团主营业务收入比重的增加，企业集中配置资源实现了集团业务专业化的目标。此外，我们还可以看到，企业集团在医疗服务业得到较好发展，委托贷款业务促进了新兴业务的发展，如：作为具有医学诊断与医疗器械制造及代理项目的子公司，在接受了委托贷款资金后快速地发展。由此可知，该企业委托贷款业务的投资活动带来良好的投资效果。

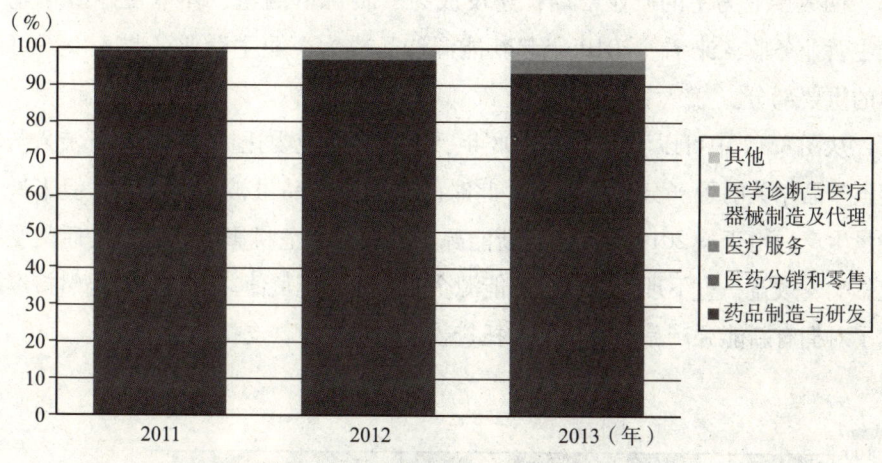

图 8.11　复星医药委托贷款发放分布

表 8.9　　　　　　　　复星医药分行业子公司运营与委托贷款发放情况

年份	项目	药品制造与研发	医药分销和零售	医疗服务	医学诊断与医疗器械制造及代理	其他
2011	营业收入（万元）	386690.41	144040.45	1125.81	106075.02	10622.37
	营业成本（万元）	199906.05	123806.16	833.21	62991.40	8762.37
	利润率（%）	47.92	11.95	0.26	40.39	0.18
	委托贷款发生额（万元）	199300.00		1315.00		
2012	营业收入（万元）	465966.61	137831.43	15035.21	105721.42	1323.81
	营业成本（万元）	213677.35	120487.53	10698.43	60521.98	1060.93
	利润率（%）	54.14	12.58	28.85	42.75	0.20
	委托贷款发生额（万元）	282100.00		5500.00	3000.00	
2013	营业收入（万元）	654459.53	145103.55	47460.05	141357.63	1377.69
	营业成本（万元）	313418.98	127011.49	35359.32	73616.72	1074.59
	利润率（%）	52.11	12.47	25.50	47.92	0.22
	委托贷款发生额（万元）	93600.00		3700.00	3000.00	

注：业务板块"其他"中包括：医药咨询、房地产开发等。

（3）ST*天威委托贷款资金的投向及效果。ST*天威2008年以来一直实施"双主业、双支撑"的发展战略，期望在公司内部形成以"输变电"和"新能源"两大产业为主的产业格局，建设成为"资源节约型、环境友好型企业"。从主营业务收入来看，2010年起新能源产品成为企业主营业务收入中不可忽视的重要部分。

从图8.12中可以看出，在2008年、2009年企业委托贷款资金全部流入与输变电产品相关的子（分）公司中，此时的新能源产品虽被企业看好，但未进行批量生产。由于从2010年开始，新能源产品受金融危机影响严重，之后又受行业影响，效益一直不理想，部分新能源企业利润出现负值。但母公司仍然持续增大了对拥有新能源产品子公司的委托贷款金额与次数，支持其持续发展。

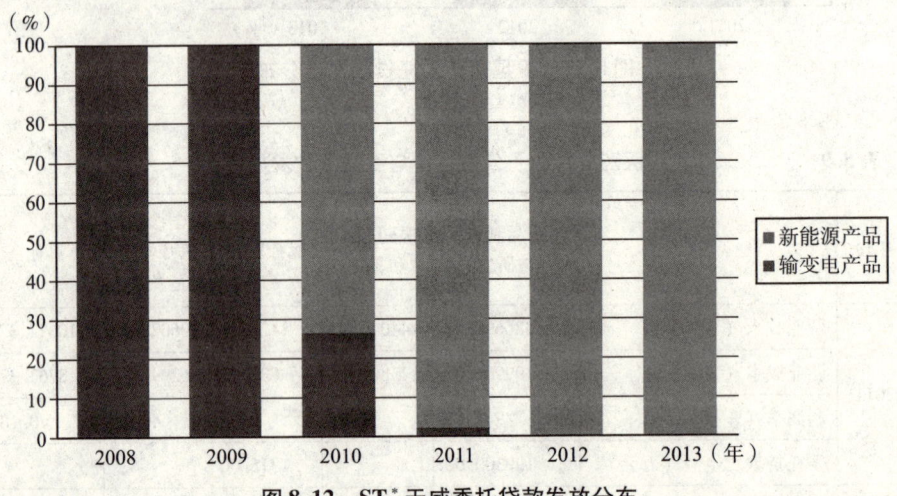

图8.12 ST*天威委托贷款发放分布

该企业2013年的报告中提到战略变为"聚焦输变电主业，整合优势资源"的整体思路，并于2013年把委托贷款资金大规模转为长期投资，计提坏账准备，并对存在委托贷款业务但无法持续经营的子公司，以债权人身份申请破产。战略的偏颇使得企业减小了委托贷款资金在"聚焦输变电主业"方面的投入，加之行业因素使得该企业损失较大。2013年上市公司调整战略并处置部分委托贷款业务，企业集团主营业务收入开始回升。由表8.10可以看出该企业从2009年开始加大了对具有新能源产品子公司的资金支持，对净利润为负值的新能源企业不断增加资金投入量，最终导致资金无法回收，在 2014 年甚至出现了诉讼。而企业的主营业务输变电产品，一直保持较为良好稳健的发展势头。上市公司的战略失误造成的过度投资，使得委托贷款的投资效果变差。

表 8.10　　　　　ST⁺天威分行业子公司运营与委托贷款发放情况

年份	项目	输变电产品	新能源产品
2008	营业收入（万元）	374634.30	
	营业成本（万元）	28869.81	
	利润率（%）	22.89	
	委托贷款发生额（万元）	40000.00	
2009	营业收入（万元）	396823.75	
	营业成本（万元）	299770.38	
	利润率（%）	24.46	
	委托贷款发生额（万元）	72000.00	
2010	营业收入（万元）	486018.47	146721.48
	营业成本（万元）	385712.16	137458.38
	利润率（%）	20.64	6.31
	委托贷款发生额（万元）	11000.00	31000.00
2011	营业收入（万元）	311879.42	166527.05
	营业成本（万元）	245285.34	136655.21
	利润率（%）	21.35	17.94
	委托贷款发生额（万元）	1000.00	69000.00
2012	营业收入（万元）	257743.07	16166.10
	营业成本（万元）	242889.73	21506.18
	利润率（%）	5.76	-33.03
	委托贷款发生额（万元）		205958.00
2013	营业收入（万元）	404088.96	20605.63
	营业成本（万元）	371422.12	19604.32
	利润率（%）	8.08	4.86
	委托贷款发生额（万元）		151941.50

（4）开滦股份的委托贷款资金投向及效果。开滦股份遵循"以煤为基、以焦为辅、以化为主"的战略方针，规划构建了煤炭、煤化工、新材料和新燃料三大产业链条。煤炭加工业的营业收入占主营业务收入的七成以上，是企业的主要收益来源，如图8.13所示，投资于煤炭加工业的委托贷款资金占大多数，母公司同时也对集团内的化工类企业予以资金支持。

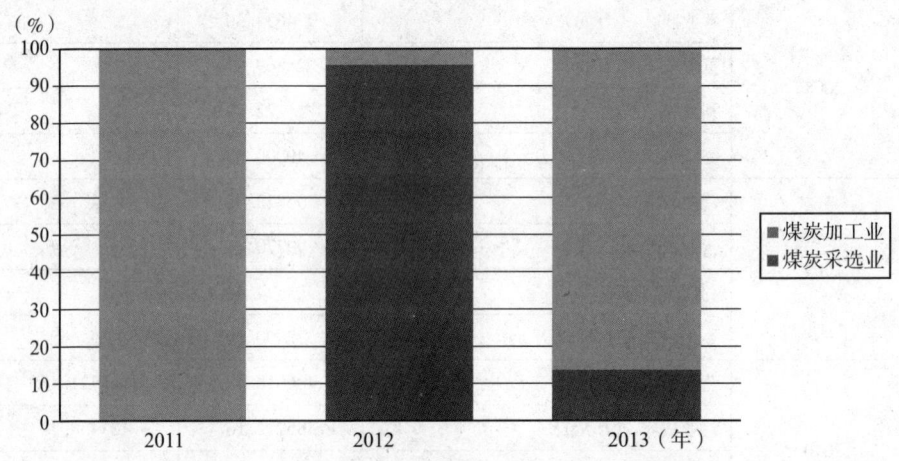

图8.13　开滦股份委托贷款发放分布

2012年该公司取得新的煤炭勘探权，2013年通过委托贷款业务加大对煤炭采选业子公司的资金支持。上市公司所属行业是石油加工及炼焦业，从公司的长远发展来看，煤炭加工业比煤炭采选业更具发展前景，并取得更多资金支持。煤炭采选业的营业成本低、技术简单，利润占总收益的比重较大，而煤炭加工业恰恰相反，其提炼技术的发展、新产品创新是同行业竞争的关键，但利润较小。因而如表8.11所示，该企业对属于煤炭加工业子公司的资金支持力度远大于属于煤炭采选业的子公司。从企业长远发展与经营业绩来看，该企业委托贷款的投资效果良好。

综上所述，四家企业通过委托贷款业务，依据企业整体战略，关注企业主营业务与新兴业务之间的发展关系，合理配置委托贷款资金，为实现企业战略目标及经营业务多元化给予了资金支持。从主要财务指标的结果来看，除ST*天威对经济环境、行业发展状况的分析失误，导致企业战略目标制定有所偏差，造成过度投资，使得企业业绩下滑外，其他 3 家企业主营业绩都有所提升，并促进了新兴产业的发展。由此可见，对内委托贷款业务的投资效果较好，并且企业战略的制定一定要符合当前的经济及行业环境需求，发现风险时应及时调整战略。

表 8. 11　　　　　　　　　开滦股份分行业子公司运营与委托贷款发放情况

年份	项目	煤炭采选业	煤炭加工业
2011	营业收入（万元）	562677. 28	1590528. 16
	营业成本（万元）	385930. 40	1520772. 31
	利润率（％）	31. 41	4. 39
	委托贷款发生额（万元）		50000. 00
2012	营业收入（万元）	479450. 01	1668654. 12
	营业成本（万元）	334935. 42	1585395. 86
	利润率（％）	30. 14	4. 99
	委托贷款发生额（万元）	16000. 00	140200. 00
2013	营业收入（万元）	401595. 42	1521903. 30
	营业成本（万元）	300497. 0092	1421082. 89
	利润率（％）	25. 17	6. 62
	委托贷款发生额（万元）	16000. 00	106948. 00

8.5.4　委托贷款合同的履约情况分析

由委托贷款合同履行情况的统计数据来看，晨鸣纸业、复星医药、开滦股份的对内委托贷款业务履约情况较好，从表 8.12 至表 8.14 中也可以看出，这源于内部资本市场委托贷款的委托方——上市公司的高度控制权以及内部成员之间信息透明度高、信用好。从统计的委托贷款合同履行情况中，我们发现这 3 家公司在发生委托贷款业务的几年里，并未出现逾期、展期的现象，并且没有发生相关诉讼事项。但集团内部存在借了还、还了又借的现象，与展期的效果相似。

表 8.12　　　　　　　　　晨鸣纸业委托贷款业务连续借款情况　　　　　单位：万元

借款方	金额	借款持续期	
菏泽晨鸣板材有限责任公司	1500	2007 年 01 月 08 日 ~ 2009 年 01 月 08 日	2009 年 01 月 08 日 ~ 2010 年 01 月 08 日
菏泽晨鸣板材有限责任公司	3100	2008 年 12 月 24 日 ~ 2009 年 12 月 24 日	2009 年 12 月 24 日 ~ 2010 年 12 月 24 日
鄄城晨鸣板材有限公司	2000	2008 年 12 月 03 日 ~ 2009 年 12 月 03 日	2009 年 12 月 03 日 ~ 2010 年 12 月 03 日
齐河晨鸣板材有限公司	1500	2008 年 12 月 01 日 ~ 2009 年 12 月 01 日	2009 年 12 月 03 日 ~ 2010 年 12 月 03 日
	1482.77	2010 年 12 月 02 日 ~ 2011 年 12 月 02 日	
寿光晨鸣美术纸有限公司	60000 变为 59749.05	2009 年 12 月 03 日 ~ 2010 年 12 月 03 日	2010 年 12 月 03 日 ~ 2011 年 12 月 03 日
山东晨鸣纸业集团齐河板纸有限责任公司	9000 变为 8950.35	2009 年 12 月 03 日 ~ 2010 年 12 月 03 日	2010 年 12 月 03 日 ~ 2011 年 12 月 03 日

表 8.13　　　　　　　　　复星医药委托贷款业务连续借款情况　　　　　单位：万元

借款方	金额	借款持续期	
上海复星医药产业发展有限公司	1800	2011 年 12 月 12 日 ~ 2013 年 12 月 09 日	2013 年 12 月 09 日 ~ 2016 年 12 月 09 日
上海复星医药产业发展有限公司	3000	2011 年 12 月 09 日 ~ 2013 年 12 月 05 日	2013 年 12 月 04 日 ~ 2016 年 12 月 04 日
安徽济民和肿瘤医院	1500	2012 年 12 月 24 日 ~ 2013 年 06 月 24 日	2013 年 06 月 21 日 ~ 2014 年 06 月 21 日
安徽济民和肿瘤医院	1000	2012 年 04 月 27 日 ~ 2013 年 11 月 05 日	2013 年 11 月 05 日 ~ 2015 年 11 月 05 日
江苏万邦生化医药股份有限公司	10000	2012 年 11 月 29 日 ~ 2013 年 11 月 29 日	2013 年 11 月 29 日 ~ 2014 年 11 月 29 日
上海克隆生物高技术有限公司	10000 变为 8000	2012 年 12 月 26 日 ~ 2013 年 12 月 26 日	2013 年 12 月 26 日 ~ 2014 年 12 月 26 日

表 8.14　　　　　　　开滦股份委托贷款业务连续借款情况　　　　　单位：万元

借款方	金额	借款持续期	
山西介休义棠倡源煤业有限公司	10000	2012 年 05 月 30 日 ~ 2013 年 05 月 30 日	2013 年 05 月 27 日 ~ 2014 年 05 月 27 日
迁安中化煤化工有限责任公司	16000	2012 年 10 月 12 日 ~ 2013 年 10 月 12 日	2013 年 09 月 10 日 ~ 2014 年 09 月 10 日
唐山中润煤化工有限公司	20000	2011 年 10 月 19 日 ~ 2012 年 10 月 19 日	2012 年 10 月 12 日 ~ 2013 年 10 月 12 日
		2013 年 10 月 09 日 ~ 2014 年 10 月 09 日	
唐山中润煤化工有限公司	9000	2012 年 09 月 29 日 ~ 2013 年 09 月 29 日	2013 年 09 月 18 日 ~ 2014 年 09 月 18 日
唐山中润煤化工有限公司	41000	2012 年 11 月 05 日 ~ 2013 年 11 月 05 日	2013 年 11 月 01 日 ~ 2014 年 11 月 05 日

对于 ST* 天威来说（见表 8.15），企业所处行业的原因（报表披露）使得上市公司的经营业绩不断下滑，接受委托贷款资金的各个子公司的利润多为负值。尤其是天威四川硅业有限责任公司于 2012 年底停产，并于 2014 年初提交破产申请。在借款方无法归还委托贷款资金的情况下，对外委托贷款业务一般走诉讼的途径，尽量减少企业的损失，并将损失归集到当期损益中；但在对内的委托贷款业务中，由于委托方与借款方为母子公司，则将不能归还的对内委托贷款转成"长期股权投资"及"资本公积"，将不能还款的金额看作是母公司对子（分）公司的一种投资，减少了坏账的计提。

如表 8.12 至表 8.15 所示，内部资本市场的委托贷款业务中，交易双方都隶属于同一家上市公司。上市公司作为母公司在企业集团资源的统一调配中，以其高度控制权对子公司的运营、委托贷款资金的使用进行及时有效的监督，因而合同订立方便，对子公司的信任度高，可以及时为子公司提供资金。即使对内委托贷款业务出现了诉讼、逾期、展期、坏账的现象也可以在企业内部协商解决，在母公司的允许下作简单账面处理即可。发生诉讼之类的违约费用与违约风险较低，降低了上市公司投资的财务风险；母公司对子公司信任度高，降低了子公司融资的财务风险。

表8.15　　　　　　　　ST*天威委托贷款业务连续借款及处置情况　　　　　　　单位：万元

企业名称	续借年份	续借金额	13年委托贷款处置情况说明
乐山乐电天威硅业科技有限责任公司	2013	13400.00	32483.50万元全部计提减值准备
天威四川硅业有限责任公司	2012 2013 2013	21000.00 19900.00	89458.00万元计提减值准备
天威新能源（长春）有限公司	2011 2013	13000.00	15420.00万元委托贷款转为长期股权投资
保定天威薄膜光伏有限公司	2013	35000.00	49758.00万元委托贷款转为长期股权投资
保定天威今三橡胶工业有限公司	2011	1000.00	
保定天威风电叶片有限公司			21436.00万元委托贷款转为长期股权投资
保定天威风电科技有限公司			93475.00万元委托贷款：51411.25万元转为长期股权资，42063.75万元转为资本公积

对内委托贷款业务的交易成本较低、合约签订方便、延迟还款的可能性小，由此可以认为内部的委托贷款业务降低了经营风险与财务风险。同时体现了对内委托贷款业务交易便捷、处置方便的特征，在降低投资风险方面表现出较好的投资效果。

8.5.5　委托贷款的投资收益分析

对委托方来讲，委托贷款业务作为一种投资行为，考察投资收益的大小是不可回避的问题。对外的委托贷款以其高利率、高收益，诱使部分企业将闲置资金甚至是运营资金用于发放委托贷款。而对内的委托贷款业务则不同，由前文的分析我们可以看出对内的委托贷款业务以企业战略为导向，以优化资源配置为目标，解决了借款人资金紧张、融资困难的问题，也因内部委托贷款的低融资成本与交易成本，降低了借款人的财务风险。通过查阅4家上市公司年报发现，除晨鸣纸业外，其余各家母公司都未明确披露委托贷款的收益情况。所以，表8.16至表8.19中的委托贷款收益均按以下公式计算得出：本年委托贷

款收益 = 委托贷款金额 × 委托贷款利率 × 存期。从表 8.16 至表 8.19 中可以看出，各母公司委托贷款收益的金额及其占主营业务收入的比重都比较小，再次证实对内委托贷款业务与对外委托贷款业务的目标不同，不以高利率、高收益率作为资金投资目标。

表 8.16　　　　　　　　　　晨鸣纸业母公司的委托贷款收益

年份	委托贷款收益（万元）	营业收入（万元）	占营业收入的比重（%）
2006	3456.48	999501.29	0.35
2007	13085.93	1255258.93	1.04
2008	16148.72	1355778.23	1.19
2009	9152.08	1335797.82	0.69
2010	11375.87	1488462.93	0.76

注：2011 年之后报表中委托贷款业务披露不充分，公告中每笔委托贷款业务无法区分，而且没有明确披露委托贷款放款与收款日期，同时连续公告中委托贷款金额总量也不一致，所以剔除。

表 8.17　　　　　　　　　　复星医药母公司的委托贷款收益

年份	委托贷款收益（万元）	营业收入（万元）	占营业收入的比重（%）	投资收益（万元）	占投资收益的比重（%）
2011	1227.48	0	0	69644.85	1.76
2012	17290.01	1020.00	1695.10	48111.19	35.94
2013	24664.97	1040.00	2371.63	109483.39	22.53

注：2010 年只发生一笔委托贷款业务，且无法获得其发放日期及收益。该母公司的营业收益全部由投资收益提供。

表 8.18　　　　　　　　　　开滦股份母公司的委托贷款收益

年份	委托贷款收益（万元）	营业收入（万元）	占营业收入的比重（%）
2011	855.73	534737.37	0.16
2012	4747.31	476733.17	1.00
2013	10553.49	372719.07	2.83

表 8.19　　　　　　　　ST*天威母公司的委托贷款收益

年份	委托贷款收益（万元）	营业收入（万元）	占营业收入的比重（%）
2008	453.33	460038.30	0.10
2009	4342.00	575888.19	0.75
2010	5483.08	762979.98	0.72
2011	7566.73	534582.64	1.42

注：从 2012 年起 ST*天威委托贷款业务未曾披露委托贷款发放时间，且由于子（分）公司经营不善，多家企业无法偿还利息与本金，因而委托贷款业务收益无法计算。

8.6　本章小结

本章选取了委托贷款业务发生次数较多、金额较大、数据缺失较少且连续性较强的 4 家上市公司为例，从内部资本市场的角度，对上市公司对内委托贷款业务的投资效果进行了分析，发现了企业集团内部委托贷款的一些业务特征。

第一，通过上市公司融入资金总额与发放委托贷款资金总额的比较，发现对内委托贷款业务使得子（分）公司借助上市公司的融资优势，通过委托贷款业务借入资金，降低了自身融资压力，体现了上市公司充当融资平台的特征。

第二，委托贷款业务压缩了交易成本，减少了集团内部的耗损，有利于集团层面的价值提升。对内委托贷款利率明显低于对外委托贷款利率，在银行基准利率上下小幅变动，可见其明显降低了子（分）公司融资成本，同时表现出对内委托贷款低利率的特征。委托贷款业务的投资收益占母公司整体收益的比例较小，说明母公司对内委托贷款资金的发放，不以获取收益为目的，再次证明对内的委托贷款业务具有降低融资成本的作用，表现出不同于对外委托贷款业务的低收益特征。

第三，委托贷款资金多被用于补充周转资金，缓解了子（分）公司流动资金紧张的问题，另外，委托贷款的资金用途一定程度上决定了委托贷款的贷款期限。从母公司对不同经营业务的子（分）公司的委托贷款资金发放量中，可以看出上市公司依据企业战略将委托贷款资金配置于相关业务的子（分）公司，为其发展提供资金支持，实现了优化资源配置的内部资本市场效用，同时有助于企业主营业务及新兴产业的健康发展。

第四，在对单笔委托贷款业务进行追踪调查的过程中，发现对内的委托贷款业务合同签订方便、履行及时，降低了集团内部交易成本，同时也促使子（分）公司按期还款，即便无法还款也可以将母公司的委托贷款资金转变为对子（分）公司的长期投资，降低了委托贷款业务逾期、展期、诉讼的财务风险，同时体现了对内委托贷款业务交易便捷、处置方便的特征。

第9章 研究结论和政策性建议

9.1 研究结论

9.1.1 上市公司委托贷款业务现状特点

1. 总体规模

从总体规模上来看，2001～2014年我国上市公司和全国委托贷款总规模呈快速增长趋势；上市公司和全国委托贷款环比增长率整体呈现上下波动的特点，并没有显著的趋势特征；上市公司与全国委托贷款的定比都呈现上升趋势，且两者具有高度的一致性。

2. 委托贷款的委托人特点

发放委托贷款的上市公司主要集中在"制造业"和"电力、热力、燃气及水生产和供应业"行业，不同行业贷款利率也不同，批发和零售业，农、林、牧、渔业和文化、体育和娱乐业等行业的委托贷款利率均值和中位数明显高于其他行业；卫生和社会工作等行业的委托贷款期限均值为36个月，采矿业与电力、热力、燃气及水生产、供应业和综合紧随其后，贷款期限均值分别是23个月和22个月。

从委托人分布的地域来看，发放委托贷款规模由东部向华北和西部转移的过程；东北地区委托贷款利率均值最高，西北地区最低；委托贷款期限均值最长的是西北，最短的是东北地区。

从不同的市场板块来看，委托贷款主要集中在沪市 A 股市场，占委托贷款总规模的 69.54%；贷款利率均值最高的是中小企业板；贷款期限各市场板块没有表现明显的差异。

对不同属性的企业而言，国有企业上市公司委托贷款总额占上市公司委托贷款总规模的 77.53%，远远高于民营企业的规模，其委托贷款的利率明显高于民营企业的委托贷款利率，贷款期限也长于民营企业。

上市公司的委托贷款主要发放给了关联企业，占委托贷款总规模的 74.37%，利率远远低于非关联交易的委托贷款，其贷款期限也明显长于非关联方之间的委托贷款。

3. 借款人之间的特点

借款人的委托借款主要集中在制造业、房地产业和电力、热力、燃气及水生产和供应业等行业，其中，制造业所占比例最高。房地产业的借款人支付的利率最高，均值为 11.22%，最大值达到了 25%，其次是综合、文化、体育和娱乐业、批发和零售业，支付利率最低的是居民服务、修理和其他服务业，均值仅为 2.25%。教育、卫生和社会工作及电力、热力、燃气及水生产和供应业、采矿业的借款期限最长。

委托贷款中借款人也表现出了不同的地域特点：委托贷款的借款人主要分布在华东和华北地区，占委托贷款交易额的 67.19%；借款人支付的利率地区之间的差异不明显；平均借款期限最长的是中国港、澳、台地区，最短的是华北地区；国有企业的借款规模和期限都比民营企业大和长，而国有企业的借款利率明显低于民营企业。

4. 委托贷款资金的来源与去向

上市公司委托贷款资金的来源有三个：发行股票超募资金、外部负债资金和内部自我积累。这些资金以高利率投向了其他企业或与关联方进行了资金调剂或利益输送。

把委托贷款的规模与货币政策对比发现，两者之间存在着一定的相关性：委托贷款规模随着货币政策的"松"和"紧"的变化而变化。

9.1.2　货币政策对企业信贷融资影响的非对称效应

在货币政策紧缩时期，货币政策会对不同规模的企业融资产生非对称融资效应，其中，规模大的企业在货币政策的作用下融资能力相对较强，即在货币政策影响下，企业银行借款比例与企业规模正相关。在货币政策紧缩时期，货币政策会对不同产权性质的企业融资产生非对称效应，其中，民营企业在货币政策的作用下融资能力相对较弱；在货币政策宽松时期，这种非对称效应会弱化。

不同产权性质的企业存在着信贷融资影响的非对称效应。国有企业和民营企业的借款增长率存在显著差异。国有企业银行借款比例明显高于民营企业。在货币政策紧缩时期，国有企业也有较强的融资能力，国有企业与民营企业之间存在明显的非对称融资效应；在货币政策宽松时期，货币政策对企业信贷融资影响的非对称效应较弱。

总之，对不同规模和产权性质的企业而言，货币政策对企业信贷融资的影响存在非对称效应：在货币政策紧缩时，货币政策对企业信贷融资的非对称效应更显著；在货币政策宽松时，货币政策对企业信贷融资的非对称效应较弱。

9.1.3　国家货币政策对上市公司委托贷款业务的影响

国家的宏观货币政策与上市公司的委托贷款之间存在着一定关系：在货币政策紧缩时，市场上存在对资金的需求增加，上市公司与其他公司之间的委托贷款业务也随之增加；当货币政策宽松时，由于信贷歧视等原因的存在，一些"被歧视公司"资金紧张情况并不能从根本上解决，而上市公司等资金充裕公司为追求高利率会以委托贷款的形式增加资金供给。实证检验结果表明，货币政策会影响上市公司发放委托贷款，相对于货币政策宽松时，货币政策紧缩时上市公司委托贷款会显著增加。

9.1.4　上市公司开展委托贷款业务的经济后果

1. 对实体投资效率产生不利影响

以 2001～2013 年发放委托贷款的上市公司及其配对样本公司作为研究对象，研究结果表明，上市公司委托贷款的发放会影响其实体经济的投资效率。相对于没有发生委托贷款业务的上市公司，发生委托贷款业务的上市公司更容易表现出投资不足。

2. 对公司实体经营产生不利影响

上市公司开展委托贷款业务会减少企业的实体投资支出，影响企业的实体投资活动，同时随着委托贷款业务的开展，上市公司的主业获利能力下降、成长性减慢。其中有委托贷款业务的上市公司与无委托贷款业务的上市公司的主业获利能力都有所下降，但是有委托贷款业务的上市公司下降幅度更大，这更进一步表明了在近几年主业回报率普遍不高的宏观经济环境中，发放委托贷款上市公司的主业获利能力受到的影响更大，委托贷款业务的开展影响了企业的主业经营。

研究结果表明，上市公司委托贷款与企业的综合收益无显著的相关关系，上市公司委托贷款在显著影响了其主业经营的同时却并未显著增加其综合收益，委托贷款对业绩的支撑不可持续；扩展分析的结果表明委托贷款的金额越大、利率越高，企业的实体投资支出越少、主业获利能力越低、成长性越慢。

3. 上市公司对内委托贷款业务的投资效果

第一，通过上市公司融入资金总额与发放委托贷款资金总额的比较，发现对内委托贷款业务使得分（子）公司借助上市公司的融资优势，通过委托贷款业务借入资金，降低了自身融资压力，体现了上市公司充当融资平台的特征。

第二，委托贷款业务的投资收益占母公司整体收益的比例较小，说明母公司对内委托贷款资金的发放，不以获取收益为目的，再次证明对内的委托贷款业务具有降低融资成本的作用，表现出不同于对外委托贷款业务的低收益特征。

第三，委托贷款资金多被用于补充周转资金，缓解了分（子）公司流动资金紧张的问题，另外，委托贷款的资金用途一定程度上决定了委托贷款的贷款期限。从母公司对不同经营业务的分（子）公司的委托贷款资金发放量中，可以看出上市公司依据企业战略将委托贷款资金配置于相关业务的分（子）公司，为其发展提供资金支持，实现了优化资源配置的内部资本市场效用，同时有助于企业主营业务及新兴产业的健康发展。

第四，委托贷款业务压缩了交易成本，减少集团内部的耗损，有利于集团层面的价值提升。对内委托贷款利率明显低于对外委托贷款利率，在银行基准利率上下小幅变动，可见其明显降低了分（子）公司融资成本，同时表现出对内委托贷款低利率的特征。在对单笔委托贷款业务进行追踪调查的过程中，发现对内的委托贷款业务合同签订方便、履行及时，降低了集团内部交易成本，同时也促使了分（子）公司按期还款，即便无法还款也可以将母公司的委托贷款资金转变为对分（子）公司的长期投资，降低了委托贷款业务逾期、展期、诉讼的财务风险，同时体现了对内委托贷款业务交易便捷、处置方便的特征。

9.2　研究局限性

（1）在本书中，采用 M2 的增长率作为货币政策的替代变量，并用之衡量货币政策的松紧。M2 作为衡量我国货币政策松紧的尺度，源于 20 世纪 90 年代初中国人民银行为履行货币政策的调控职能，满足分层统计货币的需要。"在此后将近 20 年里，以这把'尺子'作为标杆的货币政策总体运行良好"[①]。但是，随着金融市场化的加速发展，各类新的理财产品、发行各类债券，以及

---

① 鲁政委. M2 不能再被用作衡量货币松紧的尺子 [J]. 金融时报，2014 年 12 月 24 日。

非标准化融资产品等大量出现，M2 衡量货币政策的松紧变得不像过去那样精准了。需要探索更多好的货币政策的替代变量来检验我们的结论。

（2）本书在研究关于委托贷款中委托人用于贷款的资金来源时，由于从上市公司的公开数据中不能获得或分离出用于贷款资金的准确来源，所以对委托贷款委托人用于贷款的资金来源只能作出大概的估计，这可能会影响研究结构的准确性，进而影响政策制定者对本书结论的使用。在研究委托贷款的去向时，本书只研究了委托贷款中委托人将资金贷给了"谁"，只是做了一个关联企业与非关联企业的分类，对关联与非关联企业两类内部的情况研究没有细分。也是由于数据取得的原因，对于委托贷款的借款人在获得委托贷款后，又将资金投向了哪里，本书没有研究，而这一部分可能会成为政策制定者关注的内容。

（3）在研究货币政策对投资效率的影响时，本书通过回归分析检验了货币政策与投资效率之间的关系，因为我国货币政策的调整频繁，且时间较短，不能精确衡量每一次货币政策调整对投资的影响效果，所以没有区分货币政策宽松和紧缩两种情况分别回归，检验相关结论。

9.3　相关政策建议

9.3.1　国家政策方面

1. 适度放开企业间借贷行为的规定

出于国情与历史原因，我国的资金管制力度较强，但随着资本市场的不断完善、企业投资渠道将逐渐增多，应该重新设计企业与企业之间的资金借贷关系，可以撤销商业银行作为企业之间资金借贷的"桥梁"，其不仅可以节约"过桥费"，而且使企业之间的资金借贷更为市场化。但是，这样又提出一个新要求，就是要加大对企业之间产生直接借贷资金的监管力度。

2. 规范上市公司委托贷款业务的信息披露

规范上市公司委托贷款业务的信息披露行为，完善信息平台，增大市场透明度，便于母公司在委托贷款合同订立前，做好对分（子）公司的风险评估；在委托贷款合同存续期内及时了解分（子）公司资金使用情况，做好风险防控工作；防止企业内部出现"平均主义"与过度投资的情况。同时，便于外部审计、受托银行等监管部门对委托贷款业务进行监管，也便于了解每一笔委托贷款业务的产生、存续、资金收回等各方面的相关情况，避免上市公司利用漏洞及融资优势进行利益输送，以保护中小股东利益。

3. 加强对上市公司委托贷款业务的审计

引起委托贷款问题的原因来自很多方面，除金融监管机构监督失职外，社会审计也承担着不可推卸的责任。注册会计师审计是一种较为客观公正、独立性强的社会审计形式，能较好地规范和监督上市公司的行为。不容置疑的是，加强对上市公司委托贷款行为的社会审计，能有效地规范上市公司的委托贷款行为，减少委托贷款给实体经济投资所带来的不良后果。

9.3.2　上市公司方面

对于上市公司来讲，为了维护其自身长远利益，也为了保证其持续健康发展，规范委托贷款业务是非常必要且十分重要的。

1. 完善战略规划，回归主业经营，理性投融资

委托贷款利率高、收益快的特点的确颇受上市公司青睐，但是，如果不审视企业自身情况而盲目跟风开展委托贷款业务，很可能会形成企业为了短期利益错过快速发展的机会。而且根据前文研究得知，长期来看，委托贷款在影响企业主业经营的同时却并未增加企业的业绩，这势必会影响企业发展的可持续性。所以上市公司应首先做好企业未来发展的战略规划，以免在经济环境多变时变得手足无措，随意变更公司的业务而缺乏长远的考虑；企业也应明确市场定位，如果企业自身并没有太多闲置资金，甚至需要向银行贷款以开展委托贷款业务的话，那么企业很可能会偏离其主业经营，甚至变为"类金融"企业，此时上市公司应回归主营业务，以求用实力站稳市场，之后如果确有闲置资金可以适当进行投资保值。

　　企业应从自身的战略与长远发展出发，作出理性的投融资决策，加强自身主营业务的发展。规范上市公司委托贷款业务的行为，促使企业在全面、充分分析经济环境、行业发展及自身发展情况的前提下，以整体战略与长远发展为落脚点调度使用资金，减少盲目行为的产生，降低企业发生过度投资的概率。

2. 建立健全内部控制风险防范机制，加强委托贷款风险控制

　　委托贷款在给企业带来丰厚利润的同时，也带来了较高的风险，资金回笼不及时的现象时有发生，所以上市公司必须要加强自身的内部控制，完善企业内部控制风险防范机制。

　　上市公司不应仅关注委托贷款业务所带来的高收益，还应该意识到其潜在的风险，从管理层的决策到发放委托贷款的整个流程以至委托贷款收回前都要关注各种可能的风险，并建立相应的风险应对机制，使风险发生后可以保证不会因此威胁到企业的生存。特别是，上市公司应加强委托贷款的贷前风险控制，因为对上市公司而言，委托贷款资金逾期难以收回是最大的难题，甚至可能会导致企业资金链断裂而危及生存，因此，对借款人的债务履行能力调查显得至关重要。而且必要时，还应聘请律师事务所或专业信用调查机构对借款人的净资产、利润总额、对外债权债务等进行严格考察，其中借款方式可以采取较稳妥的形式——固定资产抵押及动产质押连同担保，以最大限度地规避委托贷款的回款风险。此外，上市公司发放委托贷款后还应注意通过账龄分析法等对委托贷款加强日常管理，加大收账力度，降低委托贷款的逾期、展期和诉讼风险。

参 考 文 献

[1] 白俊，连立帅. 信贷资金配置差异：所有制歧视抑或禀赋差异？[J]. 管理世界，2012（6）：30－35.

[2] 白鹤祥. 中国货币政策传导微观机制研究 [M]. 北京：中国金融出版社，2010：45－260.

[3] 曹永琴. 货币政策效果解析——非对称效应的成因和机制 [M]. 北京：商务印书馆，2011.

[4] 陈栋，陈运森. 银行股权关联、货币政策变更与上市公司现金管理 [J]. 金融研究，2012：122－136.

[5] 陈建斌. 政策方向、经济周期与货币政策效力非对称性 [J]. 管理世界，2006（9）：95－104.

[6] 陈艳. 经济危机货币政策与企业投资行为——基于中国上市公司数据 [J]. 经济与管理研究，2012：88－94.

[7] 崔善玉，魏学薛，丁洪涛. 上市公司委托贷款业务亟需规范 [J]. 金融发展评论，2014（1）：92－95.

[8] 陈远志，彭青. 内部资本市场与债务融资关系研究——基于金融危机的背景 [J]. 财会通讯，2015（18）：104－108.

[9] 董荫筱，于鹏飞. 上市公司热衷委托贷款现象浅析 [J]. 市场周刊，2011（9）.

[10] 邓创，席旭文. 我国货币政策宏观调控效应的时变特征 [J]. 吉林大学社会科学学报，2014.（7）：75－83.

[11] 方军雄. 所有制、制度环境与信贷资金配置 [J]. 经济研究，2007（12）：50－60.

[12] 范晓晨，金燕华. 上市公司委托贷款风险分析与控制 [J]. 财务与

会计, 2014 (5): 31 – 32.

[13] 龚光明, 孟渐. 货币政策调整、融资约束与公司投资 [J]. 经济与管理研究, 2012: 95 – 104.

[14] 胡奕明, 谢诗蕾. 银行监督效应与贷款定价——来自上市公司的一项经验研究 [J]. 管理世界, 2005 (5): 27 – 36.

[15] 黄敏. 我国货币政策非对称效应研究 [D]. 复旦大学博士论文, 2012: 9 – 20.

[16] 江伟, 李斌. 制度环境、国有产权与银行差别贷款 [J]. 金融研究, 2006 (11): 116 – 126.

[17] 靳庆鲁, 孔祥, 侯青川. 货币政策、民营企业投资效率与公司期权价值 [J]. 经济研究, 2012 (5): 96 – 106.

[18] 卢峰, 姚洋. 金融压抑下的法治、金融发展和经济增长 [J]. 中国社会科学, 2004 (1): 42 – 55.

[19] 陆正飞, 祝继高, 樊铮. 国家货币政策紧缩、信贷歧视与民营上市公司投资者利益损失 [J]. 金融研究, 2009 (8): 124 – 136.

[20] 陆虹. 我国货币政策信贷传导渠道的非对称效应及地区经济影响 [J]. 财经研究, 2012 (7): 133 – 144.

[21] 陆前进, 卢庆杰. 中国货币政策传导机制研究 [M]. 上海: 立信会计出版社, 2006: 30 – 88.

[22] 李梅, 孙彦娜. 我国上市公司委托贷款动因的实证研究 [J]. 西北师大学报 (社会科学版), 2013 (1).

[23] 刘金全. 货币政策作用的有效性和非对称性研究 [J]. 管理世界, 2006 (3): 43 – 51.

[24] 刘少波, 戴文慧. 我国上市公司募集资金投向变更研究 [J]. 经济研究, 2004 (5).

[25] 刘星, 张超, 郝颖. 货币政策对企业投资存在需求影响吗? [J]. 经济科学, 2014 (4): 62 – 79.

[26] 林非园. 企业集团构建内部资本市场的作用——基于交易成本理论的分析 [J]. 云南大学学报 (社会科学版), 2011 (10): 92 – 94.

[27] 刘林川. 影子银行与货币政策传导: 理论分析与实证检验 [J]. 现

代管理科学，2013（10）：66-68.

[28] 吕洪雁，侯金燕.动态竞争环境、内部资本市场及企业集团成长——基于联想控股有限公司的案例研究 [J].山东社会科学，2014（4）：140-144.

[29] 林朝颖，黄志刚.基于企业微观的货币政策风险承担渠道理论研究 [J].国际金融研究，2015（6）：21-32.

[30] 李斌.中国货币政策有效性的实证研究 [J].金融研究，2001（7）：10-17.

[31] 李广子，刘力.债务融资成本与民营信贷歧视 [J].金融研究，2009（12）：137-150.

[32] 李晓西，余明.货币政策传导机制与国民经济活力 [J].金融研究，2000（7）：1-9.

[33] 刘丽巍，郝林.货币经济学新范式下我国货币政策对信贷的影响 [J].财经问题研究，2010（4）：80-85.

[34] 马文超，胡思玥.货币政策、信贷渠道与资本结构 [J].会计研究，2012（11）：39-48.

[35] 马文超，吴君民.货币政策变更、费用粘性与企业债务融资 [J].山西财经大学学报，2012（6）：105-113.

[36] 彭纯，胡月晓.解析委托贷款的契约安排 [J].重庆大学学报（社会科学版），2005（11）：29-32.

[37] 裴平，熊鹏等.中国货币政策传导研究 [M].北京：中国金融出版社，2009：5-155.

[38] 邱静.货币政策与我国上市企业投资效率研究 [J].经济理论与实践，2014（151）：34-39.

[39] 钱雪松，李晓阳.委托贷款操作机理与金融风险防范：源自2004~2013年上市公司公告数据 [J].改革，2013（10）：124-134.

[40] 饶品贵，姜国华.货币政策对银行信贷与商业信用互动关系影响研究 [J].经济研究，2013：68-82.

[41] 饶华春.中国金融发展与企业融资约束的缓解——基于系统广义矩估计的动态面板数据分析 [J].金融研究，2009（9）：13-16.

［42］盛松成，吴培新．中国货币政策的二元传导机制——"两中介目标，两调控对象"模式研究［J］．经济研究，2008（10）：37－51．

［43］索彦峰，范从来．货币政策能够影响贷款供给吗？——来自银行资产组合行为的经验证据［J］．经济科学，2007（6）：57－65．

［44］尚煌，王慧．利率作用不对称性对投资的影响研究［J］．经济问题，2008（11）：103－105．

［45］申慧慧，于鹏，吴联生．国有股权、环境不确定性与投资效率［J］．经济研究，2012（7）：113－126．

［46］宋淑琴．香溢融通的委托贷款分析及启示［J］．财务与会计（理财版），2012（12）：40－42．

［47］邵军，刘志远．企业集团内部资本市场与融资约束［J］．经济与管理研究，2006（9）：60－65．

［48］佟岩，王丹虹，孙绪才．股东关系、内部资本市场与利益配置——中大股份委托贷款分析［J］．会计之友，2010（5）：67－72．

［49］王浙勤，唐子斌．中小企业信贷决策：歧视、理性还是认知差距［J］．财经研究，2013（8）：11－15．

［50］王本哲，邵志桑．上市公司委托贷款：蜜糖还是鸩酒？［J］．财务与会计，2008（10）：20－23．

［51］王峰娲，安国俊．企业集团内外部资本市场的互补与互动——基于华润集团的案例研究［J］．财经问题研究，2009（1）：43－48．

［52］王峰娟，栗立钟．中国上市公司内部资本市场有效吗——来自H股多分部上市公司的证据［J］．会计研究，2011（3）：70－96．

［53］王元．货币政策非对称效应研究［D］．中国社会科学院研究生院，2012：26－35．

［54］王振山，王志强．我国货币政策传导途径的实证研究［J］．财经问题研究，2000（12）：60－63．

［55］余婧，罗杰．"中国金融资源错配的微观机制——基于工业企业商业信贷的经验研究"［J］．复旦大学学报（社会科学版），2012（1）：24－29．

［56］杨清香，俞麟，胡向丽．不同产权性质下股权结构对投资效率的影响——来自中国上市公司的经验证据［J］．中国软科学，2010（7）：142－

150.

[57] 叶康涛，曾雪云. 内部资本市场的经济后果：基于集团产业战略的视角 [J]. 会计研究，2011 (6)：63–69.

[58] 杨棉之. 内部资本市场公司绩效与控制权私有收益——以华通天香集团为例分析 [J]. 会计研究，2006 (12)：61–67.

[59] 叶康涛，祝继高. 国家货币政策紧缩与信贷资源配置 [J]. 管理世界，2009 (1)：22–28.

[60] 杨兴全，曾义，吴昊旻. 货币政策、信贷歧视与公司现金持有竞争效应 [J]. 财经研究，2014，40 (2)：133–135.

[61] 张亦春，李晚春. 货币政策与上市企业投资效率 [J]. 厦门大学学报 (哲学社会科学版)，2015 (1)：90–98.

[62] 张学义，薛忠义. 内部资本市场对企业现金持有水平的影响——基于中国"系族企业"的经验证据 [J]. 财经问题研究，2015 (5)：96–102.

[63] 曾海舰，苏冬蔚. 信贷政策与公司资本结构 [J]. 世界经济，2010 (8)：17–42

[64] 曾宪久. 货币政策传导机制论 [M]. 北京：中国金融出版社，2004：50–112.

[65] 朱光华，陈国富. 民营企业融资的体制性障碍 [J]. 经济理论与经济管理，2002 (9)：21–26.

[66] Ajzen I. et al. Prediction of goal-directed behavior：attitudes，intentions，and perceived behavioral control [J]. Journal of Experimental Social Psychology. 1986 (22)：453–474.

[67] A. N. Berger Allen，Gregory Udell. A More Complete Conceptual Framework for Financing of small and Medium Enterprises [Z]. World Bank Policy Research Working Paper，2005：236–249.

[68] Adises，I. Organizational Passages：Diagnosing and Treating life Cycle Problem of organizations [J]. Organizational Dynamics 8 (1)，1979：3–25.

[69] Aivazian，V.，Ge，Y. and Qiu，J. The Impact of Leverage on Firm Investment：Canadian Evidence [J]. Journal of Corporate Finance，2005 (11)：277–291.

［70］ Berlin. Credit scoring and the availability, price and risk of small business credit. Federal Reserve Board of Atlanta Working, April, 2007: 201 – 325.

［71］ Berger, A. N. , Frame, W. S. , and Miller, N. H. Credit scoring and the availability, price and risk of small business credit. Federal Reserve Board of Atlanta Working, April, 2007: 111 – 123.

［72］ Brandt, L. , and H. B. Li. . Bank Discrimination in Transition Economies: Ideology, Information or Incentives? ［J］ Journal of Comparative Economies, 2003 (31): 387 – 413.

［73］ Biddle, G. C. , P. Chen, and G. Zhang. "When Capital Follows Profitability: Non-linear Residual Income Dynamics" ［J］. Review of Accounting Studies, 2001 (6): 229 – 265.

［74］ Bernanke, B. , Mark Gertler and Simon Gilchrist. The Financial Accelerator and the Flight to Quality ［J］. Review of Economics and Statistics, Vol. LXXVIII, 1996: 1 – 15.

［75］ Ben S. Bernanke and Mark Gertler. Inside the Black Box: The Credit of Monetary Policy Transmission ［J］. Journal of Economic Perspectives, Vol. 9, 1995: 27 – 48.

［76］ Bernanke, B. S. and A. S. Blinder. Credit, Money and Aggregate Demand ［J］. The American Economic Review Papers and Proceedings, Vol. 78, No. 2, 1988: 435 – 439.

［77］ Bruinshoofd, Allard and Bertrand Candelon. Nonlinear Monetary Policy in Europe: Fact or Myth ［J］. Economics Letter, Elsevier, Vol. 86, 2005: 399 – 403.

［78］ Cover J. P. Asymmetric Effects of Positive and Negative Money – Supply Shocks ［J］. The Quarterly Journal of Economics, 1992 (4): 1261 – 1282.

［79］ Chant, P. D. On the Predictability of Corporate Earnings per Share Behavior ［J］. Journal of Finance, Vol. 35, 1980: 13 – 21.

［80］ Friedman, Milton and Anne Schwartzs. A Monetary History of the United States, 1867 – 1960 ［M］. Princeton University Press, 1963: 25 – 86.

［81］ Faulkender Michael. and Petersen, M. A. Does the source of Capital Affect Capital Structure ［J］? Review of Financial Studies, Vol. 19, 2006: 45 – 79.

[82] Gaiotti E. , Generale A. Does Monetary Policy Have Asymmetric Effects? A Look at Investment Decisions of Italian Firms [J]. Giornale degli Economist a Annali di Economic, Vol. 61, 2002: 29 – 59.

[83] Gailotti E. and Generale A. , "Does Monetary Policy Have Asymmetric Effects? A Look at the Investment Decisions of Italian Firms", Working Paper, European Central Bank [D]. 2001: 105 – 204.

[84] Gertner R. H. , D. S. Scharf Stein, J. C. Stein. Internal versus External Capital Markets [J]; Quarterly Journal of Economics, Vol. 109, 1994: 1211 – 1230.

[85] Gary Gorton, Andrew Metrick. Regulating the Shadow Banking System [R]. Connecticut: Yale and Nber, 2010: 45 – 87.

[86] Gertler M. and S. Gilchrist. Monetary policy, Business Cycles, and The Behavior of Small Manufacturing Firms [J] Quarterly Journal of Economics, Vol. 109, 1994: 309 – 340.

[87] Growth – Financial Intermediation Nexus in China, Jahangir Aziz, International Monetary Fund, (IMF) – Asia and Pacific Department, Christoph K. Duenwald, International Monetary Fund (IMF), IMF Working Paper, November 2002: 02 – 194.

[88] Helmut, & Bester, A. Credit Rationing in Markrts with Imperfect Information. The American Economic Review, Vol. 713, 2005: 393 – 410.

[89] Jaffee, D. and Russell, T. Imperfect Information, Uncertainty and Credit Rationing [J]. Journal of Economics, Vol. 4, 1976: 651 – 666.

[90] Joonsuk Chu and Ronald A. Ratti. Effects of Unanticipated Monetary Policy on Aggregate Japanese Output: The Role of Positive and Negative Shocks [J]. The Canadian of Economics, Vol. 30, 1997: 722 – 741.

[91] Kalckreuth U. V. Monetary Transmission in Germany: New Perspectives On Financial Constraints And Investment Spending [Z]. Working paper, 2001: 211 – 320.

[92] Khanna, T. , Palepu, K. Why focused strategies may be wrong of emerging markets [J]. Harvard Business Review. Vol. 75, 1997: 268 – 285.

[93] Kashyap A. K. , Stein J. C. and Wilcox D. W. Monetary Policy and Credit

Conditions: Evidence from the Composition of External Finance [J]. American Economic Review, 1993 (9): 78 – 98.

[94] Kiyotaki, Nobuhiro and John Moore. Credit Cycles [J]. Journal of Political Economy, Vol. 105, 1997: 211 – 248.

[95] Karras, Georgios. Why Are the Output Effects of Monetary Policy Asymmetric? Convex Aggregate Supply or "Pushing on a String"? [J]. Journal of Macroeconomics, Vol. 18, 1996: 605 – 619.

[96] Korajczyk R. A. and Levy A. Capital Structure Choice: Macroeconomic Conditions and Financial Constraints [J]. Journal of Financial Economics, Vol. 68, 2003: 75 – 109.

[97] Lemmon, M. and Roberts, M. R. The Response of Corporate Financing and Investment to Changes in Supply of Credit [J]. Journal of Financial and Quantitative Analysis, Vol. 45, 2010: 555 – 587.

[98] Mark T. Leary. Bank Loan Supply, Lender Choice, and Corporate Capital Structure [J]. The Journal of Finance, Vol. 64, 2008, Issue 3: 1143 – 1185.

[99] Mizen, P. and Vermeulen, P. Corporate Investment and Cash Flow Sensitivity: What Drives the Relationship? [R]. European Central Bank Working Paper, 2005: 485.

[100] Mojon B., Smets F. and Vermeulen P. "Investment and Monetary Policy in the Euro Area", Journal of Banking and Finance, 2002 (26): 2111 – 2129.

[101] Myers, S. C, Majluf, N. C. Corporate Financing and Investment Decisions When Firms Have Information That Investors Do Not Have [J]. Journal of Financial Economics, 1984 (13): 187 – 222.

[102] Rhee W., Rich R. W. Inflation and Asymmetric Effects of Money on Output Fluctuations [J]. Journal of Macroeconomics, 1995 (17): 683 – 702.

[103] Richardson S. Over – investment of Free Cash Flow [J]. Review of Accounting studies, 2006 (11): 159 – 189.

[104] Stein J. C. Internal Capital Markets and the Competition for Corporate Resources [J]. Journal of Finance, 1997, 52 (1): 111 – 133.

[105] Shin H., Park Y. S. Financing Constrains and Internal Capital Markets:

Evidence from Korean Ghaebols, Journal of Corporate Finance, 1999 (5): 161 – 191.

[106] Stiglitz J. E. and Weiss A. Credit Rationing in Markets with Imperfect Information [J]. American Economic Review, Vol. 71, 1981: 393 – 410.

[107] Spengupta, P. Corporate Disclosure Quality and the Cost of Debt [J]. The Accounting Review, Vol. 10, 1998: 459 – 474.

[108] Triantis George G. Organizations as Internal Capital Markets: The Legal Boundaries of Firms, Collateral, and Trusts in Commercial and Charitable Enterprises [J]. Harvard Law Review, 2004: 1103 – 1162.

[109] Williamson, Oliver E. Markets and Hierarchies: Analysis and Antitrust Implications [M]. New York: Free Press, 1975: 112 – 198.

[110] Titman S. and Wessels R. The Determinants of Capital Structure Choice [J]. Journal of Finance, Vol. 43, 1998: 1 – 19.

后　记

　　本书是由申富平教授率领的团队，在完成国家社会科学基金研究项目的基础上，经过一年多的时间修改形成的。申富平教授负责了全书研究框架的设计，提出整体研究思路，带领团队对所研究问题进行研讨，对一些关键问题提出解决方案和建议，并负责了第6章的研究与写作，其中，研究生丁晓娟、刘莹、连萌和周欢欢一起参加了研究，并负责相关数据的收集和整理；袁振兴教授负责本书的总撰，并完成了第2章至第5章的具体内容的研究与撰写，其中，研究生张磊负责了相关数据的收集、整理和研究，许静参与了第4章主要内容的研究；李西文副教授负责第7章至第8章的研究和写作；郭颖副教授主要负责完成第1章和第9章的写作，并与研究生刘博弘、李营、董剑楠参与了全程研讨和相关数据的收集。

　　本书虽然按照委托贷款产生的前置条件——国家货币政策对委托贷款的影响——委托贷款产生的经济后果的逻辑来设计的，但是，也存在一些缺陷，有待以后进一步研究。

　　1. 如果把委托贷款置入货币政策传导机制中，观察委托贷款的前因后果，可以很清晰地看到，委托贷款是货币政策传导链中的一个重要的金融工具，必然会对货币政策的宏观调控结果产生影响，而本书在研究委托贷款的经济后果时，只研究了委托贷款产生的微观经济后果，而没有研究其宏观经济后果，也没有研究委托贷款对货币政策的影响，这可能会使本书的宏观指导意义有很大的局限性。

　　2. 本书在研究委托贷款对投资效率的影响时，只讨论了非效率投资，并简单地运用了两分法，把非投资效率分为投资不足和投资过度，从而使研究显得不够精细，研究结论所产生的指导意义就打了折扣。

　　3. 由于数据的缺乏，对委托贷款的投资去向没有清晰的描述，也形成了本书研究的一个遗憾。

　　总之，对委托贷款经济后果的进一步研究可能是未来我们的一个重要课题。

　　最后，向为本书的研究和写作提出指导意见和作出贡献的专家、同学们表示衷心的感谢。向支持本书出版的领导和单位表示敬意。